福建师范大学重点教学改革与创新项目

教师教育专业课堂教学技能训练系列教材

体育微格教学

【第二版】

施小菊 主编

《体育微格教学》编写组

主　编　施小菊

副主编　陈海春　张璐斐　荆纯祥

编写人员（按出现章节顺序）

　　　　黄宇星　施小菊　荆纯祥　罗　平
　　　　徐嘉凯　陶　敏　张璐斐　张华光
　　　　刘莲玉　徐新建　李海兰　张鑫健
　　　　吴少勇　陈雅雯

厦门大学出版社　国家一级出版社
XIAMEN UNIVERSITY PRESS　全国百佳图书出版单位

图书在版编目(CIP)数据

体育微格教学 / 施小菊主编. -- 2版. -- 厦门：厦门大学出版社，2019.8(2024.8 重印)
教师教育专业课堂教学技能训练系列教材
ISBN 978-7-5615-7563-5

Ⅰ. ①体… Ⅱ. ①施… Ⅲ. ①中学－体育教学－微格教学-师范大学-教材 Ⅳ. ①G633.962

中国版本图书馆CIP数据核字(2019)第191685号

责任编辑　施高翔
美术编辑　李夏凌
技术编辑　朱　楷

出版发行　厦门大学出版社
社　　址　厦门市软件园二期望海路39号
邮政编码　361008
总　　机　0592-2181111　0592-2181406(传真)
营销中心　0592-2184458　0592-2181365
网　　址　http://www.xmupress.com
邮　　箱　xmup@xmupress.com
印　　刷　三明市华光印务有限公司

开本　720 mm×1 020 mm　1/16
印张　20.75
字数　370 千字
版次　2013 年 3 月第 1 版　2019 年 8 月第 2 版
印次　2024 年 8 月第 6 次印刷
定价　40.00 元

本书如有印装质量问题请直接寄承印厂调换

厦门大学出版社
微信二维码

厦门大学出版社
微博二维码

教师教育专业课堂教学技能训练系列教材

丛 书 编 委 会

主　任　　黄汉升

副主任　　朱锦懋　苏　明　胡志刚

编　委　　（按姓氏笔画顺序排列）

马　达　叶雪梅　许益秀　刘恭祥　陈清华　宋鲁闽
林富明　林　钦　林　赟　胡志刚　俞如旺　黄宇星
黄培蓉　虞永飞

MICRO
TEACHING

总　序

　　微格教学在20世纪80年代引入我国,作为训练师范生教学技能的有效方式,目前已广泛应用于高等师范院校的教师教育专业课程。实践表明,微格教学有助于克服传统的教育类课程偏重理论灌输的局限,使教学理论的学习与操作技能的锻炼得到有机的统一,学生的教育教学实践能力明显提高。十几年来,福建师范大学各学院陆续开展微格教学,取得了一定成绩。在此基础上,今年正式将微格教学纳入"福建师范大学2007本科人才培养方案",在各学院设置以微格教学为基本方式的必修课程——"课堂教学技能"。我们相信,教师教育专业课程体系的改革必将为微格教学质量的提高创造更好的条件。

　　众所周知,微格教学需要一定的硬件设施。福建师范大学经过十几年的努力,微格教学的基础建设已具一定规模,现有设施较为先进的微格教室6间共390平方米,计划再建5间共280平方米。但是,包括教材在内的课程体系建设也是十分重要的,甚至更加重要。为学习兄弟院校的宝贵经验,学校组织13个学院的学科教学教研室主任分批到北京师范大学、首都师范大学、北京教育学院和陕西师范大学等参观考察。教育科学技术学院和各专业学院的有关教师共同申报了"福建师范大学教师教育专业'微格教学'课程建设"课题,并纳入"2007年福建师范大学重点教学改革与创新项目"。课题组在梳理、总结历年微格教学经验的基础上,制定了各学院教师教育专业"课堂教学技能"课程标准,并编写了这套"教师教育专

业微格教学技能训练系列教材"。

　　这套系列教材的编写者大都是教师教育专业本科教学的一线教师,编写者有较厚实的教育理论修养,又有丰富的教学技能训练经验,因此,教材既有精要的理论阐述,又有透辟的实例剖析,理论与实践相结合,易于操作,实用性强。教材还依据我国基础教育课程改革对教师的新要求,拓展了教学技能的外延,增加了说课技能、评课技能、调控技能、多媒体教学技能、教学设计技能等内容,既注意到教学技能的共同规范,又切合基础教育各学科课程的特点。

　　编写这套教材的初衷是吸收近年来国内外教师教育的研究成果,融入本科教学,使之成为引玉之砖,对我国的教师教育专业"课堂教学技能"类课程的教学有所帮助,对教师教育课程建设的科学化有所借鉴。

　　当然,在多学科的系列教材中,求得统一体例与学科特点之间的平衡并不是容易的事情,这套教材有些疏失在所难免。但做任何事情,行动是最重要的,只有行动起来,才能在实践中得到检验,在过程中不断完善。

教师教育专业课堂教学技能训练系列教材编写委员会

2007 年 10 月 10 日

前 言

习近平总书记在党的二十大报告中指出:"我们要坚持教育优先发展、科技自立自强、人才引领驱动,加快建设教育强国、科技强国、人才强国。"在教育强国、科技强国和人才强国三大强国战略中,教育强国是筑基工程、铸魂工程,它为科技强国和人才强国提供可持续的强力支撑。因此,优先发展教育、推进高等教育体系高质量发展是中国式现代化建设的本质要求。

百年大计,教育为先。教育是提高人民综合素质、促进人的全面发展的重要途径,是对中华民族伟大复兴具有决定性意义的战略工程。我们必须站在实现"两个一百年"奋斗目标的政治高度,加深对优先发展教育事业重要战略意义的认识。

教育要全面贯彻党的教育方针,发展素质教育,落实立德树人的根本任务。以人民为中心,扎根中国大地办教育。反映时代特征,努力构建具有中国特色的教材体系。

课堂教学技能(微格教学)是普通高等师范院校教师教育专业必修课程。为了更好地提高教师教育专业学生的教学技能,福建师范大学组织学校教师教育专业的学科教学论教师编写了课堂教学技能微格训练系列教材,并陆续出版使用。

本书以教育学、教育心理学和体育教学的理论知识为基础,以科学性、实践性、实用性、师范性为编写原则,在参考了有关微格教学以及体育课堂教学技能研究的基础上,结合体育学科教学的特点,对体育教学技能进行了详细的阐述,并在各章节中提供了微格教案示例和评价方案,突出实践性和可操作性,帮助体育教育专业学生和新任教师掌握课堂教学的各项技能,提高体育教学能力。本书的修订对进一步丰富体育教学技能理论体系,完善体育教学技能训练方法具有重要的意义。

体育微格教学

  基于体育与健康课程的改革发展和课程标准的修订,本教材在原版的基础上做了以下几方面修改:(1)将体育与健康课程学生的核心素养培养放在首位,贯穿于整个体育教学设计的始终。(2)为了更好地适应体育教育专业学生和新任教师的实际需求,大幅度更新和增加了教学案例。(3)为了更好地体现本教材的实用性,增加了福建省高校体育教育专业基本功大赛和福建省教育厅义务教育"体育与健康"课程实施方案对体育教师教案撰写格式的要求与规范。

  本教材由施小菊任主编,陈海春、张璐斐和荆纯祥任副主编。第一章由黄宇星编写,第二章、第三章、第六章、第十四章由施小菊编写,第四章由荆纯祥编写,第五章由施小菊、罗平、徐嘉凯编写,第七章、第十章由陶敏、施小菊编写,第八章由荆纯祥、张璐斐、张华光编写,第九章由张璐斐、刘莲玉编写,第十一章由徐新建编写,第十二章由李海兰、张鑫健、吴少勇编写,第十三章由陈雅雯、施小菊编写。全书最后由施小菊统稿。

  本书在编写过程中参阅了兄弟院校的相关资料,也引用了其他同志的一些研究成果,同时还得到了厦门大学出版社施高翔的支持与帮助,在此表示衷心的感谢。

  本书可作为高等师范院校体育教育专业和各级教育学院的微格教学培训教材或参考书,也可作为中学体育教师的继续教育用书和教学参考书。

  由于编者水平有限,加之时间仓促,编写中出现的错误在所难免,恳请同行及广大读者批评指正。

编者
2023 年 7 月于福州

目 录

第一章 微格教学 ……………………………………………………… 1
第一节 微格教学概述 ……………………………………………… 1
第二节 微格教学的开展模式 …………………………………… 10
第三节 微格教学设计与教案编写 ……………………………… 20
第四节 微格教学过程的组织实施 ……………………………… 22
第五节 微格教学技能的评价与反馈 …………………………… 27
思考与练习 ………………………………………………………… 36

第二章 教学技能 …………………………………………………… 37
第一节 教学技能的含义 ………………………………………… 37
第二节 体育教学技能的特点 …………………………………… 38
第三节 体育教学技能的分类 …………………………………… 39
第四节 体育教学技能训练原则 ………………………………… 44
思考与练习 ………………………………………………………… 44

第三章 体育教学设计技能 ………………………………………… 45
第一节 体育教学设计技能概述 ………………………………… 45
第二节 体育课时计划(教案)的编制与案例 …………………… 49
第三节 体育课教案编写的基本要求与技巧 …………………… 83
思考与练习 ………………………………………………………… 85

第四章 导入技能 …………………………………………………… 86
第一节 导入技能概述 …………………………………………… 86
第二节 导入技能的类型 ………………………………………… 90
第三节 导入技能的运用 ………………………………………… 99
第四节 导入技能的训练与评价 ………………………………… 101
思考与练习 ………………………………………………………… 103

第五章　讲解技能 …………………………………………………… 104
第一节　讲解技能概述 ……………………………………………… 104
第二节　讲解技能的类型 …………………………………………… 112
第三节　讲解技能的运用 …………………………………………… 116
第四节　讲解技能的训练与评价 …………………………………… 120
思考与练习 …………………………………………………………… 122

第六章　示范技能 …………………………………………………… 123
第一节　示范技能概述 ……………………………………………… 123
第二节　示范技能的类型 …………………………………………… 127
第三节　示范技能的运用 …………………………………………… 133
第四节　示范技能的训练与评价 …………………………………… 136
思考与练习 …………………………………………………………… 139

第七章　口令技能 …………………………………………………… 140
第一节　口令技能概述 ……………………………………………… 140
第二节　口令技能的类型 …………………………………………… 146
第三节　口令技能的运用 …………………………………………… 152
第四节　口令技能的训练与评价 …………………………………… 155
思考与练习 …………………………………………………………… 157

第八章　提问技能 …………………………………………………… 158
第一节　提问技能概述 ……………………………………………… 159
第二节　提问技能的类型 …………………………………………… 164
第三节　提问技能的应用 …………………………………………… 173
第四节　提问技能的训练与评价 …………………………………… 179
思考与练习 …………………………………………………………… 181

第九章　人体语言技能 ……………………………………………… 182
第一节　人体语言技能概述 ………………………………………… 182
第二节　人体语言技能的类型 ……………………………………… 187
第三节　人体语言技能的运用 ……………………………………… 197
第四节　人体语言技能的训练与评价 ……………………………… 200
思考与练习 …………………………………………………………… 202

第十章　诊断纠正错误技能 ………………………………………… 203
第一节　诊断纠正错误技能的概述 ………………………………… 203

 第二节　诊断纠正错误技能的类型···209
 第三节　诊断纠正错误技能的运用···214
 第四节　诊断纠正错误技能的训练与评价·································217
 思考与练习···218

第十一章　课堂组织管理技能···219
 第一节　课堂组织管理技能概述···219
 第二节　课堂组织管理技能的分类···226
 第三节　课堂组织管理技能的运用···234
 第四节　课堂组织管理技能的训练及评价·································242
 思考与练习···245

第十二章　结课技能···246
 第一节　结课技能概述···246
 第二节　结课技能的类型···251
 第三节　结课技能的运用···253
 第四节　结课技能的训练与评价···255
 思考与练习···257

第十三章　评课技能···258
 第一节　评课技能的概述···258
 第二节　评课技能的类型···262
 第三节　评课的内容···263
 第四节　评课的程序与方法···267
 第五节　评课技能的运用···275
 第六节　评课案例与评价···276
 思考与练习···281

第十四章　说课技能···282
 第一节　说课技能概述···282
 第二节　说课的内容···286
 第三节　说课技能的运用···294
 第四节　说课的案例和评价···297
 思考与练习···314

参考文献··315

第一章

微格教学

第一节 微格教学概述

一、什么是微格教学

微格教学来自英文 microteaching，可译为"微型教学""微观教学""小型教学"等，国内称之为"微格教学"，是一种利用现代教学技术手段来培训教师教学技能的教学方法。通常，让参加培训的学员（师范生或在职教师）分成若干小组，在导师的理论指导下，对一小组学生进行 10 分钟左右的"微格教学"，并当场将实况摄录下来。然后在指导教师引导下，组织小组成员一起反复观看录制成的视听材料，同时进行讨论和评议，最后由导师进行小结。让所有学员轮流进行多次微格教学训练，使师范生或在职教师的教学技能、技巧有所提高，提高教师的整体素质。

微型教学的创始人，美国斯坦福大学的爱伦（Dwight W.Allen）教授将它定义为：它是一种缩小了的可控制的教学环境，它使准备成为或已经是教师的人有可能集中掌握某一特定的教学技能和教学内容。其实，微格教学是一种通过"讲课→观摩→分析→评价"的方法，借助音视频记录装置和实验室的教学练习，对需要掌握的知识、技能进行选择性的模拟，使师范生及在职教师的各种教学行为的训练可被观察、分析和评价。

结合我国实际，可定义为：微格教学是一个有目的、有控制的实践系统。它使师范生和教师能集中解决某一特定的教学行为，或在有控制的条件下进行学习。它是建立在教育教学理论、视听理论和教学技术基础上，系统训练教

师教学技能的方法。①

二、微格教学的产生和发展

1. 微格教学的产生

第二次世界大战后,直到20世纪50年代中期,美国的教育状况没有多大改观。1957年10月苏联第一颗人造地球卫星上天,引起美国朝野和教育界的极大震惊。于是,美国从20世纪50年代末开始,开展了较大规模的教育改革运动,其主要目标是为了改变教育状况,使美国的教育水平与现代科学技术的发展相适应。改革涉及教育思想、教育结构、教育评价、教师培训、教学管理以及课程现代化等方面。作为培训教师手段的微格教学,便伴随着现代科学技术的应用,在美国教育改革浪潮中应运而生。

作为教育改革的一部分,美国大学的教育学院对师范生的培训方法进行改革,斯坦福大学的爱伦和他的同事们认为,师资培训的科学化、现代化是师范教育改革的主要任务之一。多年来,师范生在毕业前都要进行教育实习,要像教师一样到课堂上去授课,再由指导教师提出指导意见。爱伦教授和他的同事发现师范生的"角色扮演"(相当于我国的实习试讲)过程存在许多问题,主要有:(1)初登讲台的实习生很难适应正式的教学环境;(2)每个实习生试讲时间太长,指导教师很难自始至终地认真听讲、记录和评估;(3)给实习生评价意见多属印象性的、较笼统,实习生难于操作和改正,一般也没有机会立即改正;(4)实习生对自己的教学没有直观感受,难以进行客观的自我评估。

爱伦和他的同事们经过多次反复试验,提出了由师范生自己选择教学内容、缩短教学时间,并用摄像机记录教学过程,以便课后对整个过程进行更细致的观察和研究。1963年,爱伦教授第一个将手提式摄像机带入课堂,应用于师资培训,创立了微格教学。

2. 微格教学的发展

微格教学出现后,在美国各地迅速得到推广、应用和研究。20世纪60年代末传入英国、德国等欧洲各国,20世纪70年代又传入日本、澳大利亚、新加坡等国家和我国的香港地区,20世纪80年代开始传入中国内地、印度、泰国、印尼以及非洲的一些国家。

在英国,微格教学得到了教师们的支持,该课程的每部分都引起了教师的广泛兴趣。微格教学课程通常被安排在第四学年,学生在教育实习前先学习

---

① 孟宪恺.微格教学基本教程.北京:北京师范大学出版社,1992:1.

"微格教学概论"、"课堂交流技巧"的理论和实践,及"课堂交流与相互作用分析"。微格教学课程共安排42周,每周5学时,共计210学时,师范生接受了微格教学训练后,再到各中学进行教育实习。20世纪70年代初,澳大利亚悉尼大学教育学院注意到微格教学对师范教育和在职教师进修的促进作用,在初步实践的基础上,由国家投资进行了微格教学课程的开发项目,并编写出版了一套(共五册)《悉尼微格教学技能》教材,在国内外引起了强烈反响,并得到广泛推广。经进一步应用实践,悉尼大学微格教学项目小组又将第一、二分册重新编写,并于1983年出版,教材中的培训技能有强化技能、基本提问技能、变化技能、讲解技能、导入和结束技能及高层次提问技能,对于以上六项技能还配以完整的录像示范资料,使微格教学培训课程更加生动、有效。

微格教学在发展过程中,吸收了许多新的教育思想和方法,使之不断系统化并日趋完善。譬如,美国著名教育心理学家布鲁姆的"教育目标分类"和"掌握学习"理论,加涅的"学习的条件"、"学习的分类"等学习与教学的著名原理,均为微格教学中教学目标的制定、教学技能的划分、教学设计的思想方法提供了理论基础和依据。弗朗德的"师生相互作用分析"为分析教师教学和学生学习行为提供了记录范畴和分析方法。录像机、电子计算机等教育新媒体的运用,为行为的记录和分析创造了更为理想的条件。目前,许多国家不仅已将微格教学列为师资培训的必修课程,而且还应用于其他教育类别的技能训练中,如职业技术教育、特殊教育、医学、军事、体育、戏剧、舞蹈等,并获得了良好的效果。

3.我国微格教学的发展

20世纪80年代,微格教学开始传入我国,北京教育学院80年代初首次从英国引进了微格教学。从此,微格教学开始在全国各地推广开来。

(1)微格教学培训的开展

自1983年起,北京教育学院受国家教育委员会师范教育司的委托,举办了两期外国专家微格教学讲习班,五期国内微格教学讲习班,培养了一批我国开展微格教学的实践和研究人才。1986年原上海教育学院开始运用微格教学,开展在职教师的教育培训,并取得了很好的效果。按照国家教委师范司的意见和要求,1989年三四月间,在北京教育学院举办了两期"微格教学研讨班",全国有70多所教育学院的教师参加学习和研讨。

1991年6月至7月,受国家教育委员会外资贷款办公室委托,在北京举办了"世界银行贷款项目院校教师教育与微格教学讲习班",聘请了澳大利亚悉尼大学教育学院的科利夫·特尼(Cliff Turney)和肯·阿尔提斯(Ken El-

tis)两位教授任主讲教师,两位专家介绍了师范教育中微格教学课程的地位、微格教学的基本教学技能分析及实施。1992年1月,同样性质的讲习班在原北京师范学院举办,聘请了英国诺丁汉大学的乔治·布朗和帕丁顿夫妇三位专家来为我国的高师教育工作者介绍微格教学课程在师范教育中的应用,促进了微格教学在国内高等师范教育中的发展。

1992年2月,全国性的教学研究组织——"世界银行贷款中学教师培训项目"微格教学协作组在海南教育学院正式成立,协作组挂靠在北京教育学院下,并定期出版《微格教学研究》专刊。1992年12月,由北京教育学院和四川教育学院联合举办的全国首期微格教学高级研讨班在成都举行,会议讨论了微格教学的理论和实践问题。微格教学的实践活动已从全国教育学院系统和师范院校发展到中师、幼师、小学,国内一些院校已开发出各具特色的微格教学示范录像带,探讨了微格教学的某些理论问题,开始编写适应不同层次教育工作者的培训教材和分学科的微格教学教材。

1994年4月及1997年4月,分别在海南省琼山市及湖南省常德市召开了微格教学现场会暨全国微格教学研究会年会,各地市教育局在会上介绍了在中小学推广微格教学的经验,作了实地考察,并交流了国内外微格教学理论研究和实践方面的经验,促进了我国的微格教学研究的发展。

1998年10月,全国微格教学协作组年会在云南教育学院召开,来自美国的微格教学创始人之一——爱伦教授作了"关于微格教学新旧模式对比"的报告,展示了新型微格教学的实习与评价模式;来自中国香港的任伯江教授作了"优质教学,以微格教学为首"的演讲。大会交流的论文从数量到质量均超过以往各届,表明我国的微格教学研究经过十多年的探索,已不断深入,成效显著。

(2)微格教学实验的开展

20世纪80年代中期,随着我国电化教育的重新崛起,微格教学开始在国内受到重视。1988年10月,中国第一次派代表参加联合国教科文组织在香港举行的"亚太地区微格教学国际交流会",正式把微格教学列入国内研究项目,随之各地逐步开展了微格教学实验。如北京丰台区教科所从1989年秋季开始,首先在一所条件较差的农村小学进行"利利用微格教学培训教师掌握教学技能、提高教学水平实验"的实验,取得了较好的效果。几年来,他们不断扩大实验范围,充实实验内容,探索培训规律,积极摸索适合该区特点的微格教学培训模式。又如海南省琼山市教育局教研室从1992年10月开始,共举办了六期微格教学骨干培训班,先后选定了四所小学和教师进修学校、琼山中学作

为微格教学的实验点。通过试点,琼山市教育局总结经验教训,1993年下半年在全市逐步推广微格教学。

(3)微格教学研究的深入

我国开展微格教学20年来,大、中专院校及广大中、小学的教育工作者撰写出了一批质量较高的科研论文,先后出版了《微格教学初步》(孙文杰)、《微格教学与教学测量》(陈献芳等)、《微格教学》(王维平)、《微格教学数学教程》(金井平)、《教师教学技能》(郭友)等一批专著。

1991年,由全国微格教学协作组秘书长孟宪恺主编的《微格教学基本教程》出版。1992年,北京教育学院与河南平顶山矿务局教师进修学校,合作出版了《微格教学(示范带)》五集,并先后在该院学报上出版了《微格教学研究》专刊五期,为全国从事微格教学研究和教学的同志提供了参考资料。1997年,北京教育学院孙立仁主编的《微格教学理论与实践研究》以及配套的中小学各学科微格教学教程出版,标志着微格教学的研究和实践在我国不断地深入开展,为教师的专业化发展,发挥了极其重要的作用。

三、微格教学的理论依据

1.以系统的思想为指导研究培训教学技能

教学过程是复杂的,是由许多环节和许多师生的具体活动构成的一个整体。因此,教学是一个系统,教学过程是一个系统的运行过程。所谓系统,是由相互联系、相互制约、相互作用的要素构成的,具有特定功能的有机整体。要对系统进行研究,必须首先对其构成要素进行分解和研究,要使系统达到优化,首先必须使各要素达到优化。对教学研究也是如此,教学技能是教学系统的基本构成要素,要使课堂教学达到优化,实现教学的整体目标,首先要使每一个教学技能达到优化,然后再把它们有机组合起来,相互作用而形成教学的整体。

2.示范为被培训者提供模仿的样板和信息

示范是对事实、观念、过程形象化的解释,是通过实际动作、电视等进行演示,来说明某件事是如何进行的,以便让被培训者学会应该如何去做。在微格教学培训中,为被培训者提供多种方式的教学示范,辅以对各种技能的说明,使他们获得直接的感受,有了模仿的样板。无论是通过实际动作还是电视提供的示范,都是从视听两个方面作用于被培训者的感官。许多实验已经证明,视听并用的方法能使信息接受者获得大量的信息,比只用语言描述的方法好得多。

人类在利用自身的各种感官接收信息时,由于各种感官的分辨率不同,感受时不同,接受信息的比率也不同。但如果把几种感官综合起来利用,就会获得更多更全面的信息。根据信息传输量的香农(C.E.Shannon)—维纳(Norbert Wiener)公式:

$$S = B\log_2(1+\frac{P}{N})$$

公式中 S 代表接收的信息量,B 表示通道的频带宽度,N 是原有信息量,P 是所传递的信息量。其中频带宽度 B 与学习者所接收的信息量成正比关系。在微格教学中用视听结合的方法提供技能示范,会使被培训者接收的信息量大大增加,从而对某种教学技能更好地感知。

3. 技能训练是掌握复杂活动的途径

在微格教学中,主要是通过对教学技能的分解和分别训练,使被培训者形成教学能力。技能按其本身的特点,可分为动作技能和心智技能两种。苏联心理学家加里培林等人在对心智技能的研究中,建立了心智活动分阶段形成的学说,他们认为:"心智活动是一个从外部的物质活动向内部的心理活动的转化过程。"

在微格教学训练中,同样也包括心智技能和动作技能两个方面。它的外部物质活动是借助讲解、角色扮演、录像示范等为支柱来进行的,通过观察使被培训者形成对活动过程和效果的感知,形成表象。在准备教学和实际训练中,再以此为基础进行各种语言阶段的心智活动。根据动作技能和心智技能形成过程具有不同的阶段性,即掌握局部动作阶段、初步掌握完整动作阶段、动作协调和完善阶段的特点,在微格教学训练中即可分技能、分阶段逐步进行,当每一个技能都掌握以后再把它们综合起来,形成较为完善的课堂教学能力。这种学习和训练教师教学技能的方法,是符合心理学中动作技能和心智技能形成规律和原理的。

4. 直接的反馈对改变人的行为有重要作用

反馈是控制的基本方法和过程,其目的是使控制者知道以往的活动或过程的结果,并以此调节下一步活动的过程,实现所要达到的目的。反馈应同时具有两个条件,一是准确性,二是及时性,二者缺一不可。准确性是指反馈信息必须真实可靠,错误的反馈信息会导致作出错误的判断,而使控制失效。及时性是指反馈的速度要大于受控体状态改变的速度,即反馈要在下一次决策之前完成,只有这样才能起到有意义的调节作用,才能达到控制的目的。

人的技能学习是以反馈为基础的,学习过程是一个不断反馈强化的过程。

在进行有目的的活动时,都有一种要获得及时反馈的迫切需求。由于科学技术的迅速发展,录像技术被广泛地应用于艺术、体操、军事、医学、教育等各种训练活动之中,为被培训者及时得到准确的反馈创造了有利条件。微格教学中利用各种现代技术条件为被培训者提供训练的反馈信息,正是满足人类学习的这种要求,以保证被培训者教学技能的迅速形成。

心理学研究已经证明,人类在观察了自身行为后所得到的反馈刺激,要比他人提供的反馈强烈得多。如果一个教师在教学中有不雅观的行为习惯,当由别人提出时再进行改正可能较慢,而当他自己观察到的时候,就会立刻注意,及时改正。反馈对于达到一定的目的具有重要的作用。微格教学就是要为师范生或在职教师在教学技能训练时提供及时、准确、自我反馈的刺激,帮助他们较好地形成教学技能。

5.定性分析与定量评价相结合,有利于被培训者改进提高

在微格教学中对被培训者的评价是形成性评价,不把评价结果作为最终成绩。或对某人教学技能高低进行定性,作为学习者改进、提高教学技能的依据,明确自己在哪些方面还存在着不足或问题。微格教学的评价,有自我分析、小组分析、指导教师分析三结合的定性分析评价,也有按照一定评价标准制定的评价量表的定量分析,以量化的结果说明在哪些指标上还存在问题,以及技能整体所达到的程度。定量分析给出具体的量化结果,定性分析找出产生不足的原因,指出努力的方向,被评价者容易接受。因此,两种评价相结合的方法有利于被培训者改进和提高,完善自己的教学技能。

四、微格教学的基本特点

微格教学将复杂的教学过程作了科学细分,并应用现代化的视听技术,对细分了的教学技能逐项进行训练,帮助师范生和在职教师掌握有关的教学技能,提高他们的教育、教学能力。微格教学具有如下特点:

1.技能单一集中性

微格教学是将复杂的教学过程细分为容易掌握的单项技能,如导入技能、讲解技能、提问技能、强化技能、演示技能、组织技能、结束技能等等,使每一项技能都成为可描述、可观察和可培训的,并能逐项进行分析研究和训练,以提高培训效能。

2.目标明确可控性

微格教学中的课堂教学技能以单一的形式逐一出现,使培训目标明确,容易控制。课堂教学过程是各项教学技能的综合运用,只有对每项细分的技能

都反复培训、熟练掌握,才能形成完美的综合艺术。微格教学培训系统是一个受控制的实践系统,要重视每一项教学技能的分析研究,使培训者在受控制的条件下朝着明确的目标发展,最终提高综合课堂教学能力。

3.参加的人数少

在训练过程中,每一小组一般由7～10名学生组成,而且学生角色可以频繁地调换。实践表明,这样便于机动灵活地实施微格教学,深入进行讨论与评价。

4.上课时间短

微格教学每次实践过程的时间很短,通常只有5～10分钟。在这期间集中训练某一单项教学技能,如讲解技能或板书技能,以便在较短的时间内掌握这项技能。

5.运用视听设备

借助现代视听设备真实记录课堂互动细节,使受训者获得自己教学行为的直接反馈,并可运用慢速、定格等手段,在课后进行反复讨论、自我分析和再次实践,以行为结果确定个别进度,强调合格标准。

6.反馈及时全面性

微格教学利用了现代视听设备作为记录手段,真实而准确地记录了教学的全过程。这样,对执教者而言,课后所接收到的反馈信息有来自于导师的,也有来自于听课的同伴的,更为主要的是来自于自己的教学信息,反馈是及时而全面的。

7.角色转换多元性

微格教学打破了传统的教师培训的理论灌输或师徒传带模式,运用了现代化的摄像技术,对于课堂教学技能研究既有理论指导,又有观察、示范、实践、反馈、评议等内容。在微格教学课程中,每个人从学习者到执教者,再转为评议者,如此不断地转换角色,反复地从理论到实践,经过实践再进行理论分析、比较研究,这种角色转换多元化的培训方式,既体现了教学方法、教学模式的改进,又体现了新形势下教育观念的更新。

8.评价科学合理

传统训练中的评价主要是凭经验和印象,带有很大的主观性。微格教学中的评价因参评者的范围广、评价内容比较具体、评价方法比较合理、可操作性强,使评价结果包含的个人主观因素成分减少,因此,比较科学合理。

9.心理负担小

由于微格教学上课持续时间短,教学内容少,而且班级人数不多,这样,可

以使受训者的紧张感与焦虑感减少到比较弱的程度,从而减轻受训者的实质性心理紧张。又由于评价既指出不足,更要肯定优点,会增加受训者的自信心与成功感。另外,微格教学的环境是特殊安排的,是在一定控制条件下进行实践活动,避免了学生的干扰,因而也减轻了受训者的心理负担。

五、微格教学的作用

从以上的特点我们可以看出,微格教学具有理论联系实际、目的明确、重点突出、反馈及时、自我教育、利于创新、心理压力小等优点,容易被受训者接受。而且,微格教学培训是在微型课堂中进行的角色扮演。其过程是在事前对微格教学理论进行学习和研究,确定培训技能后,又在观看了教学示范录像的基础上,编写教案,然后进行微格教学实践。在教学实践的过程中用现代化手段准确记录教学实况,再经过重放录像、自我分析和讨论评价后,对教案进行修改。如果微格教学实践中存在的问题较多,还可以再反复进行实践,直到达到预期的效果。这些过程都为受训者提高教学技能创造了和谐的氛围和条件。微格教学还具有以下方面的作用:

1.完善和丰富了培训内容

多年来,师范院校对未来的教师进行职前的技能训练,主要措施是开设教学法课程。然而,传统的教学法在培训师范生教学技能方面,目标笼统、不具体,师范生不能很好地掌握这些技能。微格教学让学生感到有兴趣、有意义、有价值,而且容易学习。微格教学训练目标的完成,是通过具体的内容细节和实际的操作步骤进行的。而且,对这些细节和步骤的了解和掌握,是通过受训者亲自参与实践活动来实现的,培训内容具体、有效。

2.培训方法科学合理

传统的培训方法主要是通过教师的言传身教,使师范生理解教学、学习教学,但由于言传身教的粗略性和随意性,使师范生很难把握教学的原理和原则。而微格教学则将日常复杂的课堂教学分解简化,创造出一种可操作、易重复、易观测的教学环境。师范生在学习、把握教学时,不再仅靠心领神会,而是通过不断学习、实践,不断改进来进行。同时,微格教学按照人类行为形成的规律来设计整个教学过程。它的训练前提是:人类行为的塑造和改进,是一个逐步实现或达到的过程。一个从未登过讲台的人,必须经过多次反复的训练,才能培养成为一个训练有素的职业教师。

3.理论联系实际

微格教学把传统的以理论灌输为特点的教师培训,改变为以技能训练为

主体的教师培训,这就抓住了提高教师教学能力的关键。但是,微格教学的技能训练并没有脱离理论的指导。培训对象在学习每一项教学技能的开端,都要学习有关的理论,在微格教学的每一个步骤中,都有教育专家或专职教师的理论指导,这就使技能更容易地与教学理论相结合。

4.真实反馈与过程的有效调控

微格教学把传统的以脑记、笔录为主要根据的反馈,改变为以摄像、放像为主要手段的反馈,为技能评价提供了真实而全面的反馈信息。有了这种反馈信息就可以非常客观、准确地评价,使评价更为有效。在此基础上,被评价者可以提出更好的改进措施,以调控自己的教学行为,迅速地掌握教学技能。

总之,微格教学实践能够更快更好地促进教师课堂教学能力的提高,促进教师尽快从"生手型"变成"熟手型"教师,并向专家型教师发展。

第二节 微格教学的开展模式

微格教学从 20 世纪 60 年代初产生至今已有 40 多年的历史,培训对象从师范生发展到在职教师及许多其他行业的从业人员,应用地域也已发展到世界各国。微格教学在发展应用的过程中,实践者结合了本国的国情,融入了各种教育观念和思想,由此产生了多种模式。

一、美国模式

(一)斯坦福大学的"行为改变"模式

美国的斯坦福大学是微格教学的起源地。爱伦和他的同事们经过数年的探索、试验、研究,在 1963 年确立了微格教学的基本模式,从此微格教学从美国迅速走向世界。微格教学在世界各国推广、应用的过程中,逐渐产生了一些变化模式,尤其是 20 世纪 80 年代初在非洲一些国家的应用中,由于当地教育环境较差、教育资源匮乏,必须在新的环境资源条件下,对较复杂、正规的早期微格教学模式进行改革,由此产生了新的模式。新旧微格教学模式的主要变化对比如下:

1.教学时间

微格教学实习片断的时间从原来长达 20 分钟缩短为 5 分钟,新模式认为 5 分钟即可形成单一概念的片断课。实际上教学时间的长短是根据班级人数、课时安排、场地环境等多种因素而定的。

2.微格教学的学生

过去在微格教学实习时,要从中小学请来真正的学生,这会带来接送、管理、资金等一系列的问题,在新模式中启用同伴,即由教师扮演者的同伴来扮演学生。目前,这种同伴训练方法的效果已被证实是切实可行的。

3.小组规模

从原来全组约 20 人减为 4 到 5 名学生为一组。爱伦认为若小组规模大到约 20 人,则要 19 人去听 1 人讲课,每人要听 19 次,这样的方式会使学员听课过多,反而会使学员感到疲劳、抓不住重点,而且因为时间太长,使重教困难。新模式的 5 人小组规模小,导师布置好训练任务后,即让学生自己管理。学生可以自选课题,自找实习场地,即使没有正规的微格教学室,只要有摄像机即可,还能实行重教。小组规模小,能使每个学员得到多次重教机会。当然,小组的活动记录和反馈意见要及时交给指导老师。

4.教学技能

爱伦和他的同事们根据经验和参考有关的教育理论文献,以统一意见的方式提出 14 项课堂教学技能,它们是:

(1)变化刺激(stimulus variation);

(2)导入(set induction);

(3)结束(closure);

(4)非语言暗示(silence and nonverbal cues);

(5)强化学生参与(reinforcement of student participation);

(6)流畅的提问(fluency in asking questions);

(7)探查性提问(probing questions);

(8)高水平组织的提问(higher-order questions);

(9)发散性提问(divergent questions);

(10)确认(recognizing attending behavior);

(11)举例说明(illustrating and use of examples);

(12)讲演(lecturing);

(13)有计划的重复(planned repetition);

(14)完整的交流(completeness of communication)。

5.反馈与评价

原来的微格教学模式对每项技能有完整的评价表,评价项目多到有时连执教者的衣着也在评价之列,以致在重教时,执教者往往失去方向,抓不住重点。在微格教学新模式中,爱伦教授提出了 2+2 的重点反馈方式,即小组每

位成员听完课后要提出2条表扬性的意见及2条改进性建议,最后指导教师根据这些反馈信息,总结出2条表扬性意见和2条改进性建议。这种评价指导方式操作简单、目标明确、重教效果显著。

(二)芝加哥大学的"动力技能模式"

美国芝加哥大学的高奇(Guiltier)和杰克逊(Jackson)等人在1970年提出了"动力技能模式",他们批评斯坦福模式"很大程度上忽略了各技能之间的关系和技能的恰当组织形式与某一特殊的教学情境的关系"。他们认为"教学是一种有目的的活动,技能在这种有目的教学过程中的应用同样是重要的。在技能训练中,教学内容本身也需要同时考虑在内,这样才能使学生获得恰当的综合使用技能的决策经验"。

芝加哥模式考虑教学中的两个方面——教学内容和教师行为,强调在教学计划中依据学科内容,设计应用各项教学技能的教学过程,这样,教学技能(如强化技能、课堂组织技能等)被作为子系统,而不是彼此孤立的行为来运用。麦可格瑞指出:"动力技能模式的基础是基于学科内容分析的系统化教学计划。它强调所训练的技能必须小心地编排到教学计划中,在课程逻辑结构中,师范生能够将教学活动集中于重要的师生相互作用中,在这个意义上教学技能被认为是促进中小学生学习的动力因素,提出这些师生间的相互作用,对于促进中小学生学习的逻辑发展是必要的。"

二、澳大利亚悉尼大学模式

微格教学由科利夫·特尼(Cliff Turney)等人在20世纪70年代初引入澳大利亚的悉尼大学。他们开设的"悉尼微型技能"(Sydney micro skills)课程基本上坚持了"细分"和"可观察的行为改进"的斯坦福模式的做法,但作了一些改进。特尼指出:"教学是一个非常复杂的过程,对于刚刚开始从事这一职业的人来说,它需要被分解为有意义的和可获得的各个部分涉及其中的某些部分,经过特殊的选择,这些部分是可观察的教学行为或技能,而且是建立在有效教学的基础上的。这些技能的构成表现为将复杂的教学过程分解为相对分立的、便于定义的行为,而且可以迁移到大多数的课堂教学中,并适合于各种有目的的不同组合。"

悉尼大学的微格教学是以教学技能的训练为主线展开的,教育思想和教育教学的理论及实验研究融合在各项教学技能之中。整个微格教学课程分成五个系列,前两个系列包括六项基本的教学技能,后三个系列是三项小综合式的教学技能:

系列1:(1)强化(reinforcement);
　　　(2)基础提问(basic questioning);
　　　(3)变化(variability);
系列2:(4)讲解(explaining);
　　　(5)导入和结束(introductory procedures and closure);
　　　(6)高层次提问(advanced questioning);
系列3:(7)纪律和课堂组织(treats classroom management and decipher skills);
系列4:(8)小组讨论、小组教学和个别化教学(treats skills of guiding small group discussion, small group teaching, and individualized teaching);
系列5:(9)通过发现学习和创造性学习,发展学生思维能力(deals with skills concerned with developing pupils' thinking through guiding discovery learning and fostering creativity)。

澳大利亚悉尼大学对微格教学的开发应用及研究是很有成效的。澳大利亚悉尼大学的微格教学模式有以下特点:

1.开发出完整的微格教学教材

悉尼大学开发的微格教学教材在世界上享有一定声誉,《悉尼微格教学技能》一书被许多国家采用。教材中列出的六项课堂教学基本技能——强化技能、一般提问技能、变化技能、讲解技能、导入和结束技能及高层次提问技能。每项技能都从教育学和心理学的理论出发加以论述,并且对每项技能都配以生动形象的示范用录像资料。

2.重视学生的自我发展

澳大利亚是一个多民族的移民国家,在学校教育中十分注意尊重每个人的个性,重视发现个人的特点,并给以引导发展,希望每个人都获得成功。学校教育对学生个性差异和心理健康发展颇有研究。在微格教学课程的第一周先安排每个学生在摄像机镜头前作一二分钟的自我介绍或表演,内容自选,轻松自然,然后再让同学们在愉快的气氛中观看评论。这样的活动既提高了学生对微格教学的兴趣,又使师范生消除了面对摄像镜头的紧张心理,为扮演角色时的正常发挥打下良好的基础。

悉尼模式还在充分研究学生的认知心理基础上建立了微型观察室。如新南威尔士大学教育学院内的一组微型观察室,每间只有约2平方米大小,导师们考虑到师范生在角色扮演后,希望自己先看到自己的表演录像,或找一位最

信得过的好朋友一起观看评议,而微型观察室正好仅供一二位学生闭门观看。执教者可以先与"好朋友"边看边商量,先听取他的看法和意见,在心理学上这时的意见无疑是一个"强刺激",是最容易接受的,也是印象最深的。根据这些意见,学生先写出对自己扮演的角色的评价,这一做法充分体现了微格教学中重视学生自我发展的教育原则。

3.自我评价贯穿微格教学始终

澳大利亚的微格教学模式中,评价是很重要的。评价方式是贯穿于整个过程之中的。评价不是由别人来对某位学生的录像加以评论、分等级打分数,而是通过学生自己在微型观察室中的观看,根据微格教学过程中各个环节的反馈及"好朋友"的反馈信息,自己来评价自己。导师经常以肯定、表扬为主,对存在的问题以提示、暗示等方式启发学生自己发现。最后让学生在评价单上作自我评价,做到的项目画一记号,还没有做到的不画,再根据整个微格教学过程中来自各方面的反馈信息认真地写自我评价,从而提高学生的教学技能和教学实习效果。

澳大利亚悉尼大学的微格教学主要步骤有:

(1)示范。播放教学技能的示范录像,讲解教学技能的构成、有关理论知识及要求,帮助师范生认识教学技能,有重点地观察,用不同的类型示范同一技能,促进对技能的掌握。

(2)角色扮演。为师范生提供实践机会,增强自信心。

(3)反馈。为师范生改进自己的教学行为提供明确、具体的帮助。

(4)重教。当师范生对自己的教学行为非常不满意时才进行,对大多数师范生来说这一步可取消。

从上述步骤可以看出,澳大利亚的微格教学强调四个环节:示范、角色扮演、反馈和重教。没有列出评价这一环节,因为评价是贯穿于全过程中的,而且主要是启发学生自我评价,这正体现了尊重学生的教育原则。

三、英国模式

1.新乌斯特大学的"社会心理学模式"

20世纪60年代末微格教学引入英国时,当时的一些模式已受到了一些批评。斯通斯(Stones)和莫里斯(Morris)指出:"微格教学的目的和作用需要重新澄清,应该将方向转移到加强教学理论与教学实践的联系上来。"他们两人都认为,"微格教学是一种有价值的革新,比一般的教学有更大程度的可控性,所以强调理论与实践的关系可以挖掘出更大的潜力,可以使师范生掌握教

学模式"。

莫里斯等人发现,有社会能力的教师在教学中表现得更为突出,并从社会心理学的角度看待教学,认为教学是一种社会活动技能,教学依赖于人际关系和师生间的交流。将社会心理学的观点引入微格教学,首先对教学中的社会技能进行定义,并且对师范生进行分技能的训练,然后将各项社会技能综合在一起,整体地运用到完整课的教学中。

布朗(Brown)在1975年将这一模式引入了新乌斯特大学,哈奇(Hargie)于1977年在乌斯特学院进行了这一模式的微格教学。他们认为微格教学需要集合三个方面的要素——计划、角色扮演和反馈认知。

(1)计划的方法,是通过课堂讲授和小组研讨来学习的,师范生学习如何将一个课题分解为各个概念成分,并将这些组织成一个序列;选择合适的教学方法。

(2)角色扮演,首先是训练斯坦福大学模式中的各项技能,如提问、强化、刺激变化、讲解、导入和结束,然后把各项技能综合起来运用到完整课教学中去。

(3)反馈和认知是师范生与指导教师一起讨论微型课的录像,使师范生学习在与中小学生相互作用时自己所应充当的角色。这种对师生相互作用的认知将使师范生的教学行为得到改进,并影响序列计划和完整课的教学行为。取消了重教,但师范生在微格教学的各个环节都要进行充分的讨论。

哈奇还强调了与技能相关的理论的重要性,各项教学技能的教学不仅提供音像示范,而且还要说明依据人际关系社会心理学所建立的各项技能的理论基础,这样才能使师范生不仅知道如何应用技能,而且还知道什么时候使用它。微格教学不只是关于行为的改进,而且也应该是关于认知结构的改进。

由于新乌斯特大学在微格教学中强调技能的综合应用,强调学员在微格教学中形成对教学的认知结构,以及依据社会心理学,强调在微格教学中的人际间相互作用的情感因素,所以教学技能只是作为微格教学课程的组成部分而没有单独列出来进行训练。

现将他们的微格教学的课程介绍如下,从中可以分析出他们所重视的教学技能成分:

(1)微格教学的理论(以学员小组的组织方式);

(2)教一个概念(设备操作训练);

(3)教学计划(教学员小组中的同伴);

(4)导入和结束(教实际的学生);

(5)教师解释(教实际的学生);

(6)教师的生动活泼(教实际的学生);

(7)学生强化(教实际的学生);

(8)学生参与(教实际的学生);

(9)提问中的流畅(教实际的学生);

(10)高水平组织的提问(教实际的学生);

＊(11)综合的教学技能(教实际的学生);

＊(12)师生相互作用,环境要素(教实际的学生)。

(＊最后两项内容是以综合教学技能的形式设定的)

2.斯特灵大学的"认知结构模式"

1969年,斯坦福大学的模式被引入斯特灵大学的微格教学,经过几年的实践和研究,在70年代中期,麦克因泰尔(McIntyre)等人提出了"认知结构模式"。他们发现斯坦福大学模式中的技能描述和反馈评价只停留在技能行为上,"这些只能给师范生若干个作为假定的教学技能的特殊教学行为方式"(麦克因泰尔、马克莱德,1977)。然而,在这些特殊的教学技能的有效性方面存在着相当程度的不确定性。在课堂教学的经验性研究中,相关的心理学理论和有经验教师的一致意见,只能当作合理化的建议,而不是权威性的评价表述。于是,在斯特灵大学,这些教学技能只是作为教学大纲的组成部分,而不是作为理论基础。

斯特灵大学的研究者们认为,师范生关于教学的认知结构,在他们的教学活动中起决定性的作用。技能训练和反馈的重要性,在于使师范生的认知结构发生改变,这种改变是通过将各项技能中的认知概念,有机地结合在一起而形成的。在研究的基础上,他们对师范生在微格教学中认知结构的形成过程进行了如下的推论:

(1)在进入微格教学之前,每个师范生都具有彼此不同的复杂的教学概念的图式(schemata),这些图式与对教学的评价有很大的关系。

(2)个人的图式之间存在着较大的差异,但通过将这些图式与教学内容体系相结合,仍然存在很多的共同之处。

(3)这些图式表现出较高程度的稳定性,但通过微格教学的学习和实践,从中可获取新的结构和概念原则,这些图式将会逐渐发生变化。

(4)师范生的这些图式很大程度上控制着他们的教学行为,并且图式的改变导致教学行为的改变。

建立在这些推论基础上的"认知结构模式",将微格教学对师范生所起的

作用解释为使师范生的教学认知结构产生变化,并帮助他们形成自己的作为教师的概念结构。为此,他们强调教学技能应该用"可组织的概念"之类的术语来定义,这些术语可以描述由复杂的课堂相互作用所产生的信息过程,而不是由可描述的教学行为来定义教学技能。师范生可以运用这一概念结构,对在教学中什么时候应该用什么教学技能进行决策,并能帮助他们在实际教学活动中感知教学技能,从而形成对技能表现的价值评价。技能示范可以帮助师范生将各项技能的概念有组织地纳入他们的认知结构中。微格教学中的反馈,可以提供师范生现已存在的教学认知结构的信息,从而改进和扩充这一认知结构。

四、对各国微格教学模式的分析

由于各国各大学进行微格教学的培养目的不同,所依据的理论观点和理论基础不同,各个微格教学模式之间都存在着一定的差异,现分析如下:

1.斯坦福大学所开展的微格教学,是建立在对宏观教学活动的分解,以及进行行为描述的基础上,强调在有控制的条件下对单项技能的训练,强调音像示范和反馈评价的作用;

2.芝加哥大学的微格教学,强调教学技能应实现教学目的、发挥教学功能,他们认为斯坦福模式在这方面所存在的缺陷,是由于技能训练没有很好地与教学内容相结合,没能系统地综合应用各项教学技能所造成的,所以他们强调将各项技能作为子系统经过结合应用到教学中,并强调在应用技能时与教学内容结合在一起进行系统分析,在这种系统计划中获得应用技能的决策经验。芝加哥大学微格教学的目的,是在完整课的教学中培养结合教学内容、综合应用各项教学技能的决策能力和实践能力。

3.悉尼大学所开展的微格教学,仍然强调对宏观教学活动的分解和对可观察的教学行为进行描述,但对教学技能中的行为在有效性方面,进行了较深入的实验研究,使所提出的教学技能满足澳大利亚教育工作者对师范教育的理论观点和实验研究的检验。强调了基于某些教学观点的几项小综合型的教学技能训练,并通过控制实现从单项技能到小综合技能训练的过渡。

4.新乌斯特大学微格教学的特点是:先进行分技能的训练(同时强调控制变量),后综合到完整课教学中;强调用社会心理学作为各项技能的理论基础,以此来保证技能应用的有效性;在完整课的综合应用中,强调以社会心理学为基础,通过计划决策和实践形成认知结构。可以看出,新乌斯特大学微格教学

的培养目的是建立以社会心理学为基础的课堂教学综合能力。

5.斯特灵大学微格教学的特点是,指出了斯坦福模式中的技能行为描述在有效性方面存在很大的不确定性。为此,提出用心理学理论和成功的教学经验的概念来描述技能,并形成对技能的价值评价;强调了内部心理机制对外部教学行为的调节和控制作用。基于以上观点,认为微格教学主要是通过改进认知结构来实现对教学行为的改进,并认为认知结构的改进是通过各项技能中的认知概念有机结合在一起而形成的,认知结构可以促进应用教学技能时的决策能力,促进在实际教学中感知教学技能,从而形成对技能的价值评价。由此可见,斯特灵大学微格教学的目的是在综合应用各项教学技能的实践中建立教学的认知结构。

综上所述,我们可以看出各国开展微格教学的情况虽不尽相同,但斯坦福模式中的教学技能成分和体现科学方法论的一些做法,在各国的微格教学中基本上被保留了下来。同时我们还可以看出各大学在对斯坦福模式进行改进时所共同关心的问题,即这些改进或发展很大程度上都源于对行为描述的教学技能,发现其在教学中的有效性存在着很大程度上的不确定性,从而使实施技能时的目的性和在评价中的价值判断出现困难。但各大学对这一问题解决的方法是不同的,在保证教学技能的目的性、有效性和价值判断方面,芝加哥大学是强调技能与教学内容的结合,从教学内容的系统分析上来实现的;悉尼大学是通过对所提出来的技能行为进行实验验证来实现的;新乌斯特大学是从师生相互作用的角度,强调以人际交往的社会心理学理论作为教学技能的理论基础来解决技能价值不确定的问题;斯特灵大学强调用心理学和成功教学经验的概念原则系统作为技能的理论基础,从而保证技能应用的目的性、有效性和价值判断。

对斯坦福模式的发展还表现出将各项教学技能综合应用到完整课教学中去的趋势,某些大学已经把微格教学深入到综合教学能力的培养这一较为广泛的领域,但对于"综合教学能力"的理解和所依据的理论观点,各大学有较大的差异,但各种综合应用教学技能都是建立在对各技能成分的训练的基础上,或建立在对宏观层次的教学活动分析的基础上的,在这一点又是比较一致的。①

---

① 孙立仁.微格教学理论与实践研究.北京:科学出版社,1997:7.

五、我国的微格教研模式

微格教学自80年代中期引入我国后,先后在一些教育学院以及高等、中等师范院校和许多中小学展开了积极的研究和实践,并进行了广泛的交流。起初研究和实践主要集中在吸收借鉴国外微格教学的做法,并在实践中移植到自己的微格教学中。随着研究的深入,各地院校也提出了一些共同关心的问题,即微格教学与传统教法之间的区别和微格教学中的科学方法论问题;教学技能中的教育学、心理学理论基础的问题;适合我国国情的教学技能分类的问题;微格教学的技能训练与完整课教学能力之间的关系问题等。这些问题实际上与国外微格教学所提出的问题是类似的,反映出微格教学中的共性问题。北京教育学院微格教学研究室在引进、借鉴国外微格教学的基础上,对以上问题进行了认真的研究,取得了系列研究成果。

各地教育工作者在应用微格教学时,都结合了本地区本学校的实际情况,对微格教学的基本模式有所变通和发展,使之成为发展我国师资培训教育的有效方式。上海市华东理工大学附属中学推行的"微格教研"活动就是微格教学的一种变通模式。该模式采用了微格教学的合理内核,提取微格教学流程中的重要环节,采取摄录像方式,供教研组在教研活动时进行局部的定格研讨。这样,既学习了有关理论,也探讨了具体操作方法,从而获得完整的认识,提高了教师的整体能力和素质。微格教研的基本结构是:先进行在特定课题理论指导下的实际教学的现场观摩与实况录像;再重放录像、观摩录像,进行自我反思与直观再现式同伴研讨;然后进行理性总结、理论升华;最后还要将理论运用到教学实践中去予以检验、拓展。在一所学校的各个教研组中,推行微格教研活动,将教学技能研究的要求与教研组活动结合起来,首先是增强了研究气氛。过去教研组活动,由于教师们担任不同年级的课,共同的话题较少,在教研组中的微格教研活动,则形成了浓浓的研究气氛。其次,运用了微格教研的方法,给教研组活动定位于教法、学法研究。由于录像的形象性和再现功能,使教研活动丰富生动,又因为每次活动只研究一项技能,使研究的问题的切入点小,所以开掘就会更深入一些。随着资料的积累,更便于作纵向及横向的比较研究。微格教研活动对于经验不足的青年教师是有实际意义的,对于有经验的老教师,也可启示自我提炼、概括总结教学特点,互相交流、共同提高,起到精化教学的作用。

第三节　微格教学设计与教案编写

教学设计是微格教学过程中的一个重要环节,也是踏入教学实践的第一阶段。

微格教学的教学设计是建立在学习理论、传播理论、系统科学理论基础之上的对教学过程和方法的描述。

师范生在学习完每一项教学技能之后,紧接着要通过一个简短的微型课对所学的教学技能进行实战训练,使其理论在实践过程中得到提高和完善。如何根据教学内容和技能训练目标,对微型课的教学方案和教学过程进行设计,将要训练的教学技能恰如其分地运用于课堂教学过程,这是微格教学训练中极其重要的工作。这项工作几乎贯穿微格教学训练的全过程,我们要求师范生在教学改革实践中从教学设计的高度认识并操作整个过程,使微格教学的训练方案更加科学有序。

一、微格教学的教学设计

微格教学的教学设计是根据课堂教学目标和教学技能训练目标,运用系统方法分析教学问题和需要,建立解决教学问题的教学策略微观方案、试行解决方案、评价试行结果和对方案进行修改的过程。它以优化教学效果和培训教学技能为目的,以学习理论、教学理论和传播理论为理论基础。

微格教学的教学设计与一般的课堂教学设计既有联系,又有区别。一般的课堂教学设计对象是一个完整的单元课,教学过程包括导入、讲解、练习、总结评价等完整的教学阶段。而微格教学通常都是比较简短的,教学内容只是一节课的一部分,便于对某种教学技能进行训练;因此,不能像课堂教学设计那样主要从宏观的结构要素来分析,而是要把一个事实、概念、原理或方法等当作一套过程来具体设计。所以,在微格教学教学技能训练的过程中应有两个教学目标,一是使被培训者掌握教学技能;二是通过对技能的运用,实现中小学课堂教学目标。教学技能是实现教学目标的方法和措施,而课堂教学目标所达到的程度是对教学技能的检验和体现,二者紧密联系、互相依存。由此,微格教学的教学设计既要遵循课堂教学设计的原理和方法,又要体现微格教学的教学技能训练特点。

二、微格教学教案的编写

在微格教学中，教案的编写是教师的一项重要工作，它是根据教学理论、教学技能、教学手段，并结合学生实际，把知识正确传授给学生的准备过程。微格教学教案的产生是建立在微格教学设计基础之上的，以"设计"作指导，具体编写微格教学的计划。

1.微格教学教案编写的内容和要求

(1)确定教学目标。片断教学内容教学目标的确定和整堂课教学目标的确定方法一样，只不过对象是一个片断，所以教学目标的确定应立足于本片断当中。

(2)确定技能目标。即教师课堂教学技能训练目标，针对不同的学员可以有不同的技能要求。

(3)教师教学行为。要求教师把教学过程中的主要教学行为，及要讲授的内容、要提问的问题、要列举的实例、准备做的演示或实验、课堂练习题、师生的活动等，都一一编写在教案内。

(4)标明教学技能。在实践过程中，每处应当运用哪种教学技能，在教案中都应予以标明。当有的地方需要运用好几种教学技能时，就要选其针对性最强的主要技能进行标明。标明教学技能是微格教学教案编写的最大特点，它要求受训者感知教学技能，识别教学技能，应用教学技能，突出体现微格教学以培训教学技能为中心的宗旨。不要以为把教学技能经过组合就是课堂设计，而要根据教学目标结合教学实践决定各种技能的运用，这对师范生来说尤为重要。

(5)预测学生行为。在课堂教学设计中，对学生的行为要进行预测，这些行为包括学生的观察、回答、活动等各个方面，应尽量在教案之中注明，它体现了教师引导学生学习的认知策略。

(6)准备教学媒体。教学中需要使用的教具、幻灯、录音、图表、标本、实物等各种教学媒体，按照教学流程中的顺序加以注明，以便随时使用。

(7)分配教学时间。每个知识点需要分配的时间预先在教案中注明清楚，以便有效地控制教学进程和教学行为的时间分配。

2.微格教学教案设计案例

微格教学教案设计的具体格式可以是各种各样的，但大致应该包括教学目标、教师的主要教学行为、对应的教学技能、学生的学习行为、演示器材、媒体和时间分配等项目，导师可以设计好表格(表1-1)，发给学生用于教案设计。

表 1-1 微格教学教案设计表

学科：　　　　　　　　日期：　　　　　　　　　年级：
执教者：　　　　　　　　　　　　　　　　　指导老师：

教学课题				
教学目标	1. 2. 3.			
技能目标	1. 2. 3.			
时间分配	教师行为	教学技能	学生行为	所用教具仪器和媒体等

第四节 微格教学过程的组织实施

微格教学是一项细致的工作，要有效地提高教师的教学技能，关键是要紧紧抓好微格教学全过程所包含的理论学习、示范观摩、编写教案、角色扮演、反馈评价和修改教案等环节。这些环节环环相扣、联系密切，削弱其中任何一个环节，都会影响培训的效果。我们应针对被培训者的实际情况，落实每一个实施步骤。如图 1-1 所示。

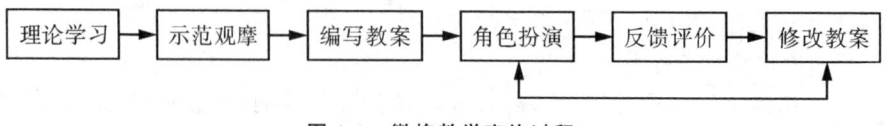

图 1-1 微格教学实施过程

一、理论学习和辅导

在微格教学实践和发展的过程中,融入了许多新的教育观念、教育思想和方法。如布鲁姆的"教育目标分类学"及"掌握学习法",弗朗德的"师生相互作用分析"理论。具体实践中又有美国爱伦教授的双循环式和英国布朗教授的单循环式等。

微格教学培训是一种全新的实践活动,也有其深刻的理论基础,因此,学习和研究新的教学理论是十分必要的。理论辅导的内容包括:微格教学的概念、微格教学的目的和作用、学科教学论、各项教学技能理论。理论研究和辅导阶段要确定好教学的组织形式。通常在学习教学理论时,导师以班级为单位作启发报告,讨论和实践则以小组为单位。小组成员以 6 人左右为宜,最好是同一层次的教师或师范生。指导教师要启发小组成员尽快相互了解,对所研讨的问题有共同语言,互相成为"好朋友"。

二、教学技能分析

微格教学的研究方法就是将复杂的教学过程细分为单一的技能,再逐项培训。导师可以根据培训对象的不同层次和需要,有针对性地选定几项技能。一般说来,对于师范生和刚踏上讲台不久的青年教师来说,经过微格教学实践可以及早掌握教态、语言、板书等方面的基本技能;对于有一定教学经验的教师,可以通过微格教学实践,深入探讨较深层次的技能,有利于总结经验、互相交流、共同提高教学能力,以达到提高教师整体素质的目标。在技能分析和示范阶段,导师要作启发性报告,分析各项技能的定义、作用、实施类型、方法及运用要领、注意点等,同时将事先编制好的示范录像给学员观看。

三、组织示范观摩

针对各项教学技能,提供相关的课堂教学片断,组织学生进行示范观摩。观看录像后经过小组成员讨论分析,取得共识。这样,学员不仅获得了理论知识,也有了初步的感知。

1.观摩微格教学示范录像

(1)教学示范录像片断的选择。在选择示范录像时要遵循两条原则,一是水平要高,二是针对性要强。示范的水平越高,学员的起点就越高;针对性越强,该技能的展现就越具体、越典型。

(2)提出观摩教学示范录像片断的要求。在观看示范录像片断时,指导教师要先提出具体要求,明确目标,突出重点,边观看边提。提示时要画龙点睛,简明扼要,不可频繁,以免影响学员观看和思考。

2.组织学习、讨论、模仿

(1)谈学习体会。各自谈观后感:哪些方面值得学习;对照录像,检查自己的教学与其存在哪些差距。师范生注重前者,在职教师注重后者。

(2)集体讨论。重点交换各自的意见,在要学习的方面达成共识。指导教师也要参加讨论,重点指导。

(3)要点模仿。示范的目的是为使受训者进行模仿。许多复杂的社会型行为,往往都能通过模仿而获得。实际上,受训者在观看录像时,就已渗透着模仿的意义。这里讲模仿,主要是在指导教师指导下进行重点模仿。此外,指导教师的亲自示范或提供反面示范,对学员理解教学技能也会起到十分重要的作用。

四、指导备课

1.组织学员钻研某项教学技能

(1)充分备课,熟悉教材。熟悉教材是至关重要的,如果对教材理解不透彻不深入,甚至出现片面性或错误,就无法体现教学技能。

(2)根据指定教材,针对某项教学技能进行钻研。在熟悉教材的基础上,重点应该考虑教学技能的运用。要正确运用教学技能,对该教学技能的钻研是先决条件,指导教师要正确引导学习者钻研教学技能的理论,联系教材,把理论应用于实践。

2.学员备课

(1)在钻研指定教材和该项教学技能的基础上,编写出教案。教案的格式如表 1-1 所示。

(2)在指导教师的指导下,交流备课情况,取人之长,补己之短。

(3)对在职教师和师范生要求有别。钻研教材,熟悉教材,理解教材,并结合教学技能备课,对在职教师来说,问题不是很大,但对在校的师范生来说,则是一个比较大的问题。师范生应先接受教学基本理论和教材分析的培训。指导教师在给他们指定教材时,还要对教材进行适当的分析,以帮助师范生正确理解教材,从而结合教学技能的运用进行备课。

五、角色扮演

1.角色扮演的意义

角色扮演是微格教学的中心环节,是受训者训练教学技能的具体教学实践活动,在活动中每个受训者都要扮演一个角色,进行模拟教学。这样做,改变了传统的"老师讲、学生听"的教学模式,给受训者以充分的实践机会,从而使师资培训工作上了一个新台阶。

2.角色扮演的要求

要求主要有两个方面:一方面,扮演"教师"者要真实,按照自己的备课计划,在有控制的条件下,训练教学技能;另一方面,扮演"学生"者要充分表现学生的特点,自觉进入特定情境。另外,在角色扮演过程中,任何人不要打断"教学",让"教师"去处理教学中的"麻烦",技术人员在拍摄过程中,不能对"教师"提出约束条件。

培养教学技能,必须通过真实的练习与训练,否则就难以形成技能。微格教学中的角色扮演,给学生提供了上讲台的机会,使他们能把备课时的设想和对单项技能的理解,通过自己的实践表现出来,同时进行录像。师范生由原来的被动听课者变为教学活动的参与者,充分发挥了学生的主体作用,体现了微格教学的优势。

在微格教学实习室内,有教师、学生和摄像人员。教师由接受培训的学员轮流担任,学生也由学员扮演。每节微格教学课的时间控制在10分钟左右。为了使"角色扮演"的效果更佳,微格教学实践应该注意以下几点:

(1)在角色扮演前,指导教师要向师范生说明有关角色扮演的规定。

(2)除了执教者和学生以外,减少模拟课堂上其他无关人员的数量,这样当执教者面对摄像镜头时,能减少紧张情绪。

(3)扮演"教师"者要把自己当成一个"纯粹"的教师,要把自己置身于课堂教学的真情实境之中,一切按照备课计划有控制地进行教学实践活动,训练教学技能。

(4)扮演"学生"者要充分表现学生的特点,自觉进入特定情境。有时也可以让学员扮演一位常答错题的学生,以培训执教者的应变能力。"学生"最好是执教者平时的好朋友,这样初登讲台的执教者能获得一种安全感。

六、反馈评议

反馈评议阶段,首先由执教者将自己的设计目标、主要教学技能和方法、教学过程等向小组成员进行介绍,然后播放微格录像,全组成员和导师共同观摩。观看录像后进行评议,可以由执教者本人先分析自己观看后的体会,检查事先设计的目标是否达到,及自我感觉如何;再由全组成员根据每一项具体的课堂教学技能要求进行评议。评议过程由以下三个环节构成：

1.学员自评

（1）照镜子、找差距。由教师角色扮演者分析技能应用的方式和效果，看是否达到预期目标。

（2）列出优、缺点。肯定成绩，找出不足之处。如果自己认为很糟、非常不满意，可以申请重新进行角色扮演和录像。指导教师可根据条件和时间，决定是否重录，尽量做到不挫伤学员积极性。

2.组织讨论、集体评议

评议时应以技能理论作指导，分析优、缺点，进行定性评价；

根据量化评价表给出成绩，进行量化评价；

提出建设性意见，提出如何做才可能会更好。指导教师要注意引导，营造一种学术讨论的氛围。

3.指导教师评议

学习者对指导教师的评价是十分重视的，指导教师的意见举足轻重。因此，指导教师的评价应尽量客观、全面、准确。对于扮演者的成绩和优点要讲足，缺点和不足要讲准、讲主要的。要注意保护学习者的自尊心和积极性，要以讨论者的身份出现，讨论"应该怎样做和怎样做更好"，这样效果会更好些。

七、修改教案，反复训练

1.学员修改教案

根据本人录像，参考技能示范录像和技能理论，对照评议结果，针对不足之处，由学员自己修改教案。

2.进行重教

根据评议情况，学员进行第二次实践，重复上述过程。

3.再循环或总结

是否再循环，可以根据培训对象的具体情况及课时安排而定。当然，在课堂教学过程中，各项技能是交织在一起的，任何单项的教学技能都不会单独存在。如培训导入技能，重点研究导入的方式、新旧知识的联系、情境的创设等问题。但导入过程必然用到语言技能，还可能用到提问、板书、演示等技能，只是对这些技能暂不考虑，只重点考虑导入技能的应用情况。

因此，当各项教学技能都经过训练并达到一定水平以后，指导教师应安排学习者进行各项技能的综合训练，也只有对教学技能进行综合训练，才可能最终形成教学能力。

第五节　微格教学技能的评价与反馈

微格教学中的评价是对教学技能的评价,是以一定的目标、需要、期望为准绳的价值判断过程。它通过对各项教学技能指标的考查与分析,对教学构成、作用、过程、效果等进行科学的价值判断,从而评价受训学员的课堂教学技能水平。在教学技能的学习和形成过程中,评价起着重要的作用,没有评价就不能通过微格教学进行技能改进。

一、微格教学评价的意义和作用

教学评价是依据预定的教学目标,把学生在知识、技能及能力等方面所达到的实际水平同事先确定的教学目标进行对照比较。为此,首先要在教学过程中为评价提供信息,信息包括知识信息和改进信息。其次,教师的各种综合能力对本教学系统的控制起着决定性的作用。

(一)微格教学评价的意义

微格教学的评价是微格教学的一个重要组成部分。评价的重点是在课堂教学的技能技巧方面,评价的目的就在于考查学员对各项课堂教学技能的掌握和提高程度。微格教学评价的意义有以下几方面:

1.通过评价来比较、区分受训学员的教学能力,获得学员是否掌握某项技能的证据,以便及时指导。

2.通过评价可以让被评价者看到自己的成绩和不足,好的地方得到强化,缺点和错误得到纠正,从而提高课堂教学技能。

3.教学技能评价目标的制定一般都体现了方向性和客观性,通过评价目标、评价体系的指引,可以为教学指明方向。因此,教学技能评价具有促进受训学员提高教学技能水平的导向作用。

(二)微格教学中评价的作用

1.及时全面获取反馈信息

从控制论的观点来看,反馈是很重要的。教育学上的传统反馈形式是执教老师上完课后通过回忆听取来自评课者的反馈和来自学生的反馈。但有时执教者很难理解这些评议,因为他想象不出自己教学行为的形象是如何的。微格教学则利用了现代化的设备,记录下全面的现场资料。执教者可以反复观看

自己的微格课录像,因而不仅可以得到上述来自评课者和学生的反馈,而且得到了来自执教者自身的反馈,执教者可以自己发现教学行为中的优缺点。从心理学的观点出发,这一反馈无疑是一个强刺激,最能强化行为人的优点,并改变行为人的缺点,所以在微格教学的评价中所接受到的反馈信息是及时全面的。

微格教学又是一个受控制的实践系统。微格教学的评价使师生双方及时全面地获得反馈信息,因而使培训者在有控制的条件下进行教学实践,控制沿着有目标的、正确的方向进行。

2.理论与教学实践紧密结合

从信息论的观点来看,让学员观看示范录像是对复杂的教学过程的一种形象化解释。学员从各种风格的教学示范中得到的是大量有声有像的信息,而这种信息是最易被接受的,因为视觉神经的信息接受能力要比听觉神经的信息接受能力大得多。在微格教学的理论学习阶段,学员已经从理论上学习分析了各项课堂教学技能的作用、方法和要领;在角色扮演阶段又亲自运用了某项教学技能进行微格课的实践;在微格教学的评价过程中,通过讨论评议,将各项教学技能的理论和实践科学地结合起来,从观察、模仿到综合分析,形成了完整的课堂教学艺术。

3.相互交流、促进提高

微格教学通常采用定性或定量的评价方式。定性评价根据反馈信息,结合课堂教学技能的理论,由小组成员提出各种个人的观点和建议。微格教学的组织形式已使全组师生成了研究教学技能的知己,每位成员都可以直率地提出意见,互相取长补短。微格教学的评价也为执教者本人提供了充分的发言权。这与传统的评课是不同的,这种评价既不是简单地打分,也不是单看教学实践成绩的高低,而是在整个评价过程中发挥集体的智慧,对提高课堂教学质量起了重要作用。

对于师范生来说,微格教学评议的重点是能让学员对照课堂教学的基本技能要领,看到自己课堂教学的不足之处,从而加以改进,使自己尽快掌握课堂教学基本技能。对于有一定经验的中学教师来说,微格教学要求参加培训的教师能发挥个人教学特长。评议的重点是经验交流,同时在微格教学中暴露出来的不足之处也将在和谐的气氛中得以解决。通过评价使本来已具有一定教学经验的教师在课堂教学技能的掌握运用方面更上一个台阶。

4.促进教学理念与技能的提升

随着时代的发展、科技的进步,在教育改革不断深化的过程中,新教材、新思想、新观点、新方法会不断引入到课堂教学中,教师会面临传统的教学观念与

现代化课堂教学观点的矛盾。微格教学融进了国内外许多现代教学理论的观点、技能和方法。经过微格教学的理论研究、课堂教学技能分析示范、微格备课、实习记录等环节,学员对这些新的理论观点、技能方法已有了一定的认识。微格教学评价过程,充分综合了来自各方面的反馈信息,这种全新的评议方法能激发学员学习的热情。在微格教学中应用新理论、新方法,钻研新教材,运用新的课堂教学技能,从而使每位受培训者的职业技能和素质在原有的基础上有所提高、有所发展,并使之适应教育改革的新形势,加快实现现代化课堂教学的进程。

二、评价指标体系的建立

(一)微格教学评价的性质

微格教学的全过程中既有诊断性评价,也有形成性评价。

在微格教学活动中,导师和学员通过各种活动形式,如理论学习研究、技能观摩讨论、相互听课、角色扮演等,得到了来自多方面的反馈信息,从而对学员的课堂教学特点及基本技能运用程度有了一定认识,这就是诊断性评价。

所谓形成性评价,即在微格教学的评价阶段,通过具体的系统性评议讨论,导师和全体成员努力开发对这个过程最为有用的各类证据,探寻并记录下形成这些证据的最为有用的方式。这是微格教学活动群体中每一成员都积极参与的结果。信息反馈和改正提高是形成性评价的必要因素。

微格教学的活动过程,反馈信息是多方面的,有来自小组同伴的反馈,有来自导师的反馈,也有来自执教者自我的反馈,而且与其他教学活动不同的是,微格教学的反馈信息能做到因人而异,既有针对性又有比较性,并通过活动中的特有交流方式达到改正提高的目的。参加微格教学学习的个人能学会以前没有掌握的技能要领,能纠正过去尚未察觉的缺点和错误,并明确今后努力提高的方向。微格教学的评价结果不是单纯看被评者的统计得分,而是强调从诊断性评价和形成性评价的比较中来判断价值。无论参与者是师范生还是有一定教学经验的教师,最重要的是提高和发展。

(二)微格教学评价量表的制定

微格教学是以提高课堂教学技能为主要任务的教学研究活动,评价的重点应该以达到技能训练的目标要求为标准,经过比较,判断价值。因此,如何建立合理的课堂教学技能评价量表对于微格教学评价工作来说是十分重要的。

微格教学的评价指标就是根据每项技能的目标要求分解确定的。这些指标必须是具体的、可观察的、可比较的、易操作的,并尽量注意相互间的独立性。下面以教学语言技能的评价为例加以说明(表1-2):

表 1-2　语言技能评价记录表

课题：　　　　　　　　　　　　　　　　　　　　执教者：

评价项目	好	中	差	权重
1.讲普通话,字音正确	☐	☐	☐	0.10
2.语言流畅、语速、节奏恰当	☐	☐	☐	0.20
3.语言准确,逻辑严密,条理清楚	☐	☐	☐	0.15
4.正确使用学科名词术语,无科学性错误	☐	☐	☐	0.15
5.语言简明形象、生动有趣	☐	☐	☐	0.05
6.遣词造句通俗易懂	☐	☐	☐	0.10
7.语调抑扬顿挫	☐	☐	☐	0.05
8.语言富有启发性	☐	☐	☐	0.10
9.没有不恰当的口头语和废话	☐	☐	☐	0.05
10.音量恰当	☐	☐	☐	0.05

根据教学语言技能的作用、方法和要领,确定了评价记录表中的 10 项具体指标。每一条指标在该指标体系中的重要程度用权重系数表示,各项权重系数之和应该等于 1。每一条指标的评价等级可分为好、中、差三等。

三、微格教学评价的实施

（一）分等评价法

导师准备好小组角色扮演的录像资料和各项技能的评价记录表。在播放某一段微格教学的录像资料前可以先请执教者向小组全体成员介绍自己设计这一教学片断的意图,包括教学目标、教学技能方法等。然后导师和全组成员一起观看录像。小组观摩完毕,开始讨论评议。执教者本人可以作观看后的自我评议,评述自己原来设想的教学目标哪些达到了,哪些没有达到。小组评议可以根据每一项课堂教学技能的评价量表来对照分析讨论。导师要启发和鼓励每位学员积极参加小组评议,让学员懂得课堂教学技能的评价能力的提高,对于提高课堂教学质量是很有帮助的。通过讨论,大家一起定性地评述运用某项教学技能的情况,肯定优点,提出改进意见。在定性评价的同时,也可以采用定量评价的方式。在观摩微格教学片段时,每位小组成员都是评价员。学员可以利用事先设计好的各种微格教学技能评价记录量表,在每一评价项目旁边的对应等级处画上"√"。然后,利用教学评价统计软件,将每份评价表的量值逐一输入计算机,经过计算机运算处理后可以打出一定的分数值。这种分等评价法运用了定性和定量评价结合的方式,相对客观。最后,由导师根据小组评议情况和定量结果进行小结,书写评语。

在采用分等评价法时,应注意以下几点:

1. 每位学员在微格教学实习前要了解每项技能的要点。

2. 每位学员在观摩微格教学片断前要仔细阅读有关技能的指标体系中的各项评价内容。

3. 在观摩评价过程中,对微格教学片断中没有涉及的项目以评中间等级为宜。

4. 不必将各个项目的等级相加,因为它们没有可加性。必须强调的是微格教学的评价目的不是看最后得分多少,而是看学员在整个微格教学实施过程中对运用课堂教学技能的理解和掌握程度。

(二)评价统计的方法

评价统计是在评价记录表完成后,由统计员完成以下步骤:

1. 填写统计表格

我们以教学语言技能为例,参阅本章表1-2,统计方法说明如下:

统计员先制定好统计用的表格,如表1-3所示,假如有10人参加评课,对第一项"讲普通话,字音正确",评好的有2人,占总人数2/10;评中等的有6人,占总人数的6/10;评差的有2人,占总人数的2/10,在统计表格的第1项右边等级比率栏内,分别填入0.2、0.6、0.2,依次将每个评价项目的等级比率分别填入统计表。

表1-3 等级比率统计量表

项目	权重	等级比率		
		好	中	差
1	0.10	2/10=0.2	6/10=0.6	2/10=0.2
2	0.20	3/10=0.3	7/10=0.7	0
3	0.15	1/10=0.1	7/10=0.7	2/10=0.2
4	0.15	5/10=0.5	5/10=0.5	0
5	0.05	0	5/10=0.5	5/10=0.5
6	0.10	2/10=0.2	6/10=0.6	2/10=0.2
7	0.05	4/10=0.4	5/10=0.5	1/10=0.1
8	0.10	1/10=0.1	6/10=0.6	3/10=0.3
9	0.05	1/10=0.1	8/10=0.8	1/10=0.1
10	0.05	2/10=0.2	5/10=0.5	3/10=0.3

2. 统计运算

根据表 1-3 中的数据，可以得到两个矩阵，其中矩阵 A 是由各项目的权重组成：

$$A = [0.10\ 0.20\ 0.15\ 0.15\ 0.05\ 0.10\ 0.05\ 0.10\ 0.05\ 0.05]$$

等级矩阵 R 由各评价项目的等级比率组成：

$$R = \begin{bmatrix} 0.2 & 0.6 & 0.2 \\ 0.3 & 0.7 & 0 \\ 0.1 & 0.7 & 0.2 \\ 0.5 & 0.5 & 0 \\ 0 & 0.5 & 0.5 \\ 0.2 & 0.6 & 0.2 \\ 0.4 & 0.5 & 0.1 \\ 0.1 & 0.6 & 0.3 \\ 0.1 & 0.8 & 0.1 \\ 0.2 & 0.5 & 0.3 \end{bmatrix}$$

矩阵 A 和矩阵 R 的乘积为矩阵 B，矩阵 B 是对教学语言技能的评价矩阵：

$$B = A \times R$$

$$= [0.10\ 0.20\ 0.15\ 0.15\ 0.05\ 0.10\ 0.05\ 0.10\ 0.05\ 0.05] \times \begin{bmatrix} 0.2 & 0.6 & 0.2 \\ 0.3 & 0.7 & 0 \\ 0.1 & 0.7 & 0.2 \\ 0.5 & 0.5 & 0 \\ 0 & 0.5 & 0.5 \\ 0.2 & 0.6 & 0.2 \\ 0.4 & 0.5 & 0.1 \\ 0.1 & 0.6 & 0.3 \\ 0.1 & 0.8 & 0.1 \\ 0.2 & 0.5 & 0.3 \end{bmatrix}$$

矩阵乘法是矩阵 A 的每一行（横为行，当前只有一行）与矩阵 R 的每一列（竖为列，当前有三列）对应元素的积作为新的矩阵之积的各元素。

即：$B = [0.10 \times 0.20 + 0.20 \times 0.30 + 0.15 \times 0.10 + 0.15 \times 0.50 + \cdots 0.05 \times 0.20$

$0.10 \times 0.60 + 0.20 \times 0.70 + 0.15 \times 0.70 + 0.15 \times 0.50 + \cdots 0.05 \times 0.50$

$0.10 \times 0.20 + 0.20 \times 0.00 + 0.15 \times 0.20 + 0.15 \times 0.00 + \cdots 0.05 \times 0.30]$

$= [0.235\ 0.615\ 0.15]$

矩阵 B 的结果显示,参加评价的 10 人中,对执教者的课堂教学语言技能各项指标全面评价后,有 23.5% 的人认为好,61.5% 的人认为中等,15% 的人认为差。设每个等级与一百分制分数的对应关系为:好=95 分,中=75 分,差=55 分,则组成分数矩阵 C:

$$C = \begin{pmatrix} 95 \\ 75 \\ 55 \end{pmatrix}$$

用矩阵 $B' = B \times C$,得出最终评价结果:

$$B' = [0.235\ 0.615\ 0.15] \times \begin{pmatrix} 95 \\ 75 \\ 55 \end{pmatrix}$$

$= (0.235 \times 95 + 0.615 \times 75 + 0.15 \times 55)$

$= 76.7$

即:被培训者的教学语言技能为 76.7,属于中等水平。

以上方式要用到矩阵计算,或利用计算机运行专门编制的程序,若条件不具备,也可以用下列方法加以简化。

以前面介绍的教学语言技能为例,假设各项评价的等级为:好(95 分)、中(75 分)、差(55 分),可填写出下表(表 1-4):

表 1-4 语言技能评价记录表

课题:　　　　　　　　　　　　　　　　　　　执教:

评价项目	好	中	差	权重
1.讲普通话,字音正确	√	□	□	0.10
2.语言流畅,语速、节奏恰当	□	√	□	0.20
3.语言准确,逻辑严密,条理清楚	□	√	□	0.15
4.正确使用专业名词术语	√	□	□	0.15
5.语言简明、生动有趣	□	√	□	0.05
6.遣词造句通俗易懂	□	√	□	0.10
7.语调抑扬顿挫	□	√	□	0.05
8.语言富有启发性	√	□	□	0.10
9.没有不恰当的口头语和废话	√	□	□	0.05
10.音量恰当	□	√	□	0.05

那么某一评价者对试讲者的评分为：用各项所给等级对应的分数乘以各项所对应的权重，统计各项目的得分之和。

即 $95\times0.10+75\times0.20+75\times0.15+95\times0.15+75\times0.05+75\times0.10+75\times0.05+95\times0.10+95\times0.05+75\times0.05=83$（分）

按以上方法，逐张统计出每位评价者的评分，最后计算出平均分即可。

这种方法也能在一定程度上反映出试讲者运用技能的情况。

3.统计程序设计

使用人工计算微格教学的评价统计比较烦琐，有条件的地方可以采用计算机数据处理的方法实现。根据上述原理使用 FoxPro 数据库程序或其他计算机语言编制微格教学评价统计软件，其程序设计思想流程图如图1-2所示：

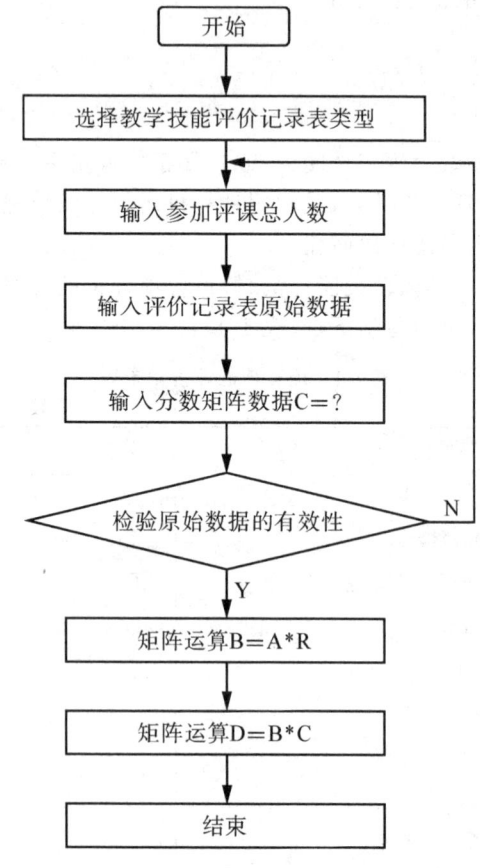

图1-2 教学评价统计程序设计流程图

四、微格教学中的反馈

(一)微格教学反馈的意义

反馈是控制系统的基本方法和过程。教学中的反馈可以有效地强化动机,促进行为的改善。一般教法课的试讲活动,因为在事后评定,反馈环节很微弱,控制调节作用更小,达不到强化的效果。微格教学中的反馈弥补了教法课的不足。借助录像,采用自评、互评、点评相结合的方式对被训者进行真实的、及时的反馈,能很好地发挥反馈的控制调节作用,强化效果好。由于微格教学的技能评价是形成性评价,其理论依据就是反馈原理,因此微格教学的反馈是根据过去的操作情况来调整未来行动。它根据形成性评价提供的信息,肯定教学技能、理论知识的优势,并诊断出问题,及时改进,提高教学,具有很大的调整和矫正作用。微格教学中的反馈是及时反馈,信息量大。在教学技能实践之后,立即以重放录像的形式,给受训者提供了自我观察教学过程和分析自己教学行为的条件,让受训者能够找出自己的优缺点。同时"学生"、"评价人员"和指导老师也给受训者指出优缺点并提出改进意见。通过反馈,使被培训者获得大量的信息,并在此基础上进行调控。被培训者能在集思广益的基础上,经过自己的分析、加工和重组,修改完善原有的方案。在多次修改和反复练习的基础上,受训者的教学技能得到了明显的提高。

(二)微格教学中反馈的方式

反馈的方式按时间分为及时反馈、短时反馈和长时反馈。微格教学采用的是形成性评价中的及时反馈或短时反馈,以充分发挥评价的改进功能,做到及时调整和矫正。反馈的方式按信息来源分为他人反馈和自我反馈。微格教学把他人反馈与自我反馈相结合,把来自同行和指导老师的意见和对自身教学行为的分析结合起来,有效地改进教学行为。对教学中的教师而言,自己不易觉察自己的某些行为,如语速太快、面孔呆板、语调低而平淡、知识量过大、行走过于频繁等,他人反馈对解决这些问题比较有效。受训者观看自己的授课录像,这种自我反馈的形式能产生较强的信息刺激,使对诊断出的问题进行有效矫正成为可能。在反馈评议的过程中,小组的学员们在一起充分讨论,共同献计献策,提出改进方案,受训学员可再次修改、讲课、录像、评价,使评价反馈起到了改进和提高教学技能的强化作用。

(三)微格教学反馈中应注意的问题

1.加强组织,用好录像

在反馈评价中,指导老师要给予恰当的组织和安排,被评价者要通过重放录像观察审视自己的教学行为,根据自己确定的目标找出教学中存在的问题,进行自我分析、自我反馈。与此同时,评价人员包括指导教师要根据录像提供的信息,按照一定的评价要求,定性定量地分析被评价对象的教学行为,以他人反馈的方式,给被评价者提供大量的反馈信息。在这个过程中,被评价者获得了非常有效的改进教学的意见,学员评价者提高了评价能力和鉴赏水平,指导教师掌握了学员的训练情况。

2.反馈意见要具体、集中、可行

微格教学强调具体、集中的反馈,并能在重教中立即得到利用。评价人员可根据爱伦教授的"2+2"教学指导法,即对每个被评价者一般只提出两条赞扬性意见和两条改进性意见,反馈意见限制为两条。目的在于使评价者和被评价者把注意力集中在最主要、最容易改进的方面,因此针对性强,重点突出,有利于被评价者抓住关键问题,诊断和改进教学行为。

3.选用恰当的反馈形式

评价目标达到程度的反馈信息,对被评价者来说,是一个极为敏感的问题。被评价者的自信心、自尊心和情绪都会受到评价结果反馈的影响。特别是简单的否定,可能会使被评价者的自信心动摇,情绪不稳定,甚至产生一些消极的心理行为。因此要注意选择恰当的反馈方式,以避免被评价者感到焦虑。如多采用启发式,引导学员自我客观认识,或采用讨论作为反馈方式,转移过分关心分数的注意力,还可采用小范围的反馈,或将评价分数、直方图结果和相互作用分析的结论,在讨论时交给被评价者本人,防止扩散否定性的评价结果。

思考与练习

1.什么是微格教学?

2.微格教学有哪些基本特点和基本功能?

3.简述微格教学实施的基本步骤及要点。

4.微格教学评价的分类、过程和方法如何?

5.微格教学教案编写有哪些项目,试就一个中学体育教学片断撰写微格教学教案。

第二章 教学技能

1. 理解教学技能的含义；掌握体育教学技能分类方法。
2. 明确作为体育教师应具备的基本技能。

第一节 教学技能的含义

教学技能是教师必备的教育教学技巧，它对取得良好的教学效果和实现教学的创新具有积极的作用。教学技能对外表现为成功地、创造性地完成既定的教学任务，卓有成效地达到教学目的和获得有效的教学方法；对内表现为保证完成教学任务的知识、技巧、心理特征和个性特征的功能体系，是教师的个性、创造性与教学要求的内在统一。从表面上看，教学技能是教师在教学活动中有效促进学生学习的活动方式。从深层剖析，它是教师职业个性品格和专业修养外化的表征，是教学能力的重要标志。

英文版的《教育词典》中将技能定义为"技能是通过练习、重复和反省而习得的体能、心能或社会能力"。教育心理学认为"技能是人们顺利完成某种任务的动作活动或智力活动方式，前者又称操作技能或动作技能，后者又称为智力技能或认知技能"。由此推出：技能是在练习基础上形成的，按一定规则或操作程序，顺利完成某种认知任务或操作任务的能力。

关于教学技能的概念，也有众多表达。澳大利亚的Cliff Turng认为："基本教学技能是在课堂教学中教师的一系列教学行为。"我国的孙立仁认为："教师的课堂教学技能是在课堂教学中，依据教学理论，运用专业知识，顺利完成教学任务并能促进学生学习发展，而采取的一系列教学行为方式。"李克东认

为"教学技能是在课堂教学中教师运用专业知识及教学理论促进学生学习的一系列教学行为方式"。以上表述虽各异,却都将教学技能视为教师的教学行为或活动方式,并与教育心理学关于技能的界定相一致。

在教学实践中,人们往往将"教学能力"和"教学技能"混淆,实际上它们之间还是有一定的区别。"教学能力"一词在使用过程中具有一定的模糊性,一般用这个词来形容一个教师的整体水平,包括一个人的先天素质、个性心理特征以及日常行为的有效程度等。而"教学技能"的含义更具体、更确切。教学技能是教师在教学过程中,运用与教学有关的知识与经验,促进学生学习,达成教学目标的能力。教学技能可以通过学习来掌握,在练习实践中得到巩固与发展,具有一定的目的性、可操作性、可分解性、后天习得性等特点。教学技能的运用旨在激发学生的学习兴趣,引导学生掌握学科的基础知识,形成技能和发展智力,为学生顺利完成学习任务,达成教学目标的要求创造有利条件。因此,教学技能是每一个从事教师职业的人所必备的基本职业技能。

体育教师要想成功地进行教学,不仅需要有深厚的体育理论知识和动作技术水平,还必须具备过硬的专业教学技能。从一定意义上说,体育教学技能就是体育教师职业的核心竞争力。如果一个体育教师不能掌握这些教学技能,就不能胜任体育教学工作,就不能成为一个真正合格的专业体育教师。

第二节 体育教学技能的特点

一、体育教学技能具有目标指向性

体育教学是一种计划性强、目标明确的活动。不同的教学技能是与不同的教学目标联系在一起的。如导入技能是为吸引学生的注意力,激发学生学习的兴趣,启发学生的思维,让他们明确每节课学习的目的;示范技能是为了给学生建立正确的动作表象,培养学生分析问题解决问题的能力,提高学生的审美艺术素质;而讲解技能则是形成概念,掌握原理和规律,认识交流本质等。在体育教学的不同阶段要求有不同的教学技能与之相适应,才能顺利完成教学任务,达到教学目的。因此说,体育教学技能具有明确的目标指向性。

二、体育教学技能以知识、技能为凭借

体育教师教学技能水平的高低,在很大程度上受制于教师所掌握的知识、

运动技术技能和拥有的教学经验。一名合格的体育教师,不仅要掌握教育学、心理学、学校体育学、体育教学论等专业理论和方法,还要掌握运动技术和运动技能。因此,在进行教学技能训练之前,认真学习有关的理论,提高自身的运动技术和运动技能水平是很有必要的。体育教学技能必须以知识、技能为凭借。

三、体育教学技能是一种习得性行为

教学技能不是先天就有的,而是一种后天性行为,通过后天的学习与训练所获得的。教学技能的获得,不仅受教师本人教学经验及水平的限制,更与受训者学习与训练的程度及时间长短相关。教学技能的形成与提高不是自发的、随时间的推移而自然产生的,它就像掌握一种特殊的运动技能一样,需要进行长时间不断的、系统的、特殊的训练和强化。因此说,体育教学技能是后天获得的,是一种习得性行为。

四、体育教学技能具有可操作性、可模仿性和可分解性

不同的教学技能所具有的内涵和具体结构是不同的,但所有的教学技能都具有可操作性的特点,都包含并应遵循特定的规则或运作程序。因此,不同的教学技能都可以分解为具体的行为方式和步骤来加以训练和模仿。教学技能的这一特点使得师范生教学技能的系统训练变为可能,也更具有可操作性,而不是无从着手,无章可循。

第三节　体育教学技能的分类

一、教学技能的分类

教学技能分类的方法很多,其分类依据主要有教学程序、教学活动方式和信息传输等方式。各国之间也存在着很大的差异,由于文化背景的不同,不同的国家教学技能分类的目的和角度不同,因此,有着不同的分类思想和分类方法。

目前,对教学技能分类存在两种观点:一种观点认为,应按教学场面来对教学技能进行分类,即把教学分为不同的课型,在不同的课型上教师采用不同的教学技能,这是一种宏观的分类方法;另一种观点则认为,应按教师应具备的职业技能进行分类,这种职业技能应适应于各种教学场面,而且还要把在各种教学场面中的教师教学行为细分为各种具体的教学技能,即把各种课堂中

教师的教学行为分解为不同的构成要素,把最主要的若干要素抽出来定为不同的教学技能。这种教学技能的分类方法已成为教学技能分类的主流。

根据查阅的资料表明,国外理论研究对教学技能的分类比较有影响的有以下几种模式:

1.英国安德鲁·特洛特

(1)变化技能;(2)导入技能;(3)强化技能;(4)提问技能;(5)例证技能;(6)说明技能。

2.美国斯坦福大学

(1)导入技能;(2)变化技能;(3)总结技能;(4)非语言性启发技能;(5)调动学生参与的技能;(6)频繁提问的技能;(7)探索性提问的技能;(8)高层次提问的技能;(9)分散性提问的技能;(10)确认的技能;(11)例证的技能;(12)运用资料的技能;(13)有计划地重复的技能;(14)交流的完整性的技能。

3.澳大利亚悉尼大学

(1)强化技能;(2)变化技能;(3)讲解技能;(4)导入与结束技能;(5)一般提问技能;(6)高层次提问技能;(7)课堂管理和组织技能;(8)小组讨论指导技能;(9)个别指导技能;(10)发现法指导及创造力培养技能。

4.日本东京学艺大学

(1)导入技能;(2)变化技能;(3)展开技能;(4)总结技能;(5)例证技能;(6)确认技能;(7)演示技能;(8)板书技能;(9)提问技能。

5.印度 K.萨蒙帕等

(1)变化技能;(2)导入技能;(3)结束、总结技能;(4)复习技能;(5)一般提问;(6)探索提问;(7)讲解;(8)例证和实例;(9)板书技能;(10)组织技能。

6.香港中文大学

(1)变化技能;(2)相互交流;(3)一般提问;(4)例证和实例;(5)组织技能。

7.中国北京教育学院

(1)导入技能;(2)教学语言技能;(3)提问技能;(4)讲解技能;(5)变化技能;(6)强化技能;(7)演示技能;(8)板书技能;(9)结束技能;(10)课堂组织技能。

二、体育教学技能的分类

体育教学技能的分类对于微格教学技能训练至关重要,只有对体育教学技能进行科学、系统的分类,才能使得教学技能培训的目标更为明确、集中、便于掌握;使微格教学技能评价更富有针对性;更好地充分发挥微格教学的优势,提高师范生体育教学技能掌握水平。

本教材在借鉴诸家分类的基础上,根据现代教育理念,结合体育教学的特点和要求,依体育课堂教学的一般流程,从教学各个不同阶段的具体要求出发,按照教学前、教学始、教学中、教学终、教学后五个体育课堂子系统,对体育教学技能体系进行如下分类(图2-1):

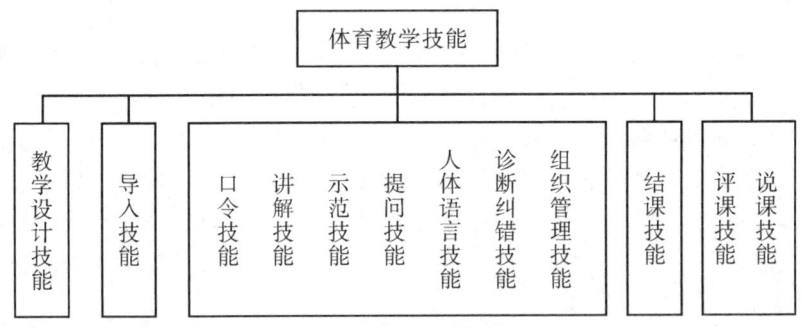

图2-1 体育教学技能体系

(一)教学设计技能

所谓的教学设计,就是教师运用系统科学的方法,以学习理论(教学理论)和传播理论的研究为基础,依据相关学科的理论和研究成果,计划或安排教学的全过程(包括教学目标确定、教学活动的组织、教学信息传递、教学管理和评价),以期取得最优化的教学效果。体育教师通过教学设计,将对体育课程标准的理解、对具体的教学内容和教学对象的分析等加以整合,作出对教学的整体规划、构想和系统设计,形成一种思路,对一系列具体的操作层面的教学事件做出整体安排,形成一个个体现一定教育思想观念、具有可操作性的教学方案。合理、科学的体育教学设计是保证体育教学质量的必备条件,因此,体育教师掌握好"教学设计技能"是上好一节体育课的重要前提。

(二)导入技能

课堂教学的过程是一个信息传播的过程,要使这种传播有效,就必须使传、受双方同时进入传播过程,通过相互作用来实现传播的目的。如何使信息的接受较快地进入这个过程,传授者必须通过各种方式激发起学习者的学习动机,引起他们对信息内容的注意和兴趣,将他们引导到特定的教学方向上来。因而,根据这个特定的意图,首先教师必须具有"导入技能"。

(三)提问技能

教学信息的传播不是单向的、直线的传播过程。为了确保教学的目的性,它通过反馈形成一个循环系统。反馈的方式是多种多样的,教师可通过观察

学生的表情、操作等来完成,但在课堂上教师使用最多的方法是提问。提问不仅可以达到反馈的目的,而且还是促进学生思维、巩固知识和运用知识的方法和手段,是课堂教学中贯彻师生互动的最好形式。因此,教师必须掌握"提问技能"。

(四)口令技能

口令是体育教师所特有的专业性语言,它带有教师命令、威信和意志的信息,使学生做到有令即行。在体育教学中,教师运用口令进行队伍的调动、队形的变换、基本体操、武术、韵律操等的练习时的组织与教学,口令运用的正确与否,直接影响着教学质量的高低。所以说,作为一名体育教师,"口令技能"是教师必备的专业性教学语言,是体育教师的基本功和必须掌握的一项基本教学技能。

(五)讲解技能

体育课堂教学的信息是多方面的,有体育知识、运动技术、技能概念、原理、规则等,要对它们进行描述、分析、综合并通过抽象概括获得结论,形成正确的运动概念,得出原理和规律,这些过程都是要靠教师的"讲解技能"来体现的。

(六)示范技能

示范是体育教师必备的基本功,是教师直接向学生传递知识信息的重要手段,也是体育课教学中最常用的直观教学方法。教师怎样利用好自身示范为学习者提供清晰的运动表象,并与自己的语言有机地结合而更好地实现教学目标,就必须具有应用自身示范进行教学的技能,这就是"示范技能"。

(七)人体语言技能

体育教学的过程,除了口头语言以外,教师还通过手势、表情、动作等传递信息。改变不同的信息传递通道以辅助或增强口头语言的作用,活跃课堂气氛,教师的这种传递信息的方式称为人"人体语言技能"。

(八)诊断纠错技能

作为体育教师,为了使学生更快地掌握和巩固正确的技术动作,必须根据各项运动的规律和技术特点以及学生的实际情况,运用科学的方法进行指导,教师在体育教学中诊断和纠正错误动作,既是教师指导学生完成动作练习的过程,也是体育教师在教学中必备的教学技能。因此,一个合格的体育教师必须学会"诊断纠错技能"。

(九)组织管理技能

体育课教学中教师如何根据学生所具备的知识结构、技能水平、情感层次等情况,合理安排运动负荷、布置场地器材、调动学生队形、对教学过程中出现

的偶发事件的处理等,这些都要通过教师的"课堂教学组织技能"来完成。

(十)结课技能

如何使一节课或一阶段的教学内容成为一个整体,达到教学目标的要求,或扩展到本节内容,使前后知识相关联而形成一个完整的体系,这就要求教师还必须掌握"结课技能"。

(十一)说课技能

说课技能是教师在精心备课的基础上,以教育教学理论为指导,以口头表述为主,运用有关辅助手段向领导、同行或评委阐述某一具体课题的教学设计,并与听课者共同就课程目标的达成、教学程序的安排、重点难点的把握及教学效果与教学质量的评价等方面进行预测或反思,共同研究探讨如何进一步改进和优化教学设计的教学研究活动。说课已成为中小学体育课堂教学研究活动的一个重要环节,也成为体育教师必须掌握的一项基本技能。

(十二)评课技能

评课作为一种特殊形式的教学交流与评价活动,是提高教师从教能力、促进教学反思、提高课堂教学质量的有效途径,也是衡量教师教学水平的重要方式。评课作为一项在教学研究过程中十分有研究价值的活动,具有艺术化的说服能力。评课过程体现出来的艺术,很大程度上是一种"唯美而遗憾的教学艺术",可以起到促进相互学习、交流切磋、合作进步并形成教学风格的作用。因此,评课技能是每一位体育教师必须掌握的基本技能。

上述体育教学技能中,教学前的教学设计技能包括分析教学对象和教学内容,设计教学目标,编写教学教案。教学过程中的技能包括导入技能、口令技能、讲解技能、示范技能、提问技能、人体语言技能、诊断纠错技能、课堂组织技能、结课技能,其中,导入技能位于课堂教学之始,结课技能位于课堂教学之终,其他各项技能有机地贯穿于课堂教学之中。课堂教学后的技能包括说课技能与评课技能。

上述体育教师课堂教学技能,除了从理论上掌握其原理外,更多经验的获得来自训练,只有经过反复的实践训练,才能掌握基本的教学技能,熟悉教学规律。体育微格教学为体育教师教学技能的训练提供了一种新型的训练方式。它广泛吸收了教学论和心理学的最新成果,以客观性、系统性、具体性为特征的科学方法论和现代科学技术手段有效地应用于体育教学技能的研究开发及训练实践中,将课堂教学所需要的各种技能进行微型化处理,简化了复杂的教学过程,使得受训者更加容易掌握教学技能。实现了高效低耗的个别化教学,使得班级教学和个别训练达到完美的结合。

本教材以普遍性、决定性、可观察性、可操作性和可测量性为原则,分别对体育课堂的课堂教学设计技能、导入技能、提问技能、讲解技能、示范技能、口令技能、提问技能、人体语言技能、诊断纠错技能、组织管理技能、结课技能、说课技能、评课技能等进行重点讨论和训练。

第四节 体育教学技能训练原则

一、单项训练与综合训练相结合原则

采用微格教学方法以单项教学技能训练为基础,无疑提高了师范生的教学技能培训的效果。但是,这种将教学技能分解进行训练,缺少综合各种被分解开来的技能的环节。因此,要实现教学技能的整体优化,提高体育教师的教学能力,必须在训练过程中有计划地、科学地将体育教学技能分解并逐项进行训练,同时,增加综合各种技能的训练环节,以保证师范生能真正掌握教学技能,灵活运用教学技能,提高教学效率。

二、训练与自我完善相结合原则

这里所说的训练主要是接受他人的训练,是一种自上而下的训练,是指师范类学校或有关部门,依据教育目的的要求和教育教学理论,结合当前教学改革实践,借鉴成功的教学经验,向受培训者传授教学各个环节的技能要领与方法,按照国家有关规定的标准,着力培养受培训者从事教学工作的实际能力。脱离专业训练来谈教学技能是没有前提的假设,教学技能是随着社会进步、科技发展而不断变化的,即使是最好的职业训练,也不能保证教师职业生涯的成功。因而教学技能不能仅靠外来的要求与约束得以提高,它需要教师不断地自我完善。自我完善是在职教师自觉意识自己未来事业的要求,并使自己的思想、业务及人格不断趋于完善的实践过程。

○ 思考与练习

1. 你认为体育教师应具备哪些基本的教学技能?
2. 根据你的经验,你对我国体育教师的教学技能培训有什么意见和建议?

第三章 体育教学设计技能

1. 了解体育教学设计的含义、功能及构成要素。
2. 掌握体育教学设计的方法、原则、要求和策略。
3. 能运用相关理论合理地编写课时教学方案。
4. 评价他人的体育课堂教学设计(教案)的质量,并能加以分析。

第一节 体育教学设计技能概述

教学设计是20世纪60年代末至70年代由美国提出的。目前教学设计已成为一门独立学科。我国对教学设计的研究始于20世纪80年代中期,其教学设计的原理和方法越来越受到人们的重视。目前国内体育教学领域对教学设计原理、方法的应用研究也越来越受到普遍关注。对于体育教师而言,依据教育教学原理,根据学生认知结构,对体育教学过程、教学内容、教学组织形式、教学方法和需要使用的教学手段进行系统课堂教学设计,是上好一堂体育课的必要前提。

一、教学设计的含义

加涅曾在《教学设计原理》(1988)中将教学设计界定为:"教学设计是一个系统化(systematic)规划教学系统的过程。"

美国学者肯普给教学设计下的定义是:"教学设计是运用系统方法分析研究教学过程中相互联系的各部分的问题和需求。在连续模式中确立解决它们的方法步骤,然后评价教学成果的系统计划过程。"

在我国,有学者认为:"教学设计是运用系统方法分析教学问题、确定教学目标、建立解决教学问题的策略方案,评价施行结果和对方案进行修改的过程。"

体育教学设计是根据教学目的和教学条件,对某个过程(如学段、学年、学期、单元和学时)的教学所进行的各方面的最优化研究工作和计划工作。

从某种意义上来说,教学设计实际上是课程实施过程中的一个决策过程,教师要回答"为什么教""教什么""怎么教""教得怎么样"等问题,对教学做出整体安排。

二、体育教学设计的作用

(一)有效地提高体育教学效率和教学效果

教学设计首先是要对学习需要、学习内容和学习者进行分析,称为教学设计的前端分析。在教学设计前端分析的基础上可以明确教学目标,这样就可以减少许多不必要的重复内容或活动。另外,在分析的基础上还可以科学地制定教学策略,合理地使用教学媒体,科学地拟定教学进度,准确地评价教学效果,提高教学效率。

(二)促进体育教师的教学从经验型向科学型转变

传统教学以课堂为中心、书本为中心、教师为中心,教学上的许多决策都凭教师个人的经验和意向做出。有经验的教师凭借这条途径也能取得较好效果,这是具有教学艺术的表现。但能够运用这门艺术的教师毕竟有限,而且教学艺术很难传授。教学设计打破服了这种局限,将教学活动的设想建立在系统方法的科学基础上,用可以复制的技术作为教学的手段。只要懂得相关的理论,掌握了科学的方法,一般教师都能实际操作。体育教学设计从教学的科学规律出发,对教学问题的确定、分析,对解决教学问题的方案的设计、实施以及评价和修改策略都采用了系统的观点和分析的方法进行客观的分析,从而摆脱了教学活动设计中的纯经验主义,使教学工作走上了科学化的道路。因此,学习和运用教学设计的原理是促使教学工作科学化的有效途径。

(三)有利于体育教师科学思维习惯和能力的培养

教学设计是系统解决教学问题的过程,它提出的一套确定、分析、解决教学问题的原理和方法也可用于其他领域和其他性质的问题情境中,具有一定的迁移性。例如,在教学内容或学习任务分析这个设计环节中,要求设计者将总的教学目标分解成单元教学目标和更具体的课时目标,建立一个教学目标

群,然后根据每一个具体目标拟定策略。这与现代管理学中的目标管理的思路是相同的。因此,通过教学设计原理和方法的学习、运用,可以培养有关人员科学思维的习惯,提高体育教师科学地分析问题、解决问题的能力。

三、体育教学设计的特点

(一)超前性

教师进行教学设计的过程,实质上就是实际教学活动的每个环节、每个步骤在教师头脑中的预演过程。这一过程带有较强的预测性,具有一定的超前性。它能使教师如临真实教学情境,对教学过程的每一个细节周密考虑、仔细策划,为教学活动的顺利进行提供可靠保证。但这仅仅是设计,只是对实际的教学活动的预测,还没有开始实施,无法落实解决问题的方法。

(二)系统性

教学系统设计首先是把教育、教学本身作为整体系统来考察,并运用系统方法来设计、开发、运行和管理,即把教学系统作为一个整体来进行设计、实施和评价,使之成为具有最优功能的系统。因此,将系统方法作为教学系统设计的核心方法是教学系统设计发展过程中研究者与实践者所取得的共识。无论是宏观教学系统设计,还是微观教学系统设计,都强调系统方法的运用。教学设计依赖系统的方法,使教学过程设计的完整性、程序性和可操作性得到了保证。

(三)创造性

体育教学设计的过程,实际上也就是教师根据不同的教学目标和不同学生的特点,创造性地思考、设计教学实施方案的过程。并且,由于教学设计在一定程度上是同教师个人的教学经验、风格、智慧紧密结合在一起,每个教师设计的教学方案都会不同程度地带有个人风格与色彩,因而,它为教师个人创造才能的发挥提供了广阔天地。

四、体育教学设计的程序(设计流程)

(一)对学生体育学习需要的分析

学习需要在教学设计中是一个特定的概念,是指学习者在学习方面目前的状况与所期望达到的状况之间的差距。学习需要分析是一个系统化的调查研究过程,这个过程的目的就是要揭示学习需要,从而发现学生学习中实际存在的问题,并据此提出体育教学设计的方向,确定体育教学目标。

(二)对体育教材内容的分析

体育教学内容是指为实现体育教学目标,在体育教学过程中选择的各种体育与卫生保健知识、技术技能及方法的总称。对体育教材内容的分析目的在于全面了解教材内容的特点与功能,充分挖掘体育教材的价值,确定教师应该"教什么"和学生"学什么"问题,使其更好地为实现体育教学的多种功能服务。

(三)对学习者的分析

体育教学设计的一切活动都是围绕学习者的学而展开。对学习者进行分析目的在于了解体育学习者当前所具备的知识技能情况,更好地为体育教学设计中目标的确定、体育教材内容的选择、体育教学策略的选用、教学环境的创设等提供依据,从而更好地促进学习者体育知识、运动技能和能力的发展。

(四)体育教学目标的设计

体育教学目标是教学过程中师生预期达到的学习结果和标准。在体育教学过程中,教学内容组织与安排、教学方法与手段的选择、学生的学习活动等均围绕着体育教学目标展开。

教学目标是教学设计的出发点和归宿,也是检查教学效果的标准和尺度,明确而具体的教学目标对教学活动具有很好的导向和监控作用。体育教学目标的设计在体育教学设计中起着至关重要的作用。

(五)体育教学策略的设计

体育教学策略主要研究以下问题:课的类型与结构、教学的顺序与节奏、教与学的活动、教与学的方法、教学的形式、教学的时空安排、教学活动实现对策等。体育教学策略主要解决的是体育教师"如何教"和学生"如何学"的问题。

(六)体育教学媒体的设计

体育教学媒体是指在体育课堂教学过程中,根据教学目标和教学对象的特点,合理选择和运用现代教学媒体和体育教学软件,与传统体育教学手段有机组合,共同参与体育教学。

(七)体育教学过程的设计

体育教学过程设计是对影响体育教学活动的因素(教师、学生、教学内容、教学目标、教学活动、教学步骤、教学方法等)的动态设计。一般可以用流程图的形式简洁地反映分析和设计阶段的结果,表达体育教学过程,直观地描述体育教学过程中教师、学生、教学内容、教学策略等基本要素之间的关系。

(八)体育教学设计的评价

经过以上各个环节设计出的体育教学方案,能否为体育教学带来理想的效果还有待于实践的检验。对体育学习需要、体育学习内容和学习者的分析是否准确,体育教学目标的设定是否合理具体,体育教学策略的设计是否合理恰当,体育教学媒体的选择与设计是否有效,体育教学过程的设计是否合理等问题必须进行全面的评价。评价可以采用形成性评价,也可以采用终结性评价。当发现所设计的方案不能达到预期目标时,应及时加以修改,直至达到预期的目标。

上述八个方面所构成的教学设计过程,可用下面的流程图 3-1 表示:

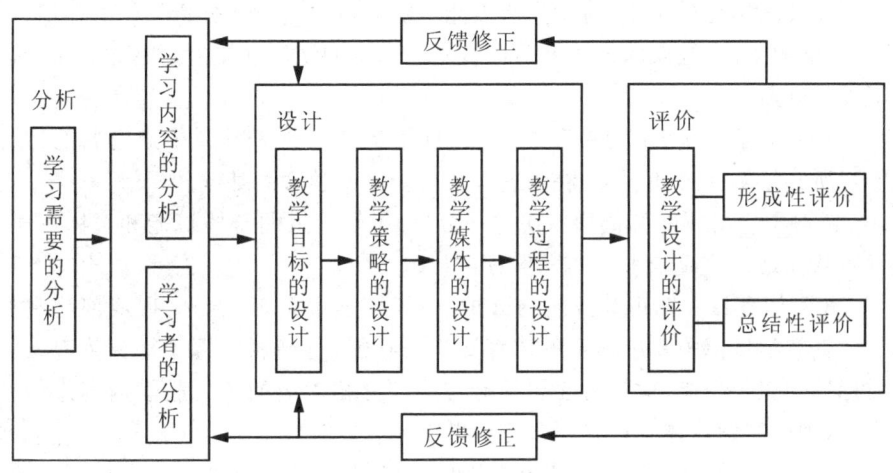

图 3-1　体育教学设计流程图

第二节　体育课时计划(教案)的编制与案例

一、分析学生情况

学生是学习的主体,学生情况制约着学习的开展,影响着目标的达成。因此,对学生情况的分析是编制体育课时教案必须重点关注的一个方面。那么如何分析学生的情况呢?

首先,要分析学生的一般特征,即对学生的生理特点、心理特点以及社会特点的分析。学生的生理特点分析主要包括学生的生长发育规律和不同年龄阶段身体素质的发展规律;心理特点分析主要考虑学生的个性发展特征(即兴趣、能力、性格)、情感、情绪特征,注意力和意志的发展特征,学生的思维特点等;社会特点分析主要考虑学生的人际交往特点,学生的社会行为特点,学生的社会角色意识,学生的价值观念,学生的团队精神和竞争意识等。

其次,要分析学生的体育学习起点能力。所谓的起点能力是指学生在从事体育与健康课程的学习前已具备的相关知识,体能、技能的基础,健康状况以及对体育学习内容的认知和态度。学生起点能力分析与体育学习内容的分析有着密切的关系,如果忽略对学生起点能力的分析,体育学习内容的确定就会脱离学生的实际情况。

在实际编写教案中,对学生起点能力的分析应侧重于分析学生的知识、体能、技能的基础,健康状况以及对体育学习内容的认知和态度。具体要做到以下几个方面:

1. 对体育预备知识和技能的分析,即了解学生是否具备了进行新的体育学习所必须掌握的知识和技能,这是从事新体育学习的基础。

2. 对学生的体能和健康状况进行分析,了解学生的身体机能和身体素质、健康状况是否适应未来的体育学习。

3. 对体育目标知识和技能的分析,即了解学生是否已经掌握或部分掌握了体育教学目标中要求学会的体育知识与技能,若已经掌握了部分体育教学目标的知识与技能,就没有必要针对与该部分相对应的体育教学内容进行教学,以利于在确定体育教材内容方面做得更有针对性。

4. 对学生体育学习态度的分析,如是否存在偏爱或讨厌心理等。

二、钻研课程标准与教材

(一)钻研课程标准(理念、目标)

1. 理解体育与健康课程理念

课程理念是教学行为的先导与灵魂,是教学实践和教学价值观的体现,也是教学活动所能达到的状态与水平的精神前提。

(1)我国义务教育《体育与健康课程标准》(2011版)课程理念:

①坚持"健康第一"的指导思想,促进学生健康成长

体育与健康课程以"健康第一"为指导思想,努力构建体育与健康的知识与技能、过程与方法、情感态度与价值观有机统一的课程目标和课程结构,在强调体育学科特点的同时,融合与学生健康成长相关的知识。通过体育与健康课程的教学,使学生掌握运动技能,发展体能,逐步形成健康和安全的意识以及良好的生活方式,促进学生身心协调、全面地发展。

②激发学生的运动兴趣,培养学生体育锻炼的意识和习惯

体育与健康课程强调在课程目标的确定、教学内容和教学方法的选择与

运用方面,注重与学生的学习和生活经验相联系,引导学生体验运动乐趣,提高学生体育与健康学习动机水平;重视对学生进行正确的体育价值观和责任感的教育,培养学生刻苦锻炼的精神,促进学生主动参与体育活动,基本形成体育锻炼习惯。

③以学生发展为中心,帮助学生学会体育与健康学习

体育与健康课程高度重视学生的发展需要,从课程设计到学习评价,始终以促进学生的身心发展为中心。课程在充分发挥教师教学过程中主导作用的同时,十分重视学生在学习过程中的主体地位,注重培养学生自主学习、合作学习和探究学习的能力,促进学生掌握体育与健康学习的方法,并学会体育与健康学习。

④关注地区差异和个体差异,保证每一位学生受益

体育与健康课程强调在保证国家课程基本要求的前提下,充分关注不同地区、学校和学生之间的差异,各地区和学校要根据体育与健康课程目标及课程内容,因地制宜,合理选择和设计课程内容,有效运用教学方法和评价手段,努力使每一位学生都能接受基本的体育与健康教育,促进学生不断进步和发展。

(2)我国普通高中《体育与健康课程标准》(2017版)课程理念:

①贯彻落实"立德树人"的根本任务和"健康第一"的指导思想,促进学生健康与全面发展

普通高中体育与健康课程贯彻和落实"立德树人"的根本任务,以"健康第一"为指导思想,强调健身育人功能,高度重视培养学生的运动能力、健康行为、体育品德三个方面的学科核心素养,努力构建知识与技能、过程与方法、情感态度与价值观有机结合的课程目标和课程结构;在强调体能、运动技能和体育文化学习的同时,融合与学生成长相关的健康教育知识和方法,注重学生健康与安全意识的培养以及良好生活方式的形成,重视培养学生积极进取、不怕困难、挑战自我、顽强拼搏、追求卓越、团结合作、公平竞争和遵守规则等体育品德,促进学生体魄强健、身心健康,获得全面发展。

②尊重学生的学习需求,培养学生对运动的喜爱

普通高中体育与健康课程强调"以学生发展为中心",从课程设计到课程实施的各个环节,遵循高中学生的身心发展特征,充分关注学生的体育与健康学习兴趣和学习需求,在发挥教师主导作用的同时,突出学生的主体地位;创设师生和谐互动、形式灵活多样、气氛热烈活泼、实际效果明显的课堂教学氛围,充分调动学生学习的积极性,增强学生内在的学习动力,引导学生深刻体验运动的乐趣和理解运动的价值,促使学生由被动运动向主动运动转变,喜爱

体育学习,乐于参与课外体育活动和运动竞赛活动,养成良好的体育锻炼习惯,使体育成为学生生活中不可或缺的重要组成部分。

③改革课程内容与教学方式,发展学生的学科核心素养

普通高中体育与健康课程在继承优良传统的基础上,开拓创新,努力体现课程的时代性。在课程内容方面,关注对学生学习和发展有意义的传统体育项目和新兴运动项目,重视具有中华民族优秀传统文化特色的武术和民族民间传统体育活动的教学,强调与学生的生活经验紧密联系,精选适应时代要求的、有利于奠定学生终身发展基础的体育与健康知识、技能和方法;在教学方式方面,力求改变单一的灌输式教学,改变过于注重单一知识点以及把结构化的知识和技能割裂开来进行教学的模式,倡导多样化的教学方式,特别注重学生的自主学习、合作学习、探究学习,将知识点的教学置于复杂情境之中,引导学生用结构化的知识和技能去解决体育与健康实践中的问题,促进学生把单纯追求知识和技能获得的过程转变为学科核心素养发展的过程,培养学生的综合能力和优良品格。

④注重学生运动专长的培养,奠定学生终身体育的基础

普通高中体育与健康课程重视培养学生的运动爱好和专长,强调学生系统学习所学运动项目,要求学生掌握和运用1~3项运动技能。本课程强调学生运动专长的形成,不是把学生当成专业运动员来培养,而是引导学生通过掌握1~3项运动,积极参与日常体育锻炼、社团体育活动和形式多样的竞赛活动,形成锻炼习惯和学科核心素养。因此,学习目标的确定、教学内容的选择和教学方法的选用,应遵循体育教育教学规律,特别关注学生的运动基础、体育文化认知、兴趣爱好和个性发展,促使学生主动、积极地进行体育学习和锻炼,全面提高所学运动项目的技能水平,充分体验体育学习的成功感,树立积极的自我价值观,为形成终身体育的习惯和能力奠定良好的基础。

⑤建立多元学习评价体系,激励学生更好地学习和发展

普通高中体育与健康课程重视促进学生更好地达成课程目标和形成学科核心素养,重视评价的激励、反馈和发展功能,构建主体多元、内容全面、方法多样的评价体系。在评价主体方面,提倡以教师评价为主的基础上,引导学生积极进行自我评价和相互评价;在评价内容方面,重视对学生的运动能力、健康行为、体育品德进行综合评价;在评价方法方面,倡导定量评价与定性评价、相对性评价与绝对性评价、形成性评价和终结性评价相结合。通过多元学习评价,提高学生的自我评价和自我发展能力,促进学生更好地进行体育学习和锻炼。评价中特别要关注那些运动基础相对较差,但学习态度很好的学生的

评价,真正体现评价的激励和发展功能,增强他们体育与健康学习的自信心和自尊心。多元的体育与健康学习评价体系注重与学业质量标准紧密联系,使得学业质量标准的使用更有助于学生形成学科核心素养,获得全面发展。

2.掌握体育与健康课程目标体系

我国义务教育《体育与健康课程标准》(2011版)目标体系:

(1)课程总目标

①增强体能,掌握和应用基本的体育与健康知识和运动技能;
②培养运动的兴趣和爱好,形成坚持锻炼的习惯;
③具有良好的心理品质,表现出人际交往的能力与合作精神;
④提高对个人健康和群体健康的责任感,形成健康的生活方式;
⑤发扬体育精神,形成积极进取、乐观开朗的生活态度。

(2)课程分目标

课程分为运动参与、运动技能、身体健康、心理健康与社会适应四个学习方面,各方面的说明及目标如下:

①运动参与目标:a.参与体育学习和锻炼;b.体验运动乐趣与成功。
②运动技能目标:a.学习体育运动知识;b.掌握运动技能和方法;c.增强安全意识和防范能力。
③身体健康目标:a.掌握基本保健知识和方法;b.塑造良好体形和身体姿态;c.全面发展体能与健身能力;d.提高适应自然环境的能力。
④心理健康与社会适应目标:a.培养坚强的意志品质;b.学会调控情绪的方法;c.形成合作意识与能力;d.具有良好的体育道德。

(3)水平目标

每一个分目标又可细分为若干个水平目标,并对如何达到某一水平目标提出了若干活动建议或内容建议,而不是硬性规定。这就给学校、教师和学生留有很大的选择余地和空间,不管选择什么内容、采用何种方法,只要有助于达成学习目标就可以。

以运动技能方面水平四中的一个目标为例说明如下:

• 掌握运动技能和方法

学习目标:基本掌握并运用运动技术。

达到该目标时,学生将能够:

①基本掌握并运用一些田径类运动项目的技术。如基本掌握并运用短跑、中长跑、定向越野、跨栏跑、接力跑、跳远、跳高、投实心球等项目的技术。
②基本掌握并运用一些球类运动项目的技术和简单战术。如基本掌握并

运用篮球、排球、足球、羽毛球、乒乓球、网球、毽球、珍珠球和三门球等球类运动项目的技术和简单战术。

③基本掌握并运用一些体操类运动项目的技术。如基本掌握并运用器械体操、技巧、健美操、街舞、啦啦操、校园集体舞等运动项目的技术动作与组合动作。

④基本掌握并运用一些游泳或冰雪类运动项目的技术。如在基本掌握并运用蛙泳或滑冰、滑雪基本技术的基础上,学习并掌握其他泳姿或有一定难度的滑冰、滑雪技术等。

⑤基本掌握并运用一些武术类运动项目的1~2组技术动作组合。如基本掌握并运用9~10个动作组成的武术套路等。

⑥基本掌握并运用一些其他较复杂的民族民间传统体育活动项目的技术。如基本掌握并运用竹竿舞、花样跳绳、抖空竹、踢花毽等项目的基本技术。

我国普通高中《体育与健康课程标准》(2017版)课程目标体系:

(1)总目标

通过课程的实施,使学生喜爱运动,积极主动参与运动;学会体育与健康学习和锻炼,增强体育实践能力和创新意识;树立健康观念,形成良好的生活方式;遵守体育的道德规范和行为准则,塑造良好的体育品格,发扬体育精神。促进学生的运动能力、健康行为、体育品德三方面学科核心素养协调和全面发展,培养学生作为公民在未来发展中应具备的体育与健康的关键能力和优良品质,形成乐观开朗、积极进取、充满活力的人生态度。

(2)分目标

①运动能力:通过本课程的学习,学生能够运用所学的运动知识、技能和方法,参加与组织体育展示和比赛活动,显著提高体能与运动技能水平,掌握和运用选学运动项目的裁判知识和规则,增强发现问题、分析问题和解决问题的能力;能够独立或合作制订和实施体能锻炼计划,并对练习效果做出合理的评价;了解和分析国内外的重大体育赛事和重大体育事件,具有运动欣赏能力。

②健康行为:通过本课程的学习,学生能够积极主动地参与校内外的体育锻炼,掌握科学锻炼方法,养成良好锻炼习惯,形成基本健康技能,学会自我健康管理;情绪稳定、包容豁达、乐观开朗,善于交往合作,适应自然环境的能力强;关注健康,珍爱生命,热爱生活,养成良好的生活方式,改善身心健康状况,提高生活和生存的能力。

③体育品德:通过本课程的学习,学生能够自尊自强,主动克服内外困难,

具有勇敢顽强、积极进取、挑战自我、追求卓越的精神；能够正确对待比赛的胜负，胜不骄、败不馁；胜任不同的运动角色，表现出负责任的行为；遵守规则，文明礼貌、尊重他人，具有公平竞争的意识和行为。

以足球模块内容标准的目标为例：

【内容标准】

①了解所学足球动作技术、组合动作技术、个人与小组战术的基本原理；了解足球运动对养成良好的锻炼、饮食、作息和卫生习惯的作用；理解足球运动对增进健康、培养体育品德的作用。

②做出行进间脚内侧传接地面球、接球转身、原地的脚背内侧传空中球、脚内侧接空中球和脚底接反弹球，正面头顶球动作技术，行进间脚内侧及脚背内、外侧变向运球，脚内侧、脚背外侧变速运球，行进间运球、传接球射门等动作技术。

③学习正面、侧面抢球和捅球及合理冲撞防守技术，做出防守有球与防守无球队员时身体姿态与移动步伐等动作技术。

④做出接球与传球、抢球与传球、接球—运球—传球、抢球—运球—传球等动作组合动作技术。

⑤掌握个人有球进攻时突破过人、向前传球、射门，对持球者个人防守时盯人、压迫；个人无球进攻时跑位、支援、接应，个人对无球者防守时盯人、盯位、压迫等基本方法。

⑥积极参与一对一、二对二、二对二加自由人等多种竞争性的活动和小场地比赛。

⑦积极参与不同速度的练习，如以不同起跑姿势快速起跑等；加强一般力量和核心力量练习如上肢俯卧撑、多级跳、纵跳、仰卧起坐等；加强结合球的有氧耐力练习，如3人一组一球，穿插跑动传接球练习等。

⑧了解足球场地、越位、犯规与不正当行为等足球比赛的规则。

⑨经常观看中超、英超、西甲联赛等高水平足球赛事。

(二)钻研体育教材内容

体育教材也称体育教学内容。体育教学内容是指在体育课程目标和体育教学目标的指导下，在体育教学过程中选择的各种体育与卫生保健知识、技术技能及方法的总称。钻研体育教材内容的目的在于能够充分挖掘体育教材的价值，使其更好地为实现体育教学的多种功能服务；有效地确定体育教材内容的范围和深度，为因地制宜地选择教材内容提供条件；可以揭示体育教材内容各组成部分之间的关系，为教学安排奠定基础；为体育教师和学生提供"如何教"和"如何学"的指导,有效地促进体育教学目标的达成;帮助教师和学生结合学校的实际情况,较好地实现体育课程目标,选择适宜的教材内容;明确教师应该"教什么"和学生应该"学什么"。

1. 选择体育教学内容的原则

(1) 目标统一性原则

目标统一性原则是指所选的体育教学内容应是被判断具有能完成体育教学目标功能的那些内容,而且所选的内容应是健康的、有教育意义的、文明的和有身体锻炼价值的,要能为体育习得和身体锻炼做出贡献的内容,还要有意识地选择一些有中国特色的、有地方特色的体育运动项目。要用体育教学的目标对所选内容进行衡量后再行选用。

(2) 科学性原则

科学性原则是指所选的体育教学内容应是有利于身体锻炼和运动技能提高的并是安全的。主要包含以下几个含义:第一,要符合不同年龄学生的身心发展特点,有利于增强学生体质;第二,要符合学生认知发展规律和运动技能形成规律,便于学生掌握身体锻炼和运动技能和方法;第三,所选的内容在体育教学环境和条件下实施时是安全的。

(3) 可行性原则

可行性原则是指所选的体育教学内容应符合准备实施的地区大部分学校的物质条件、教师能力以及学生实际情况。再好、再科学的体育教学内容,如果不符合本地区和本学校的条件,都不应该进行选择。

(4) 趣味性原则

趣味性原则是指所选的体育教学内容应能被广大学生感兴趣并能从中体会到运动的乐趣。体育运动的乐趣是学生参加体育学习的动机和目的之一,这一点不能回避,要在具有目标统一性和有可行性的备选教学内容中挑选那些具有趣味性的内容,而比较枯燥无味的体育教学内容与手段则不应该选择。

(5) 与社会体育和地区体育特色相结合原则

与社会体育和地区体育特色相结合原则是指所选的体育教学内容应是在遵循上述原则的基础上,尽可能体现当地的体育特色。学校体育教育最终是为学生的终身体育锻炼服务的,因此在选择体育教学内容时,也要尽可能与社会上流行的体育项目相结合,以便增加学校体育教育的实效性。

2. 确定教材的重点、难点

所谓教材"重点"是指教材中最基本、最重要的核心部分,是学习后续内容的基础,具有常用性和应用性。在体育教学中是指身体练习的主要部分,即某

一个身体练习的技术关键或技术环节的重要连接部分。教材的重点是客观的,它不以学习对象的不同而改变。例如:跳远教材的重点就是助跑与起跳的结合。"难点"包含两层意思:一是学生难以理解和掌握的内容;二是学生容易出错或混淆的内容。教材的难点具有主观性,它不仅与教材有关,更与教学对象的学习能力、身体素质等有关。例如,跳远教材从难点的角度出发,有些人可能是起跳与助跑的结合(从这一点上看,教材的重点和难点是一致的)掌握不好,从而影响了整体技术的提高;也有些人可能是助跑步点不准确,腾空时不平衡甚至前倾,落地时小腿不能前伸,等等。总之,教材的难点是因人、因时而异的。难点是学生学习的"拦路虎",如不突破,将影响新教材的学习。因此,教师在备课中要深入了解学生的实际,摸清其特点,确定教材中的难点。

三、编制教学目标

课时教学目标包括:认知目标、技能目标、体能目标、情感目标等四个方面目标。体育课的活动内容都必须围绕着课时教学目标进行。

课时教学目标主要是依据单项教学目标,并针对本课教材所要解决的主要问题,以及结合大多数学生的条件与起点水平制定的。要求定得全面、明确具体、切实可行。

(一)编制教学目标的要求

1.全面性。全面是指课时目标应包括认知目标、技能目标、体能目标、情感目标等四个方面。这四个目标反映了体育教学的总目标,必须贯彻落实到每一节课中去。目标的内容要全面,既要有知识性的目标,又要重视情感(兴趣、态度)、意志和体能方面的目标。并且,要注意目标之间纵向和横向的关联性,以充分发挥目标的整体效应。

案例 3-1:

1.认知目标:通过实践,使85%以上的学生知道排球正面双手下手垫球的动作要领与方法,了解排球垫球的锻炼价值。

2.技能目标:80%以上学生能保持正确手型与上下肢协调用力,较好地掌握正面双手下手垫球技术。

3.体能目标:通过练习,发展学生快速移动能力、下肢力量,提高协调能力。

4.情感目标:通过实践,培养学生学会交流、合作与欣赏,养成安全运动的习惯。

2.明确性。教学目标具有导向和标尺的作用,具体而明确的教学目标,能够引导师生围绕目标的实现而有效地展开教学活动,恰当地组织教学过程,并且能以此为标尺,准确地检测教学结果。目标的明确性有两项标准:①能表明可观察到的学习结果;②能表明检测结果的标准。

案例 3-2:

"进一步学习排球4号位扣球技术"

正确的提法是"学生在2米网高,利用人工抛球,学习排球4号位扣球,成功率至少达到50%"。

——教学目标应明确具体

3.弹性。目标的弹性包含两层意思:一是区别对待。对不同学习层次的学生,制定不同水平的弹性目标;二是灵活变通。目标是教师预期学生的学习结果,带有很大的主观性,在教学过程中,如发现有未预料的变化,应及时调整目标,不要将它视为神圣不可变更的东西。

(二)教学目标的表述方法

表述教学目标的常用方法主要有三种:

1.认知观的表述方法。这是我国教师常用的一种表述方法,往往使用只表示内部心理过程的含糊动词,如"懂得、理解、掌握、领会、欣赏"等等。它有利于扼要地表述教学的意图,便于会意和交流,而且情感、态度等方面的目标只能以内部心理过程的概括性的方法加以表述。但是它缺乏质与量的规定性,容易引起含糊和混乱的认识。

2.行为观的表述方法。它强调用可观察、可测量的外显行为来确切地描述教学目标。这类方法又有不同的操作模式,下面以"ABCD"模式为例加以说明。该方法认为明确的行为目标主要包含四个要素:

①教学对象(audience),是指学习者,即行为的主体,行为目标描述的应是学生的行为,而不是教师的行为。规范的行为目标的开头应是"学生应该……",书写时可以省略,但目标必须是针对特定的学习者而提出的。

②行为(behaviour),指学生达到教学目标时应能完成的行为,它是目标中最基本的成分。行为应该用明确的行为动词来描述,例如:对学习新教材的描述一般使用"学习……初步掌握……建立……概念"。这里的"学习"、"初步掌握"的含义是指学生基本完成了对技术学习的泛化期的过渡。对复习旧教材的描述一般使用"复习……改进……提高……进一步提高"。这里的"复习"、"改进"的基本含义是指学生初步完成了技术学习的分化期的过渡。"提

高"、"进一步提高"的基本含义是指学生基本完成了对技术学习向熟练掌握的过渡。对发展学生身体素质和提高身体机能方面的描述一般使用"发展……增强……提高……促进……"。对思想品德方面的描述一般使用"培养……加强……发扬……调动……"。

③条件(conditions),指学生行为发生的条件,即评定学习结果的约束因素(包括环境、人、设备、信息、时间、问题明确性等因素)。例如,在×××时间内,能独立完成××动作;在提供××资料的情况下,能编制一个游戏,等等。

④标准(degree),指评定行为的最低依据,或学生对目标所达到的最低水准,包括完成行为的时间限制;完成行为的准确性;完成行为的成功特征。

◎ 案例 3-3:

例 1:<u>学生</u> <u>在学习完单手肩上投篮后</u>,<u>能做出 80%以上的正确动作</u>,
　　　对象　　　　条件　　　　　　　　　行为

<u>准确率达到 60%以上</u>。
　　　标准

例 2:<u>学生</u> <u>学习完鱼跃前滚翻动作后,完成 5 次动作时</u>,
　　　对象　　　　　　　条件

<u>至少应有 3 次以上</u> <u>能做出</u> <u>明显的腾空动作</u>。
　　　程度　　　　　　　　　　行为

例 3:<u>学生</u> <u>通过耐力跑的学习和锻炼后</u> <u>能在 12 分钟内</u> <u>至少跑完 2 500 米</u>。
　　　对象　　　　条件　　　　　　　程度　　　　　　行为

例 4:<u>90%以上的学生</u> <u>能用一种胸部停球方式</u> <u>将球停在 2 米内范围</u>,
　　　　对象　　　　　　条件　　　　　　　　程度

<u>并能主动去控制球</u>。
　　　行为

例 5:<u>在教师的指导下</u>,<u>大部分学生</u>能<u>准确地</u>说出<u>立定跳远"双起双落"的动作方法</u>。
　　　条件　　　　　　对象　　　　程度　　　　　　行为

四、制订教学策略

制订教学策略,就是设计课堂教学如何进行下去的方案。所谓教学策略,是教学系统论或教育工艺学的术语,是指建立在一定理论基础之上为实现某种教学目标而制定的教学实施总体方案,包括合理选择和组织各种方法、材料,确定师生行为程序等内容。课堂教学策略是极为丰富多彩、灵活多变的,换言之,制订教学策略是一项极富创造性的工作。

(一)拟订教学程序

拟订教学程序就是对教学的实施步骤、阶段划分和时间分配做出安排,从而保证有计划、分阶段实现预期目标。

1. 传统模式有:

新授课的程序:导入新教材→学习新教材→巩固新教材→布置作业。

练习课的程序:提出目标要求→示范指导→独立练习→检查评价。

复习课的程序:提出复习要求→系统归纳→重点练习→小结。

2. 新型模式有:

身心发展课的程序:确立目标(基本指标)→自我检测(主观感受)→教师咨询(客观诊断)→练习方法(运动处方)→实施过程(数据积累)→效果检验(信息反馈)。

运动参与课的程序:活动设计(围绕目标)→组织实施(优化结构)→创建氛围(提高情趣)→表扬鼓励(巩固理念)。

技能学习课的程序:导入→模仿→重复→演示→纠偏→改进→应用。

合作交往课的程序:选定目标→寻求途径→设计内容→检验效果。

(二)选择教学方法

教学方法的选择首先取决于教学目标和教学任务的要求,要符合教学内容的特点。

其次,选择教学方法要立足于教学改革,有利于调动学生的主动性、积极性,有利于发挥教师的主导作用,提高学生参与的兴趣,充分发挥教材的能力价值、应用价值和教育功能。

再次,选择教学方法要考虑教师和学生的条件、物质条件和教学时间的局限性。在整节课的教学中,应安排各种方法交替使用或组合使用,需要通盘考虑,要进行筛选、衔接,形成最佳的教学方法的搭配方案。

教学有法,但无定法。选择教学方法并无严格的程序,需要反复构思筛选,新任教师可从回答下述程序性问题入手来选择与组合教学方法。

表 3-1 教学方法选择的程序

序号	选择教法时要回答的问题	选择的依据
1	采用哪些方法突出重点,突破难点?	教材的难易;学生的基础与认识水平;设备与时间条件
2	采用哪些方法培养学生的能力?	教学目标中培养能力的需求;学生现有的能力结构;教师的能力

续表

序号	选择教法时要回答的问题	选择的依据
3	采用哪些方法激励学生的兴趣和学习动机?	与教材恰当结合;学生的特点与爱好;教学条件
4	采用哪些检查、自查、评价学习效果的方法?	学生特点;目标的要求;教学时间允许

(三)设计课堂环境

课堂环境对教和学都会产生影响,在潜移默化中可以将教学导向不同的境界。课堂环境指的是为实施教学活动而组织起来的各种外部条件的总和。它包括物质环境(如器械布置、体育设施齐全且美观、电教手段等)和课堂社会心理环境(如课堂中师生关系、班风、教学气氛等)。在教学中,教师一般较多地考虑物质环境,而对满足学生精神的需要注意较少。其实,课堂里的学生有各种事情干扰他们,许多不稳定情绪影响他们,他们有着各种各样的想法。因此,教学的首要任务就是要将他们带入一个特定的环境之中,满足他们最根本的精神需要,即求知的需要;与人交往受人尊重的需要,表现个性、追求成就的需要,以及欣赏美、创造美的需要。

课堂教学设计中,创设课堂环境主要包括:

(1)创设奥妙有趣、激励探索的体育教学环境,满足学生求知的需要。

(2)创设和谐协同、相互尊重的人际关系环境,满足学生社会交往的需要。

(3)创设积极向上、普遍成功的发展环境,满足学生追求成就的需要。

(4)创设愉悦欢欣、新颖优美的审美环境,满足学生审美的需要。

在创设课堂环境的过程中,教师既是环境的创设人,同时其自身又是构成环境的一个重要因素,教师要有意识地善于以自己的行为和态度来构建和调控环境。

五、编写教学方案

(一)体育课教案的基本内容与格式

体育课教案的格式纷繁复杂,这里仅从理论课和实践课两种课的类型出发,分析理论课教案和实践课教案格式及其应包括的基本内容。

1.体育理论课教案

理论课教案的编写形式也是多种多样的,如文字式、表格式、卡片式、教本眉批式等等,一般应包括以下主要内容:

(1)教学课题及授课时间、班级等。

(2)教学目标。
(3)教学的重点、难点及处理方法简述。
(4)媒体、教具、学具的规格与数量。
(5)教学过程及时间分配。
(6)板书设计。
(7)课后分析。

案例 3-4：

体育理论课教案

——福建师大附中　吴步皇

一、教学内容：

健康在心灵——心理健康与身体健康

二、教学目标：

学生知道健康的含义、中学生心理健康的内容和要求，懂得心理健康与身体健康的辩证关系。

三、教学重点：

健康的含义、中学生心理健康的内容和要求、心理健康与身体健康的辩证关系。

四、教学难点：学生心理状况的自我分析。

五、教学方法：设问法、归纳法、讨论法、讲授法、范例分析法。

六、教学过程：

（一）导入课题

提出问题：在你的一生中最重要的是什么？

（健康、金钱、事业、爱情、亲情、友情、美貌、道德品质等）

组织形式：小组讨论、汇总（学生发言后教师总结如下）：

同学们，随着新世纪的来临，人们对健康的要求越来越重视，健康是全人类的头等大事。每个人都希望自己健康，只有拥有健康才能拥有一切。可是什么是健康呢？人们总是习惯上把不生病的人说成是完全健康的人，这是不完全正确的，还有人认为身体强壮就是健康，这种理解也不够完整，究竟怎样才算是健康呢？联合国世界卫生组织提出健康的含义是：在精神上、身体上和社会交往上保持健全的状态。人体是一个统一的整体，这不仅指身体各器官、各系统经过神经系统的整合作用而形成一个相互影响、相互制约的统一体，而且还指人的心理和生理相互作用、相互影响而构成一个整体。

(二)研讨课的内容

"心理健康与身体健康"

1.身体健康是指无身体疾病和缺陷,体格健壮,各器官系统机能良好,有较好的适应外界环境的能力和对疾病的抵抗能力等。

2.心理健康是指人们对于环境的影响以及自身的变化能够适应,并保持协调一致。从心理学角度分析它包括以下三层含义:

(1)心理健康是指较长时间内的、持续的心理状态,不是短暂的;

(2)心理健康是个体应有的状态,反映社会对个体心理的最起码要求,而不是最高的心理境界,就像身体健康还不是身体健美一样;

(3)心理健康是个体在适应社会生活方面所表现出来的正常、和谐的精神状态,包括自我身心知觉明确,能正视自己的生理和心理特质,情绪稳定、乐观、有生活目标,乐意和胜任工作,人际关系和谐等心理健康自我评价。

根据自己的实际情况,对下列各题做出"是"或"否"的选择:

①每当考试或提问时,会紧张得出汗

②看见不熟悉的人会手足无措

③心理紧张时,头脑会不清醒

④常因处境困难而沮丧气馁

⑤身体会经常发抖

⑥会因突然的声响而跳起来,全身发抖

⑦别人做错了事,自己也会感到不安

⑧经常做噩梦

⑨经常有恐怖的景象浮现在眼前

⑩经常会突然间出冷汗

⑪经常会感觉胆怯和害怕

⑫常常稍不如意就会怒气冲冲

⑬当被别人批评时就会暴跳如雷

⑭别人请求帮助时,会感到不耐烦

⑮做任何事都松松垮垮,没有条理

⑯脾气暴躁焦急

⑰一点也不能宽容他人,甚至对自己的朋友也是这样

⑱被别人认为是个好挑剔的人

⑲总是会被别人误解

⑳常常犹豫不决,下不了决心

㉑经常把别人交办的事搞错
㉒会因不愉快的事缠身而忧郁,解脱不开
㉓有些奇怪的念头老是浮现脑海,自己虽知其无聊,却无法摆脱
㉔尽管四周的人在快乐地取闹,自己却觉得孤独
㉕常常自言自语或独自发笑
㉖总觉得父母或朋友对自己缺少爱
㉗情绪极不稳定,变化无常
㉘常有生不如死的想法和感觉
㉙半夜里经常听到声响难以入睡
㉚是一个感情很容易冲动的人

评分方法:每题回答"是"计1分,回答"否"的计0分,各题得分相加,统计得分。

0~5分:可算是心理健康的人

6~15分:说明你的精神有些疲倦了,最好能合理安排学习,劳逸结合

16~30分:你的心理不健康,有必要请心理治疗专家给以指导,相信你会很快从烦恼不安中走出来

3.中学生心理健康的内容和要求

(1)自觉——心理健康的学生不把学习看成是负担,愿意学习,努力掌握知识技能,自觉完成学习任务,经刻苦努力取得优秀的成绩,能从自己的实际出发,不断地追求新的学习目标。

(2)自持——心理健康的学生情绪稳定,乐观,表现适度易控,不为一时的冲动而违反学校的纪律,不为学习中遇到的困难而焦虑,心境始终保持活泼、开朗、稳定、豁达,充满朝气。

(3)自知——心理健康的学生,对自己的相貌、兴趣、体型、体质、生理特点、体能、气质、性格品德和智慧等方面都有比较全面的了解,而且清楚地知道自己的优点和缺点。

(4)自爱——心理健康的学生对自己的生理特征、心理能力及自己与周围现实的关系有清醒的认识,个人的理想、信念、目标、行动能够跟上时代的发展,并与社会要求一致,既不自我欣赏,也不自惭形秽,不论自己长得美丑,有无生理缺陷,有无疾病,智力能力的水平高低,都能喜欢、悦纳自己,不管周围环境优劣,条件好坏,都能从实际出发,努力适应。

(5)自尊——心理健康的学生尊重自己也尊重别人,乐于与人交往,能与周围的人保持良好的人际关系。对老师、长辈尊敬、有礼貌,对同学信任、互

敬、互爱、互助、互让,对儿童和残疾人表现出同情、尊重、爱怜和热心帮助。

(6)自强——心理健康的学生自信自己的存在会对社会、对人民有价值,有意义。因此,确定远大理想,为了实现自己的理想,能从自己的实际出发,制定切实可行的生活目标,努力把自己锻炼成为德智体美劳各方面全面发展的人才。

(7)自制——心理健康的学生有道德和法制观念,遵守社会公德、行为规范及法令,遵守学校纪律,个人服从集体,服从社会,能约束自己的行为,不断改正缺点,使自己的行为规范化、社会化。

很多学生把心理不健康(心理异常)理解为心理变态和精神病,这种看法是错误的,我们千万不能把心理不健康(心理异常)看成一种病态,只有异常到一定的严重程度才是心理变态或精神病,那么我们学生通常会有哪些不良的心理状态呢?

(学生分组讨论、汇总)

(焦虑、害羞、畏惧、抑郁、自私、孤独、自卑、嫉妒等)

4.常见心理异常及分析

(1)焦虑

资料:某学生平时成绩很好,但一遇到重要考试,就会出现心慌、心痛、失眠等现象,考试就考不好。这就是过度焦虑的现象在作怪。

焦虑是一种紧张、压抑的情绪状态。每一个人在不同程度上都有过体验,学生的焦虑多数来源于学习情境,学生面临升级、毕业、升学考试,自己又没有十分的把握,就会产生焦虑,这是正常的,人人都会有的。对于大多数学生来说,没有焦虑或焦虑过高,时间过长都不好,短时的低焦虑能促进学习,如考试期间,有点儿心理压力,唤起紧迫感,会约束自己努力复习功课。当然过度的焦虑会表现出过分的担忧,可以表现为心慌意乱、烦躁不安、易发脾气等,许多焦虑者在发作时常伴有躯体的种种不适感,如心慌晕厥、胸闷气短、恶心腹泻等现象,而体格检查却未见各器官有什么病变。那么如何克服焦虑呢?焦虑时可以放下手中的事情,去参加体育活动,把心中的焦虑转化为身体能量排出体外,也可以把心中焦急烦恼的事情写下来或倾诉给朋友听,来缓解自己的情绪。

(2)抑郁

资料:据世界卫生组织(WHO)最新统计,全球目前至少有2亿人患有抑郁症,抑郁症患者常伴有痛苦的内心体验,是世界上最消极悲伤的人,抑郁症号称"第一号心理杀手"。典型人物:林黛玉。抑郁是一种不良的情绪状态或心境,轻时心情沉郁、无精打采,自觉脑力迟钝,肢体乏力,不愿参加各种活动,对自己的能力估计太低,对一点困难也无法克服,因而显得十分消极和悲观,

严重时表现为极度的愁闷伤感,忧心忡忡,甚至终日饮泣,自愧难以为人,生不如死。长期的抑郁也会造成身体及生理上的不良反应,如缺乏食欲、失眠、容易疲倦,外表略有弯腰驼背姿势。那么如何克服抑郁心理呢?可多参加文娱、体育活动,在文体活动中忘情地说笑,从而使得心情变得愉快;也可多与好友谈心,让不良的抑郁情绪得以疏泄;也可多参加班级集体活动,通过活动的成功增强自己对生活的信心,同时感受集体的温暖和力量,增强生活的动力,从而减轻情绪上的抑郁状态。

(3)嫉妒

资料:典型的东方式嫉妒具有"嫉贤妒能"的特点,怀有嫉妒心理的人心胸较为狭窄,目光狭隘而短浅。但不是只有这种心理状态的才会有嫉妒心理,其实每个人都会有嫉妒心理的体验。典型事例:负荆请罪、既生瑜何生亮、庞涓与孙膑的故事等。

嫉妒是一种不正常的心理状态,是对他人的才能、地位强于自己时引起的一种怨恨,嫉妒的心理是想尽办法破坏、诋毁对方,而不是让自己卧薪尝胆,奋发努力,设法赶超。因此嫉妒是人际交往的一种障碍,嫉妒不仅害人同时也害己,轻者精神压抑、不舒服、不痛快、情绪低落,重者可以导致精神失常,嫉妒者内心是非常痛苦的,有时是嫉妒目的没有达到而痛苦,有时会为达到目的而受良心的谴责而痛苦,由此可见,嫉妒有损自己的品德,有损自身形象,有损自己的学业,有损人际关系,也有损自己的身心健康。如何去克服嫉妒心理呢?首先是化嫉妒为动力,相信自己有充分的实力能超越对方,有了这样的心理状态,就会把不能容忍对方强于自己的嫉妒心理变成奋发图强的动力。其次,可试着开阔眼界,转移注意力,平衡心理。

综上所述,心理健康与身体健康是互相依存、互相促进的。心理健康是身体健康的精神支柱,身体健康是心理健康和社会交往健全状态的物质基础。这几个方面是紧密联系,相互影响的。一个人若是身体健康欠佳或是疾病缠身,自然会或多或少地影响其他两个方面。而心情不好或社会交往不正常或在群体生活中关系紧张,也会在一定程度上影响身体健康。

因此,要维护和保持自己的健康,除了注意身体健康外,还要注意保持健全的精神状态和健全的社会交往能力。

(三)质疑答疑

学生可根据本课内容进行提问,教师引导学生进行讨论并解答。

(四)作业布置

1.试分析自己的心理状况,谈谈怎样调整自己的心理状态。

2.某学生在考试时作弊,试分析该生的心理状况。

(五)心理健康资料介绍(略)

2.体育实践课教案

(1)文字式教案

按教学程序编写,具体形式为:

①教材内容

②任务要求

③场地器材

④教学步骤

⑤预计生理负荷曲线

⑥练习密度预计

⑦课后小结

(2)表格式教案

表格式教案是运用图表的形式将教案的内容科学、合理地分配到每一栏目中,其优点是清楚明了,目前大部分体育教师都采用表格式教案。现列举几种常见格式。

表 3-2 福建省普通高校体育教育专业学生基本功大赛教案格式

教学内容			重点: 难点:			
课的目标			认知目标: 技能目标: 体能目标: 情感目标:			
课的结构	时间	课的内容		组织教法与要求	运动负荷	
					次数	时间
开始部分		课堂常规:包括整队、集合、师生问好,宣布本课目标和教学内容,检查人数和着装,安排见习生 集中注意力或队列练习		注明队形怎么站,为完成本课目标和教学内容有哪些要求,集中注意力或队列练习是否需要讲解示范及组织学生练习		
准备部分		包括慢跑或做操或游戏,要注明每个练习的名称,练习的方法、动作要领、动作难点、练习要求等。		写明慢跑或做操或游戏的队形、讲解示范的时机与位置、练习步骤		

续表

课的结构	时间	课的内容	组织教法与要求	运动负荷	
				次数	时间
基本部分		主教材动作的名称、辅助教材的名称、练习的方法,技术要领、难点,练习的重点和练习的要求,复习教材达到的要求等	组织形式,场地布置形式、分组情况,调动队伍;教法、学法、提示要求,问题或所学内容的评价等;讲解示范的时机和位置,练习步骤,保护帮助,安全措施,易犯的错误及纠正方法等。		
结束部分		放松整理活动、自评、小组互评、教师小结、预告下次课内容和任务、布置课外作业,师生道别	整理活动队形,指定个人或小组整理场地,归还器材		
场地器材					
预计运动负荷	练习密度: 运动强度:		课后反思		

表3-3 福建省中小学体育与健康课时计划(1)

教学内容		重点: 难点:			
教学目标	认知目标: 技能目标: 体能目标: 情感目标:				
课的结构	教学内容	教学活动方式与组织措施	运动负荷		
			次数	时间	
准备部分	课堂常规:整队、集合、师生问好,宣布本课目标和教学内容,检查人数和着装,安排见习生集中注意力或队列练习。慢跑(徒手操、游戏),要注明每个练习的名称,练习的方法、动作要领、动作难点、练习要求等	注明队形怎么站,为完成本课目标和教学内容有哪些要求,集中注意力或队列练习是否需要讲解示范及组织学生练习。写明慢跑(做操、游戏)的队形、讲解示范的时机与位置、练习步骤。			

第三章　体育教学设计技能

续表

课的结构	教学内容	教学活动方式与组织措施	运动负荷	
			次数	时间
基本部分	主教材动作的名称、辅助教材的名称、练习的方法，技术要领、难点，练习的重点和练习的要求，复习教材达到的要求等等。 10分钟左右的体能练习。	组织形式，场地布置形式、分组情况，调动队伍；教法、学法、提示要求，问题或所学内容的评价等；讲解示范的时机和位置，练习步骤，保护帮助，安全措施，易犯错误及纠正方法等。		
结束部分	放松整理活动、自评、小组互助、教师小结、预告下次课内容和任务、布置课外作业。 师生道别。	整理活动队形，指定个人或小组整理场地，归还器材。		
场地器材		安全保障措施		
预计运动负荷	练习密度： 平均心率：	课后反思		

注：该教案格式为2018年5月福建省教育厅印发的《福建省义务教育"体育与健康"教学指导意见（试行）》的规定要求

表3-4　福建省中小学体育与健康课时计划（2）

教学内容		重点： 难点：
教学目标	认知目标： 技能目标： 体能目标： 情感目标：	

课的结构	教学内容	教学活动方式与组织措施	运动负荷	
			次数	时间
开始热身部分	1.上课常规 2.热身活动	1.整队，师生问好，检查人数及常规，安排见习生。 2.教师导入（教学内容、教学目标、教学要求）。 3.热身跑、徒手操或游戏等等。		

续表

课的结构	教学内容	教学活动方式与组织措施	运动负荷	
			次数	时间
学习提高部分	1.教学内容：（若为游戏内容，应写出游戏方法与规则，若为教材，应写出动作要领） 2.10 分钟左右的体能练习	一、组织与教法 1.教师讲解与示范 （教学重点与难点） 2.学生按教师指定队形听讲并看示范（具体队形） 3.组织学生学习 （教与学的方法、步骤、要求、保护与帮助、安全措施等） 4.学生练习与教师辅导 （学生练习效果的反馈与评价、动作技术与技能掌握情况评价） 二、体能练习（略）		
恢复整理部分	1.整理运动 2.讲评	1.学生成体操队形做整理活动。 2.教师总结本节课教学，并布置课外作业 3.师生道别，收拾器材。		
场地器材		安全保障措施		
预计运动负荷	练习密度： 平均心率：	课后 反思		

注：该教案格式为 2018 年 5 月福建省教育厅印发的《福建省义务教育"体育与健康"教学指导意见（试行）》的规定要求

表 3-5　福建师范大学体育科学学院教育实习授课计划

教材内容		重点	
		难点	
教学目标			

续表

课的结构与时间	教学内容	组织教法与要求	运动量	
			次数	时间
场地器材		预计运动负荷	练习密度	强度
课的小结				

表 3-6 体育课时计划

教学内容					
教学目标					
课的结构	课的内容	组织教法	次数	时间	强度
场地器材		心率曲线预计		练习密度预计	
课后小结					

表 3-7 体育课时计划

教　　材					
课的目标					
课的结构	时间	课的内容	运动量		组织教法与教学要求
			时间	次数	
教具		课后记录		心率曲线图	

3.课的设想

课的设想,也就是通常所说的课的设计,是指在备课过程中,明确本节课的指导思想和主题,对整个教学过程及其各个环节、各个步骤、每种教法进行认真的研究后,拟定出比较详细的实施构想。它与教案不同,教案是在课的设想的基础上,用文字编写出科学、合理、切合实际的计划或方案。

课的设想的内容主要有:

(1)确定课的目标、重点和难点。

(2)确定课的类型与教学结构。

(3)分析教材的意义。

(4)选择适当的教学方法和教学手段。

(5)语言的运用。

(6)拟订辅助性教学措施。

案例 3-5:

双杠前滚翻成分腿坐课的设计及教案

——索玉华(北京石油学院附属中学)

课的设计说明

一、指导思想

本课依据《普通高中体育健康课程》和《全日制普通高级中学体育与健康教学大纲》基本精神和要求,针对高中二年级男生生理、心理特点,课堂教学中,在充分发挥教师主导作用的前提下,从学生身心健康发展需求出发,构建学生在体育课堂教学中的主体地位,引导激励学生在练习中开动脑筋,互相协作,互相研究,注重培养学生对运动的兴趣,激发学生学习掌握技能的积极性、主动性,师生共同努力创设轻松和谐的教学氛围。

二、教学目标

通过练习,使同学们初步掌握双杠前滚翻成分腿坐动作,发展学生上肢、肩带及腰腹力量,增强身体的柔韧性、协调性,提高自控能力;培养学生勇敢、果断的心理品质,学会关心和帮助他人,互相合作的意识和积极向上的团队精神。

三、教材的选择

选择的教材是体操双杠,单元教学计划共八次课,本次课为新授课第一次课,学生是在复习高一年级已学过的双杠技术动作基础上,学习杠上前滚翻成分腿坐。

四、学生情况分析

授课对象为高二年级男生,由于他们在身体素质方面呈现体重增长快于力量增长,上肢力量发展滞后于下肢力量发展,同时,又是柔韧性、协调性发展的高峰末期,对于发展学生的上肢及肩带力量、本体感觉、自控能力、平衡能力都有很大的益处。

五、教学分组

按照同质分组的原则,根据学生的体能、技能基础将学生分成若干组,开展教学活动。

六、教学重点、难点

教学重点:屈臂提臀、分肘肩臂撑杠;教学难点:掌握换握杠的时机。

七、教学过程及教学策略

1.开始部分:对学生进行课堂常规教育。

2.准备部分:利用现有的场地进行图形跑进,根据主教材和高中男生身心特点,自编一套徒手操。

3.基本部分:由于双杠属体操类教材,不同于其他教材,技术含量高、难度较大,并且有一定的危险性,为了更好地使学生们掌握该项技术动作,我们自制了双杠保护带,用于帮助学生练习双杠前滚翻分腿坐。它还可以根据学生掌握技术的情况,调整保护带的松紧,从而消除了学生练习中的恐惧心理,树立起学生练习的勇气和自信心,使每位同学都能体验到通过努力,克服困难,挑战自我,获得成功的喜悦。这些都为学生更好地掌握成套技术动作,奠定了基础。教师运用示范动作和教学挂图,给学生建立起正确、优美的动作表象,引发学生的学习兴趣。并结合新的教学评价理念,通过教师评价、学生自评、学生互评,激发学生的学习热情,合理运用体验学习、合作学习方式,培养学生关心他人,互帮互助的合作意识以及积极向上的团队精神。

4.结束部分:配合音乐做放松练习,调整身体,恢复课前相对安静状态。

表 3-8　北京石油学院附属中学体育与健康课时计划

任课教师：索玉华　　　　年级：高二男生　　　　人数：36人　　　　第1次课

教材内容	1.双杠前滚翻成分腿坐 2.扯旗接力				
教学目标	1.复习双杠分腿坐前进，初步学习杠上前滚翻成分腿坐，使70%的学生在保护帮助下完成动作。 2.通过练习发展学生上肢、肩带、腰腹力量及身体的协调性，提高身体的控制能力与空间定向能力。 3.培养学生勇敢、果断的心理品质，学会关心和帮助他人，增强团队意识。				

教学过程	教学时间	教学内容	练习量		组织教法与学法
			次数	时间	
开始部分		1.集合整队： 体育委员整队、检查人数、报告出勤情况 2.师生问好 3.宣布本课内容及要求： (1)双杠：复习分腿坐前进，初步学习杠上前滚翻成分腿坐。 (2)扯旗接力。 4.安排见习生			组织：四列横队 ⊙⊙⊙⊙⊙⊙⊙⊙⊙ ⊙⊙⊙⊙⊙⊙⊙⊙⊙ ⊙⊙⊙⊙⊙⊙⊙⊙⊙ ⊙⊙⊙⊙⊙⊙⊙⊙⊙ ⊙ 要求： 开动脑筋、明确目标、主动学习、互相帮助、安全第一。 见习生： 随组练习并做力所能及的练习，协助老师作好组织工作。
准备部分	1~2分钟	(一)准备活动： 队形变换图形慢跑： 1.行进间四列横队变一路纵队 2.行进间一路纵列变四路纵队 3.一路纵队蛇形慢跑		3~4分钟	组织： ⊙⊙⊙⊙⊙⊙⊙⊙⊙ ⊙⊙⊙⊙⊙⊙⊙⊙⊙ ⊙⊙⊙⊙⊙⊙⊙⊙⊙ ⊙⊙⊙⊙⊙⊙⊙⊙⊙ ⊙⊙⊙⊙⊙⊙⊙⊙⊙ ⊙⊙⊙⊙⊙⊙⊙⊙⊙ ⊙⊙⊙⊙⊙⊙⊙⊙⊙ ⊙⊙⊙⊙⊙⊙⊙⊙⊙ 要求： 精神饱满、口号洪亮，跑动路线准确。

续表

教学过程	教学时间	教学内容	练习量		组织教法与学法
			次数	时间	
准备部分	7～8分钟	(二)徒手操		4～5分钟	组织：四列横队 ⊙⊙⊙⊙⊙⊙⊙⊙ ⊙⊙⊙⊙⊙⊙⊙⊙ ⊙⊙⊙⊙⊙⊙⊙⊙ ⊙⊙⊙⊙⊙⊙⊙⊙ ⊙
		1.上肢运动	8×8拍		要求： 动作舒展、绕环幅度大。
		2.胸部运动	8×8拍		要求： 肘关节抬平，扩胸幅度大。
		3.体转运动	8×8拍		要求： 体转时脚跟不离地，动作幅度大，出拳有力。
		4.踢腿运动	8×8拍		要求： 踢腿有力、舒展，动作协调。
		5.全身运动	8×8拍		要求： 提臀、分肘、直臂绕环幅度大，全蹲。
		6.跳跃运动	4×8拍		要求： 跳跃有弹性，节奏感强。
		7.专项准备活动	8×8拍		要求： 收腹、提臀幅度大，脚尽量靠近支撑手。

续表

教学过程	教学时间	教学内容	练习量		组织教法与学法
			次数	时间	
基本部分	30～32分钟	一、双杠 学习杠上前滚翻成分腿坐动作方法： 分腿坐开始，两手靠近大腿撑杠，上体前倒、屈臂提臀、两肘外展、肩臂撑杠，并腿屈体前滚。身体重心过垂直部位时，两手迅速向前换握，臀部接近杠面时分腿下压，同时，两臂撑杠抬上体成分腿坐。 屈臂提臀、分肘肩臂撑杠。 难点：掌握换握时机。	1～2次 2～4次 2×2次 4～6次	20～22分钟	组织：四列横队 ——————— ——————— ⊙⊙⊙⊙⊙⊙ ⊙⊙⊙⊙⊙⊙ ——————— ——————— ⊙⊙⊙⊙⊙⊙ ⊙⊙⊙⊙⊙⊙ 要求：勇敢、果断、互相帮助。 教法： 1.复习分腿坐前进。 (1)支撑摆动成分腿坐，弹杠并腿接支撑摆动。 要求：①基本姿态好。 ②直臂顶肩，以肩为轴摆动。 (2)分腿坐前进。 要求：①挺身展髋充分。 ②有滑杠动作，撑摆配合协调。 2.学习杠上前滚翻成分腿坐。 (1)教师示范讲解。 (2)在保护帮助下体会杠上分腿坐收腹提臀、分肘动作。 要求：提臀、分肘、肩臂撑杠。 保护与帮助：站在练习者的侧前方，在其前倒提臀时，一手扶腿、一手在杠下托肩。 (3)在保护帮助下，利用保护带做杠上前滚翻成分腿坐。 要求：①保护帮助方法要正确。 ②在练习中如遇到问题可以用以下方法解决： a.通过图分析动作要领。 b.小组讨论(学生间)。 c.师生共同讨论。 d.提出问题改进技术。 保护与帮助：站在练习者的侧前方，在其前倒提臀时，一手托腿、一手在杠下托肩，在其换握时，换托其腰背，帮其完成动作。

续表

教学过程	教学时间	教学内容	练习量		组织教法与学法
			次数	时间	
基本部分	30～32分钟	二、扯旗接力 目的： 发展下肢力量、动作协调性及反应判断能力。 方法： 将学生分成人数相等的四个队，分别站在1～9号位上，侧对起点，将旗放在身体内侧，由9号同学开始，听到口令后，迅速起跑，依次扯掉所有腰旗，拿到1号腰旗后，1号同学迅速跑回起点，绕过标志物。继续比赛，其他同学按顺时针轮转一个位置。以此类推。最后以先跑完的队为胜。 规则： 1.每个学生必须把8个腰旗都扯掉。 2.扯完旗后迅速轮转换位，最后一个被扯掉旗的同学迅速跑回起点，继续比赛。 3.每位同学必须绕过起点标志物后方可继续比赛。	2～3次 2～3次	10～12分钟	(4)学生展示。 (5)师生评价。 易犯错误： 1.提臀不足、不分肘。 2.换推时机不当、臀部下掉。 3.腿压杠后，上体不能抬起。 纠正方法： 1.垫上模仿练习前滚翻成分腿起。 2.杠上分腿坐，收腹提臀，稍停再还原。 3.利用保护带或在保护帮助下做前滚翻成分腿坐。 游戏组织： 教法： 1.教师示范讲解动作方法和规则。 2.学生练习。 3.教学比赛。 要求：快速变向，准确扯旗。

续表

教学过程	教学时间	教学内容	练习量		组织教法与学法
			次数	时间	
结束部分	4分钟	一、整理放松 二、小结 评价学生完成本次课的情况，以鼓励为主，提高学生的自信心。 三、收还器材		2分钟	配合音乐放松练习 要求： 按音乐的节奏，发挥自己的想象，充分放松，达到放松的目的。 组织： ◎◎◎◎◎◎◎ ◎◎◎◎◎◎◎ ◎◎◎◎◎◎◎ ◎◎◎◎◎◎◎ ◉ 要求：快、静、齐
场地器材		双杠：4副 垫子：12～16块 小垫子：4块 录音机：1台 自制保护带：4条 自制号、旗：36条 旗子：4面	预计负荷运动		180 160 140 120 100 80 　0　5　10　15　20　25　30　35　40　45
			密度		35%左右
课后小结					

表 3-9 福建师范大学体育科学学院教育实习授课计划

七年级 _1_ 班　学生数 _40_ 人　单元课次 _1_　实习教师 _张乔乔_　日期 _2019.5.20_

教学内容	篮球行进间单手肩上投篮 体能练习：绳梯练习	重点	一大、二小、三高跳
		难点	收球的时机
教学目标	认知目标：学生懂得行进间单手肩上投篮的动作结构及其在比赛中的应用。 技能目标：85%的学生基本做到行进间单手肩上投篮的动作，15%的学生能够做到动作连贯、协调。 体能目标：通过绳梯练习，发展学生的协调能力。 情感目标：培养学生团结协作的精神，激发学生主动学习的热情。		

续表

课的结构	时间	教学内容	组织教法与要求	运动量	
				次数	时间
开始部分	1分钟	1.体育委员集合整队,报告人数 2.师生问好 3.宣布本节课的内容及注意事项 4.检查着装 5.安排见习生	1.组织队形:四列横队 ▽▽▽▽▽▽▽▽ ▽▽▽▽▽▽▽▽ ▽▽▽▽▽▽▽▽ ▽▽▽▽▽▽▽▽ 　　　▽学生　■教师 2.要求: (1)快、静、齐。 (2)学生精神饱满。 (3)见习生随堂听课。		1分钟
准备部分	7分钟	1.绕篮球场运球两圈 方法:第一圈用右手运球,第二圈换左手运球	1.组织队形: 　　　　　→练习方向 　　△学生　○教师 2.教法: (1)教师讲解跑动路线。 (2)先领跑一圈,提示运球抬头。 3.要求: 学生精力集中、活动充分。		2分钟
		2.球性练习: (1)手指拨球 (2)球绕头颈、球绕体 (3)脚间绕"8"字 (4)高低运球练习 (5)弓步运球	1.组织队形: 　　　成广播体操队形 ▽　▽　▽　▽　▽　▽ 　▽　▽　▽　▽　▽ ▽　▽　▽　▽　▽　▽ 　▽　▽　▽　▽　▽ 　　　■ 　　▽学生　■教师 2.教法: (1)教师示范领做后口令指挥。 (2)做数字手势引导学生视线。 3.要求: (1)动作有力,整齐到位。 (2)运球时不要看球。 (3)安全有序。		5分钟

续表

基本部分	32分钟	一、学习篮球行进间单手肩上投篮 动作要领： (以右手投篮为例)行进间运球,当球从地面反弹起时,跨右脚一大步同时双手拿球,左脚向前迈一小步,然后用力蹬地起跳,当身体接近最高点时,用单手肩上投篮动作将球投出。 重点：脚步的一大、二小、三高跳。 难点：收球的时机。	1.组织队形：  ○学生　△教师 2.教法： (1)讲解动作要领及其在比赛中的应用。 (2)教师再次示范并强调一大、二小、三高跳。 3.要求： 学生认真观察、注意思考。	2分钟
		1.原地徒手练习 方法：两脚左右开立,左脚在前,双手持球于腹前 口令： "一"右脚迈出一大步； "二"左脚迈出一小步； "三"用力向上跳起做单手肩上投篮动作。	1.组织队形： 各排错开站位,成广播体操队形 ▽▽▽▽▽▽▽▽▽▽ ▽▽▽▽▽▽▽▽▽▽ ▽▽▽▽▽▽▽▽▽▽ ▽▽▽▽▽▽▽▽▽▽ ■ ▽学生　■教师 2.教法： (1)教师讲解示范。 (2)学生听口令集体练习。 (3)教师集体指导必要时再示范。 3.要求： (1)动作正确、到位。 (2)注意安全拉开距离。	2分钟
		2.原地有球练习 方法：持球做一大、二小、三高跳练习,最后将球向正上方用单手肩上投篮动作投出,最后接住。	1.组织队形：同上。 2.教法： (1)教师讲解示范。 (2)学生听口令集体进行练习。 (3)集体指导、个别纠正。 3.要求： (1)跟随口令练习。 (2)认真练习,体会一大二小三高跳。	3分钟

续表

4.原地自抛自接练习 方法:学生自己向上方抛出球,右脚迈一大步的同时接球做出一大二小三高跳,然后单手肩上投篮将球投出。体会跨步接球。	1.组织队形:同上 2.教法: (1)教师讲解并示范。 (2)学生自主进行练习10次。 (3)教师巡回指导纠正。 3.要求: (1)体会跨步接球的时机和步伐。 (2)注意安全。		3分钟
5.运球接行进间单手肩上投篮 方法:右手运球,右脚在前,运球3次后做行进间单手肩上投篮的动作。	1.组织队形: →练习方向 △ 教师　○ 学生 2.教法: (1)教师讲解示范。 (2)学生分为四组由各组组长带到各自的半个场地排队依次练习,从标志杆位置开始做动作。 (3)教师巡视指导纠正。 (4)学生展示学习成果。 3.要求: (1)学生认真练习,体会一大、二小、三高跳。 (2)注意安全。 注:回收篮球		5分钟
二、体能练习 1.绳梯练习(3组×4次) (1)开合跳 方法:两脚并拢开始,两脚同时跳开至绳梯两侧,再同时进下一个格子,依此类推 (2)进进出出 方法:站在绳梯侧面两脚依次进去再依次出来,依此类推。 (3)两进一退 方法:两脚并拢兔子跳前进两格,后退一格	1.组织队形: △ 2.教法: (1)教师讲解练习方法。 (2)学生分成四组,每组十个人,第一个人做		10分钟

续表

			半后,第二个人开始,完成后从侧面走至排尾,按顺序练习。 (3)见习生协助老师做好小裁判。 (4)教师巡视指导。 3.要求: 学生动作正确协调连贯。		
结束部分	5分钟	1.放松活动(4×8拍) (1)手臂拉伸 (2)腰背拉伸 (3)小腿拉伸 (4)大腿拉伸 2.课堂小结 (1)宣布下节课的内容。 (2)回收器材,师生再见。	1.组织队形:成广播体操队形散开 2.教法: 学生听口令进行放松练习 3.要求: 动作到位,拉伸充分 1.组织队形: 如集合队形 2.教法: (1)教师小结本次课的内容,鼓励学生继续努力。 (2)宣布下次课的内容。 3.要求:心情愉悦,身心放松。		7分钟 5分钟

场地器材	1.篮球场×2 2.篮球×40 3.标志杆×4 4.绳梯×4 5.挂图一幅	预计运动负荷	练习密度	强度
			40%~50%	脉搏:120~160次/分

课后小结	

第三节 体育课教案编写的基本要求与技巧

一、编写教案的基本要求

1.教案是在钻研教材、设立目标、制定策略等一系列操作后反复斟酌修订而成的。它既要忠实于整个设计的过程与结果,又要在行文时进行再思考、再创造。编写教案时决不可图简单而照抄别人的教案或照搬参考书上的教案。

2.教案必须科学规范,应做到内容准确无误,材料真实可靠,方案切实可行,书写工整规范。

3.教案要简明清晰,便于使用。教学目标要准确醒目,切实起到教学中的导向调控的作用。教学过程要条理清晰,重点突出。对关键、要点、警句等处可以"特写"的手法表现出来,以便一目了然。

4.教案应因人而异。一方面不能强求形式上的统一,应各具特色,在追求高质量前提下可以各显神通。另一方面对不同的教师应有不同的要求,例如对于老教师,他们经验多,善于根据学生临场行为来进行教学决策,其教案可写得简要一些。而对于新教师,则要求写得详细一些。

5.教案书写要留有余地,以便完成教案后产生的新思路、新措施能随时添补进去。教案必须在上课的一周之前完成,应尽量早有准备。

二、编写体育课教案时应该注意的几个关系

1.左右关系

表格式教案的左边是教学内容,主要写学生学习什么或教师教什么的问题。在准备部分,应依次填写课堂常规、一般性准备活动和专门性准备活动的内容。在课的基本部分,依次填写动作名称、重点、难点、保护与帮助等。在结束部分,应依次填写放松整理的内容、小结的内容等,如果安排游戏和比赛的教学内容,应写明游戏比赛的方法。

表格式教案的右边是组织教法。在这一栏主要填写学生怎样学习或教师怎样教的问题。在教案的右边,一般应对应左边学习的内容,分别依次填写教学组织、教学步骤、要求、易犯错误及纠正方法等。对于游戏和比赛,应写明规则和要求。

2. 上下关系

在表格式教案中,上下关系指对内容的书写应有一个顺序。一般的顺序为:表头、教材内容、重点、开始部分、准备部分、基本部分、结束部分、课后小结、场地器材布置、密度负荷预计。对于左侧基本部分的教学内容,一般是按顺序书写身体练习的名称、动作要领、重点、难点、保护与帮助;对于右侧基本部分的组织教法,一般应按顺序书写组织、教法步骤、要求等内容。

3. 对应关系

在表格式教案中,左右两栏填写的内容有一种对应的关系,即右边的内容总是对应左边的内容。以基本部分为例,左边有个学习教材,右边就有组织、教学步骤和要求与其对应,并且右边"组织"一词与左边"动作要领"一词书写的高度一致,表明这个"组织"仅是对左边一个教材而言的。如果基本部分的"组织"是分组轮换,这个"组织"就应写在比第一个教材要高的位置上,表明这个"组织"是对两个教材而言。

4. 粗细关系

书写教案的内容应处理好粗细的关系。对于不同类型的课,对粗与细有不同的要求。新授课的教案一般写得较细致(对新学动作应写明动作要领),复习课的教案书写相对较简单(例如:推铅球的最后用力可以写动作要点,即蹬、转、撑、送、挺、推、拨7个字)。

三、体育课教案的改革趋向

在体育教学理念不断更新的今天,很多体育教师认识到教案的作用并不如传统教学理论中所说的那么重要,它实际上只是一种模拟设计,真正实施过程中,教师要随教学过程中发生的诸多变化而随机应变。良好的教学效果主要取决于教师是否对课堂教学进行了深入细致的观察和能否迅速地做出正确的判断与调整。因此,许多教师对传统的教案写法提出了改进的意见,认为简化教案可以减轻教师的负担,提高教师教学时的灵活性和应变能力,从而提高课堂教学效果。

传统教案的核心是教师对教材熟悉掌握的程度和教师的教学能力,不能体现学生的主体性,即学生只能按照教师所规定的教学内容、教学方法和教学时间去学习,教师也只关心学生学会了多少和有多少人学会。

未来体育课的教案将会发生很大变化,教案将关注如何设置学生的学习目标,重视学生对达成目标可能需要选取的学习内容和方法,强调教师如何帮助学生去实现学习目标。基于实现学习目标是一种连续性的行为,因此,采取一种单元形式的备课教案也是行之有效的。总之,从备"教材"走向备"人",将是未来体育课教案的主要特征。

◯ **思考与练习**

1. 理解体育教学设计的含义、功能及构成要素。
2. 掌握体育教学设计的方法、原则、要求和策略。
3. 请运用相关理论合理地编写一份课时教学计划(教案)。

第四章 导入技能

> **本章目标**
>
> 1. 知道导入技能的内涵和外延、功能及构成要素。
> 2. 掌握导入的基本类型与方法、运用原则、要求和策略。
> 3. 能熟练与灵活地运用 4～6 种导入方法。
> 4. 评价导入技能教案编写质量和试讲练习效果,并提出纠正的措施。

第一节 导入技能概述

课堂教学导入,犹如乐曲中的"引子",戏剧中的"序幕",好比提琴家上弦、歌唱家定调,第一个音定准了,就为演奏或歌唱奠定了良好的基础。好的导入,是学生学习的"推助器"。英国教育学家罗素说过:"一切学科本质上应该从心智启迪开始。教学导入应当是引火线、冲击波、兴奋剂,要有撩人心智、激人思维的功效。"因此,每一节课开始时,教师都要选择与本节课内容相关的、适应学生心理特点的导入形式,以提高课堂教学的效率,不能将课堂导入模式化、随意化。

课堂导入也是一门技能、艺术,教师通过精彩的导入激发学生的兴趣将其引向知识的殿堂,将"要我学"变为"我要学"。虽然它仅仅是一个小小的开头,却熔铸了教师的智慧,凝聚了教师的心血,体现了教师的素养。教师要深入了解导入技能的丰富内涵,高度重视导入技能的应用技巧,并逐渐在实践中探索出有效导入的经验智慧。

一、导入技能的含义

导入是一堂课的起始环节,是将学生由非学习状态转入课堂学习的准备

阶段。所谓"导入",即一"导"二"入"。导,就是"引路"的意思,指的是教师以教学内容为目标,用巧妙的方式引发学生对学习的渴望,引导学生进入学习状态的方式。入,即进入学习之门,也是让学生从课间玩耍的状态进入到本课堂内容的学习上来,让学生从导语中捕捉到即将进行的教学内容的头绪,形成学生学习的内部诱因,帮助学生明确学习目的,进而积极地接受教师的启发诱导,从而愉快地进行师生交流。

导入技能又称为导入法,是指教师在课堂教学的起始阶段,用巧妙的方法创设学习情境,集中学生注意力,激发学生求知欲,帮助学生明确学习目的,引导学生快速进入学习状态的一类教学行为方式。

导入技能是一项具有悠久历史渊源的基本教学技能,是教学过程中的重要环节,它广泛应用在各种类型的课堂教学中,并经常与提问、讲解等教学技能整合应用,其理论依据是启发式教学思想。中外许多伟大的教育学家都十分强调"启发"教育,从孔子的"不愤不启,不悱不发",苏格拉底的"产婆术",到杜威的"思维五步教学法"以及马赫穆托夫的"问题教学法"等均蕴含着启发式教学思想。

二、导入技能的作用

课堂导入是整个课堂的前奏,也是一堂课成功的关键环节。如果开始几分钟的导入设计得好,会给一堂课的成功奠定良好的基础。好的课堂导入能一下把学生的注意力吸引过去,如同路标引导学生思维的方向,使整个课堂的学习氛围迅速进入到紧张而又充满活力的状态中,使学生产生钻研探索创新的强烈愿望,唤起学生的学习兴趣,燃起智慧的火花,开启思维的闸门,营造学生渴望学习的心理状态,为课堂教学打下良好的学习基础。

(一)安定情绪、吸引学生注意

良好的注意力,是大脑进行感知、记忆、思维等认识活动的基本条件。在学习过程中,注意力是打开我们心灵的门户。但实际上,学生在上课前,常处于"注意力不集中"的心理状态。因为学生通过课间休息的打闹与嬉戏,兴奋点还在与教学内容毫无关系的课外活动上面,如果不将学生的情绪安定下来,可能在课堂的前一半时间学生会无法集中注意力。另外体育教学通常是在室外进行,干扰因素较多,学生的注意力更加不易集中,此时,教师便可以根据学生注意力的特点,利用引起和保持注意的规律,巧妙地导入新课,实现学生课堂兴奋中心的转移,使学生离开正在从事的活动,集中注意力,使学生一上课就能把兴奋点转移到课堂上来,吸引学生对教学内容的注意,形成初步的动作概念的自觉意向,为进一步深入学习做必要的准备。在这样的情况下开始上课,教师的讲课才能句句入耳,点点入地,像磁石一样把学生牢牢地吸引住。

(二)激发兴趣,引发学习动机

体育兴趣是人们力求积极认识和优先从事体育活动的心理倾向,它是与参与体育活动需要相联系的意向活动。当学生对体育活动感兴趣,就会产生学习动机,积极主动且心情愉快地投入到体育学习中去。有效的导入可以激发学生对所学的知识兴趣,可以帮助学生积极主动地参与到课堂教学中去。学生带着兴趣主动去学习,可以满足内心对知识、技能的渴求,比被动接受知识、技能的效果要好得多。所以,好的教师总是能在导入时就激发起学生强烈的兴趣,使学生以迫切的心情渴望新课的开始,学生将带着对接受新知识、新技能的渴望积极主动地投入到课堂教学活动中去。

(三)明确目的,明晰教学内容

教学是师生共同参与的活动,不仅要求教师具有明确的教学目的,还要求学生具有清晰的学习目的。而有效的导入能够将学生带入所要学习的知识领域之中,为学生的学习产生定向的作用。通过导入,学生可以明晰本节课的教学目标和教学内容,能够自觉地以目的为方向来监控、调整自己的学习。通过对与学习目标有关的知识、技能的联想,促进学习的持续和迁移,进而达到提高学生学习心向的目的。

(四)开阔视野,启发学生思维

课堂导入是启发学生思维的开始,富有创意的导入,可以点燃学生思维的火花,开阔学生的视野,使之善于思考问题,并能培养学生的思维。教师通过导入,就教学的内容、技术动作的原理等进行提问、质疑,启发学生运用自己已有的知识、经验进行思考,促使学生开动脑筋,积极地寻找和发现解决问题的办法,唤起他们的想象力,发挥出学生在体育教学中的主体作用,使学生的身体和思维都参与到体育教学实践中来。

(五)承上启下,联结新旧知识

体育学学科的知识一般具有相对联系,运动技能的掌握都是在前一技能的基础上进行再训练及动作定型而完成的。任何体育技能都要经历分化、泛化和自动化的过程。而课前的导入部分便是对前一节课学习内容的总结,同时又是对本节课内容的导引。在帮助学生回顾知识的同时,又可以引导学生了解本次课的内容,充分起到了承上启下、连接教学内容的作用。

(六)沟通情感,优化课堂气氛

体育课堂教学心理气氛的优化,可使集体的气氛处于适度的亢奋状态,每个成员在认知上相近、情感上相容、心理上互动,课堂气氛活跃,而课堂导入是师生之间建立联系、沟通情感的第一座桥梁。在课堂的开始,教师声情并茂的导入往往会博得学生的好感,拨动学生的心弦,引起共鸣,取得通往学生心灵的通行证,为教学之间的信息交流、情绪反馈打开通路,使教师的讲课建筑在学生对你的期待、信赖、尊重、理解的基础上,为教与学的有效配合奠定基础,营造和谐愉悦的课堂心理气氛。

三、导入的构成要素

为了实现导入技能的功能,教师首先应该理解和把握导入技能的构成要素。导入技能要素是一个完整的课堂导入过程所必须具备的主要成分,不管是什么类型的导入,都要包含这些要素,才能成为完整、有效的课堂导入。

典型的导入结构一般由下列要素构成:引起注意→激发兴趣→明确目标→进入课题。

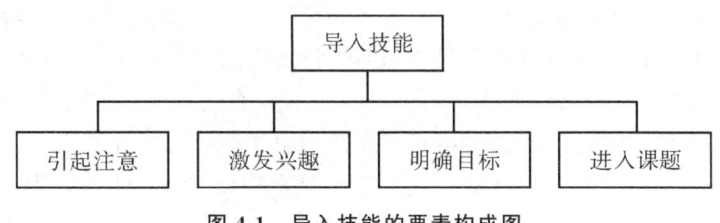

图 4-1　导入技能的要素构成图

1.引起注意

在新的教学内容开始时,吸引学生的注意是很重要的。导入的设计要从如何把学生的心理活动保持在教学行为上出发,使与教学无关的活动迅速得到抑制。一位善导的教师从导入开始,就要采用多种方法引起学生的无意注意,并引向有意注意。在导课的开始阶段,教师应先根据导入的内容来创设一个环境,给学生发出"上课了"的信号,帮助学生集中注意力,让学生做好心理上的准备,迅速集中思维,进入准备学习的状态。

2.激发兴趣

一切学习都是在一定的环境条件下进行的,这种教学环境除了物理意义上的存在外,更重要的还有心理意义上的存在。它反映的是学生对学习的主观愿望、学习兴趣、对知识的渴望和追求以及在学习中伴随着一种积极的情感体验,使他们积极主动地投入到学习中去。

因此,激发兴趣也是导入的重要一环。成功的导入,应充分调动学生的兴趣,引起学生情感上的共鸣,产生直接的学习动机,使学生多感官参与学习。教师在导入时应根据不同的教学内容和特点,采用多种形式激发学生的学习兴趣,

使学生产生学习的积极性和自觉性以及克服学习中的困难的决心和动力。

3. 明确目标

完整的导入技能还应该引起学生的学习期待,形成目标指引。在导入过程中,教师要适时地讲明学习的目的和意义,要帮助学生明确新课题的教学目标。即预期通过教学使学生的知识、技能、能力和情感等产生哪些变化,并明确按怎样的程序和运用什么方法去学习,使学生在课的开始就明确本次课的学习内容和应该达到的学习目标。

4. 进入课题

在一个完整的导入过程的结尾阶段,教师应该通过语言或其他的行为方式,使学生明确导入阶段的结束和新课学习的开始。导入的设计要把学生将要学习的知识和学生已有的知识联系起来,要充分了解并利用学生原有的知识和能力,以其所知喻其所不知,有效地使学生的情感迅速转入教学目标,注意力集中到本次课所要解决的问题和动作技能难点与重点上。心理学研究表明:学习者必须积极主动地使新知识与自己已经有的认知结构中有关的旧知识发生相互作用,旧知识才能得到改造,新知识才能获得实际意义。

虽然一个典型的导入过程由以上四个要素构成,但这四个要素的界限并不明显,甚至互相交融。因此在具体操作过程和实际教学中,教师必须灵活运用,不能机械照搬,必须具体情况具体分析,做到科学性和艺术性、规范性和灵活性的统一。

第二节 导入技能的类型

教学没有固定的形式,一堂课如何导入,也没有固定的方法,由于教育对象不同,教学内容不同,每堂课的导入也必然不同。即使是同一教学内容,不同的教师也会有不同的导入方法。但无论是采用何种导入方式,导入的关键在于教师对所教教材的理解、熟悉程度和对学生特点的了解、研究程度,体育教师应根据学生的年龄、精神面貌、心理特点等,结合教学内容经常思索,认真选择导入类型,设计出最合适、最有效的课堂导入。一般来讲,在体育教学中常见的导入技能类型有以下几种。

一、直接导入

直接导入就是教师直接阐明学习目标和要求以及本节课的教学内容和安

第四章　导入技能

排,通过简短的语言叙述、设问等引起学生的关注,使学生迅速地进入学习情境。这种导入能使学生迅速定向,对本节课的学习有一个总的概念和基本轮廓。直接导入可以节省教学时间,尽快地进入新内容的学习。

○ **案例 4-1:高一学生的快速跑——蹲踞式起跑**

　　集合整队后,老师说:"同学们,看到场地上的器材,想必大家都已经知道了我们这节课的学习内容了。从这节课开始,我们就进入了一个新的教学单元——快速跑。快速跑又可以叫作短距离跑,它包括起跑、加速跑、途中跑和冲刺跑几个环节。我们这节课则主要学习起跑的蹲踞式起跑技术,希望同学们在课堂上勇于挑战自己,都能够像苏炳添一样快速地启动。大家有没有信心?"

　　但直接导入有其局限性,过于笼统、概括,也过于刻板枯燥,缺乏更强烈的感染力,因而不易激起学生的学习兴趣。若把握不好,容易平铺直叙,流于平淡。因此直接导入较适用于课题新颖、游戏性、锻炼性较强的课型;高年级条理性强的教学内容比较适合用直接导入,年龄较大的学生学习的自觉性较高,直接导入能够较好地引导学生进入新课程的学习。

二、情境导入

　　情景导入就是选用语言、设备、环境活动、音乐、绘画等各种手段,创设一种符合教学需要的情境,以激发学生兴趣、诱发思想,使学生处于积极学习状态的一种技法。其目的在于引起学生的学习兴趣,调动其学习的欲望。主要适用于小学低、中年级学生,利用低年级学生热衷于模仿、想象力丰富、形象思维占主导的年龄特点进行生动活泼和富有教育意义的教学的方法。这种方法主要遵循儿童认识和情感变化的规律,多是在课堂伊始设定一个"情景",甚至由一个"情景"来贯穿整个单元和课的教学过程,让学生参与以情节串联起来的各种活动。如教师引导小学生学习"双脚向前行进跳"的动作时,选用"小白兔采蘑菇"游戏,告诉小学生:"有一天,一群可爱的小白兔要上山采蘑菇,山上有黑熊,小白兔要跳得轻,不要惊动大黑熊。"孩子们为了不惊动大黑熊,常会把落地的动作做得很轻。小学生通过模仿小白兔的动作,既学习了"双脚向前行进跳",又解决了落地较重的问题,突出了教学重点,达到了以情引趣、趣中导悟的目的。再如引导小学生练习原地纵跳触物的动作时,教师告诉学生:"金色的秋天,树上的苹果、梨、葡萄等熟透了,农民伯伯都在忙着收获。小朋友们愿不愿意帮助农民伯伯摘果子?可小朋友们够不着果子怎么办？对了，我们就跳起来摘，看谁跳得高，摘得多。"通过这段故事的导入，孩子们热情很高，根据教师的示范，一次又一次地练习双脚原地纵跳的动作。

运用此法，教师必须从教学实际内容出发，精心组织、巧妙构思，创造良好的符合教学需要的情境。此外，教师设置情境应注意要有明确的目的或意识，以此激发学生的情感，引发学生的思维，陶冶学生的情操等等。情境导入时，一定要充分调动情境诱导和竞争欲望，做到让学生"入景"，避免导而不入现象的出现。

案例 4-2：水平一 跳跃能力单元"快乐青蛙跳"

准备活动阶段，教师引导学生模仿一些动物的动作，如蜗牛慢走、小狗快跑、猴子跳跃、螃蟹横走等进行热身运动。在教学开始阶段，教师导入情境："同学们，刚才我们模仿了很多小动物的动作，今天我们来模仿一个新朋友——小青蛙。小青蛙是怎么行走的呀？对了，青蛙是用跳的。"通过模仿青蛙跳的动作，引入蹲跳技术的学习。然后通过创设"青蛙跳荷叶""青蛙跳田埂""青蛙找朋友"等情景，巩固提高蹲跳技术的练习。

三、直观导入

所谓直观导入，是指教师通过动作示范、多媒体课件演示、形式录像、实验等形式，引导学生观察，提出新问题，从解决问题入手，自然过渡到新课学习的技法。它的优点在于它符合学生形象思维的学习特点，能使学生充分感知外界的各种刺激，更利于学生建立清晰、明确的动作概念，加深理解和记忆，增强学习的效果。

在体育课教学中，尤其是武术、体操教学中，动作示范是最常用的一种直观导入方式。示范是教师以具体动作作为范例，使学生明确所要学习的动作形象和技术特征的一种方法。准确、熟练、轻巧、优美的动作，能在给学生美的享受的同时，使学生在知觉意识中产生钦佩的连锁反应，引起学生的有意注意，给学生留下较深的"影像"，激发学生跃跃欲试的情绪，促进学生自觉积极地参与教学活动。

动作示范可由教师自身完成，也可由学生完成，还可以通过多媒体课件演示、技术动作视频等形式完成。如讲授新课前可组织学生观看技术动作图片：有位体育教师在上女生背越式跳高课时选择用照片翻印的幻灯片，示范者是本校同年级的三名女同学。幻灯片一打出，学生顿时兴奋起来，因为他们已经

认出了示范者,感到很亲切,容易接受,因而对幻灯片中的技术动作观察得很仔细,增强了完成动作的信心,为教学的顺利进行开了好头。

○ 案例4-3:水平二 学生的五步拳

"同学们,你们想不想成为李小龙那样的'武林高手'啊?"

"想!"同学们异口同声地回答。

"好,这一节课老师就来教授你们一套'上乘武功'——五步拳。在学习之前,老师先给大家表演下全套示范动作,好不好?"

"好!"

教师干净利落、动作连贯、一气呵成地打完五步拳,赢得学生的一片掌声,这时每位学生都会产生强烈的模仿心理和跃跃欲试的学习心态。教师就利用这个时机开始教学生五步拳,学生兴致勃勃,学得很快,导入取得一定的效果。

此外,在体育教学中,实验导入也是常见的直观导入方式之一。在推行素质教学的今天,体育课的教学,教师不仅要向学生传授体育知识、技术、技能,而且也应有意识地培养学生分析、思考问题和获取知识的能力。为此,教师在教学开始之时可根据教学内容设计一些富有启发性、趣味性的实验,使学生在感官上受到刺激,充分让学生进行观察思考,并通过积极思考解决疑难问题,并从中得出正确的结论,从而揭示出本次课的教学重点。如,在一堂投掷标枪课前,教师做了这样一个实验:将一根长竹片比作身体,在它的一端放置一小石子,将竹片弯成"满弓",然后立即松开放有小石子的一端,这时小石子在竹片弹力作用下迅速飞了出去,而且竹片弯度越大,小石子就会飞得越远。通过这一实验,学生就会理解为什么在投掷标枪时必须做好"满弓"这一动作,这就从理论上为下一讲解和组织练习奠定了基础。

○ 案例4-4:水平二 学生的前滚翻

为了让学生对"团身"这一技术要素有深刻的理解,教师课前设计了这样的实验:

在教学开始,老师先不急于进入正题,而是在体操垫上放置一个球和一块砖。

老师说:"我给这两个东西同时施加一点力,谁滚得又快又好呢?"

同学们肯定回答是皮球。

紧接着老师又问:"皮球为什么会滚,而砖不会呢?"

有的学生回答:"皮球是圆的,而砖是方的。"

"好,下面我们就学习像皮球一样的滚动动作,它就叫前滚翻,大家愿意学吗?"

同学们异口同声地回答:"愿意!"

"今天我们学习的前滚翻要运用刚才实验的原理,只要你在滚翻时把身体团紧就能像皮球一样平稳地在垫子上滚动,相信同学们会做得更好。"

毫无疑问在接下来的学习中,学生较好地掌握了团身的技能。

四、技能迁移导入

技能迁移是指一种技能的学习对另一种技能的学习和应用产生影响的过程或现象。或者说,把一种技能带到完成另一种技能学习或应用任务中去的过程。这在体育技能教学过程中是一种普遍存在的现象。因此也有很多教师在导入部分采用技能迁移导入方式进行导入。所谓技能迁移导入也可称为旧知识导入或原知识导入,它是根据技能之间的逻辑联系,找准新旧技能的联系点,以旧技能为基础发展深化,从而引出新的教学内容,达到温故知新目的的一种导入方式。通常是通过对旧技能进行复习、练习等活动,对结构不同的两个新旧动作进行比较,在找出它们技术环节差异的基础上,由不同点导入新动作的一种方法。这样导入使学生感到新技能并不陌生,便于将新技能纳入原有的认知结构中,降低了学习新技能的难度,易于引导学生参与学习过程。

现以"脚内侧踢球"导入"脚背内侧踢球"为例予以说明:我们都知道,这两种踢球方法的技术环节是一致的,都包括助跑、支撑、摆腿、击球、随前五个动作技术环节,所不同的在于击球时脚的触球部位不同,一个用脚弓,另一个用脚背内侧。因此实践中我们可以这样导入:首先做几次"脚内侧踢球"的示范,让学生看清楚并明白这是哪种踢球方法;然后再做"脚背内侧踢球"示范,让学生对两种踢球方法进行比较,并回答出有什么不同。当学生正确回答出教师的提问时,教师便点出课题,导入新内容。这种导入方法在导入新内容的同时,复习了旧内容,便于对运动技术的系统教学。同时,由于在导入过程中,学生的观察和思维活动处于积极状态,对培养学生的智力素质有良好的作用。

教育学家霍姆林斯基说:"交给学生能借助已有知识去获取新知,这是最高的教学技巧。"运用技能迁移规律,学习新的运动技术,能有效地提高教学效率;同样利用这一规律导入教学内容,也能收到较好的效果。但在运用技能迁移导入时还要注意以下几点:

(1)要提示或明确告诉学生新旧技能的联系点,以引导他们思考,从而明确新旧技能之间的联系,进入新的学习。

(2)通过有针对性的练习为学习新技能作好铺垫,使之与新技能之间有一个紧密联系的"支点",从复习到讲授新课过渡得连贯自然。

（3）运动技能的迁移是把双刃剑，既有对运动技能的学习和掌握有促进作用的正迁移，同时又有干扰作用的负迁移。因此在运用技能迁移导入时，教师要特别注意科学把握技能迁移规律，增加正迁移的发生，减小或避免负迁移的干扰和影响，以追求技能迁移总体效应的最优化。

○ 案例 4-5：水平四 学生的山羊分腿腾越

首先在准备活动中，安排一个专项练习——"跳背"。练习前，老师首先给学生讲清楚练习方法，并把起跳和推手作为重点。经过反复练习，绝大多数学生都熟练掌握了"跳背"。然后换用山羊做练习器械并告诉学生："下面我们将学习一个与'跳背'练习近似的动作——山羊分腿腾越。"这样就在练习时，自然导入了新内容。通过做'跳背'练习，提高了学生练习积极性，并使学生初步形成了分腿腾越障碍的动力定型，为腾越山羊打下了技能迁移的基础。同时消除了学生跳山羊时的恐惧心理，使学生愉快地学习。

五、设疑导入

古人云："学起于思，思源于疑。"疑是学习的起点，有疑才有问、有思、有究，才有所得。设疑导入是指教师不断巧设带有启发性的悬念疑难，创设学生的认知冲突，唤起学生的好奇心和求知欲，激起学生解决问题愿望的导入方法。一般来说产生认知冲突的方法有以下几种：

（1）惊奇——展示违背学生已有的观念的现象。

（2）疑惑——使学生产生相信与怀疑的矛盾。

（3）迷惑——提供一些似是而非的选择，学生已有的经验中缺乏可以辨认的手段而产生迷惑。

（4）矛盾——在推理的过程中，故意引出两个或多个相反的推理，使学生产生认知冲突。

制造疑问的目的主要有两点：一是激发兴趣，二是启动思维。"好奇之心，人皆有之。"利用悬念激人好奇，催人思索，往往能收到事半功倍的效果。疑问、矛盾的心理有利于调动学生积极主动地思维，是启发学生进行思维活动的有效途径。这种导入类型能使学生的思维活动和教师的讲课交融在一起，师生之间产生共振，使学生由"要我学"转为"我要学"。

运用此法导入要注意：（1）教师要根据学生的年龄特征与身心特点，结合教学目标与内容，在教学难点和教学重点中设疑。如在结束跨越式跳高后，学习背越式跳高前，可设问"跨越式和背越式哪种方法跳得更高"，"如何掌握背越式跳高技术",使学生产生探究心理,期待学习,增强求知欲。(2)以疑激思,善问善导,问题设置要难易适中,过易,不能继续深入;过难,则无从下手。

案例 4-6:水平四 学生的篮球单手胸前传球

集合整队后,教师首先叫了两名学生,一位接传球,一位防传球,教师面向全体学生说:"上节课我们学习了双手胸前传球,假如在传球时面前有防守队员,我们该怎样传球呢?"学生纷纷回答,提出了许多种传球方式。教师接着说:"下面我在××同学积极防守的情况下,采用一种方式传球,请大家注意观察我的动作,随后将回答两个问题:第一,球是从防守者的什么位置传过去的?第二,为什么能够传过去,而××同学却得不到球?"教师的提问立即将学生的注意力全部吸引到教师的示范动作上来,随着教师的示范,课堂的气氛活跃了,并不时对教师精彩巧妙的传球发出赞叹。示范结束后,同学们兴致勃勃、争先恐后地回答了两个问题。教师接着说:"刚才大家看到的传球方式就是我们今天要学习的单手胸前传球。"

案例 4-7:水平四 学生的快速跑

集合整队后,老师说:"同学们,谁知道风是怎样形成的吗?"(老师没有先宣布学习内容,而是在课的开始设置了一个问题,给大家留下了一个悬念。)

经过了短暂的沉默后,同学们纷纷举手回答:"风是由空气对流形成的。"

"同学们,空气有没有阻力?"老师又向大家提出了一个问题。

"有"同学们轻而易举地回答了提问。

"今天,老师要让大家利用空气的阻力练习快速跑。"(这节课的教学内容出现在这里。)

老师取出一张报纸贴在胸前,做着快速跑的示范动作,报纸贴在胸前纹丝不动。接下来同学们按照老师的要求分散开来,朝着规定的方向,各自独立地进行着尝试、体验着快速跑的感觉。

六、游戏导入

体育和游戏有着密切的联系,可以说体育从本质上来讲就是一种游戏,带有娱乐、玩耍性质。加之游戏种类繁多,形式和方法灵活多样,深受青少年喜爱。因此在各级各类学校体育教学中游戏被广泛采用,教师可选择与教学内容相关的游戏,调动学生学习的积极性,进而导入具体教学内容。如"篮球半场人盯人防守"战术教学内容的导入:首先在两组学生之间,用篮球传接球的

方法,在半场范围内,做"形影相随"的游戏。游戏中给学生突出强调人盯人防守的要求,即不让自己所防守的对方队员接到传来的球。当游戏结束后,教师总结游戏,并用启发诱导式的语言,给学生讲解什么是"人盯人防守"这一概念。通过游戏和讲解,学生有了感性认识,为战术学习打好基础,然后导入教学内容。这种导入方法能够收到"润物细无声"的效果。

利用游戏导入新课,不仅能活跃课堂气氛,把学生的注意力和情绪转移到课中来,针对教学内容而设计的游戏还能帮助学生对将要学习的技术动作、技战术的理解,为下面的体育教学铺平道路。由于游戏的形式和名称不尽相同,因此对利用游戏导入新课提几点建议:

(1)选择游戏要紧扣教材。
(2)选择游戏要新颖、趣味,能引起学生兴趣,激发学习动机。
(3)选择游戏要有启发性,能促进注意力集中,提高思维活动能力,开发智力。
(4)选择游戏要根据学生年龄、性别和心理、生理特点。

案例 4-8:运用游戏导入进行体育教学的范例:小学一年级的前滚翻教学

教学对象:从未见过面的异地学校的学生(小学一年级)

做好了有趣的准备活动后王老师说:"我们先做个游戏吧。"(看课者暗暗诧异:按常规不是该教学讲解了吗?怎么做起了游戏?)

王老师说:"我们一起做个'看天'的游戏。"(看课者和学生们更加不解:上体育课看什么天呀?)

王老师说:"我们要一起低头看天。"(学生为难了:这低着头怎么看天呢?)

王老师:"你们自己想想办法,怎么能低头看天?"

于是学生们纷纷尝试,不一会儿一个聪明的学生找到了方法,于是同学们纷纷模仿,大家都趴在地上从两腿之间看天,如图 4-1。

此时,看课者全都明白了,其实,王老师已经在游戏中让学生做出前滚翻预备动作了。

王老师又说:"我们再做第二个游戏。"(看课者想:怎么又做游戏?)

王老师:游戏是"看谁坐得快",老师叫出一个学生和他比赛。两人站在垫子后面,发出口令后看谁先坐在垫子上,结果学生是跑到垫子上坐下,而王老师是做了个前滚翻坐下,当然是王老师坐得快,王老师怕学生不服气,又做了一遍,结果还是一样。场景见图 4-2:

体育微格教学

图 4-1

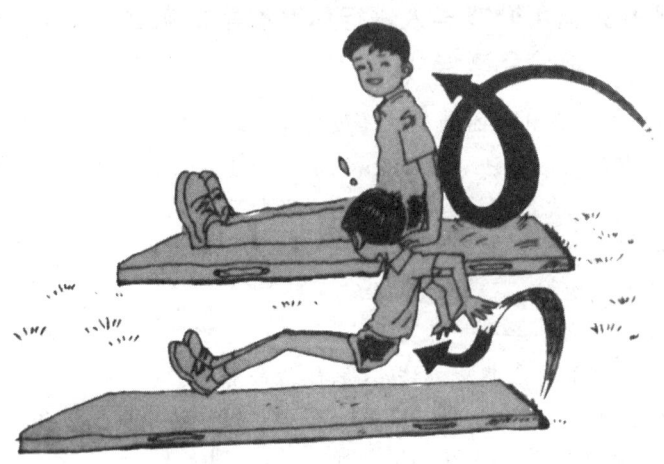

图 4-2

做完两个游戏后,王老师说:"我们现在把两个游戏一块做一遍,先做'看天',再做'看谁坐得快'。"

学生在两个游戏中不知不觉地学会了前滚翻后,王老师才告诉学生:"今天我们学会了一个动作,叫作'前滚翻'。"

除了以上介绍的几种常见的导入方式外,还可以用故事导入法、新闻导入

法等等，这里就不再一一赘述了。总之导入的方法是多样的，但我们在选用具体的导入方法时，一定要依据教学内容、任务、学生的年龄特征、知识水平、身体素质条件以及兴趣爱好的不同程度而定，方法上力求灵活多样，同时也要服务于体育教学的整体效果，只有做到这一点，导入才有它的作用和意义。

第三节 导入技能的运用

一、导入技能的运用原则

导入的类型多种多样，但在设计和实施中，均应遵循下列原则，才能导之有方。

（一）目的性

教师要明确导入技能教学的目的，无论采用何种导入方式都应该使设置的内容指向教学目标，服从于教学任务和目的，要围绕教学和训练的重点。通过导入教学活动，应该使学生初步明确将学什么，要解决什么问题，怎么学。

与教学目标无关的不要硬加上去，不能只顾追求形式新颖而不顾内容。不要让导入内容游离于教学内容之外，而是要使导入成为学生实现教学目标一个必要和有机的组成部分。

（二）相关性

导入的相关性包括两个方面：一方面是指导入内容的设计要与学生的年龄及思维特点相适应，尽量选择学生身边的情景，与学生的实际生活相关，这样才容易引起学生的注意和兴趣。另一方面是指在导入阶段要善于以旧抓新，温故知新，揭示新旧知识、技能的关系，使导入的内容与新课的重点紧密相关。如果导入与内容脱节，不管导入多么别致、精彩都不可能产生好的教学效果。

（三）趣味性

积极的思维活动是课堂教学成功的关键，富有启发趣味性的导入能引导学生发现问题，激发学生解决问题的强烈愿望，能创造愉快的学习情境，促使学生自主进入探求知识的境界，起到抛砖引玉的作用。教师在设计导入的时候，要根据教学目标、内容和学生的情况选择发生在学生身边的、能引起学生好奇的等学生感兴趣的材料。

此外导入的方式很多，设计导语时要注意配合，交叉运用。不能每一堂课都用一种模式的导语，否则就起不到激发学生兴趣、引人入胜的作用。

二、导入技能的注意事项

教师在新上课或引导学生学习新的内容之前,要恰当地应用导入技能,把握好导入的时间,同时,要在导入的时间里,充分调动学生学习的积极性,使学生尽快投入到新的学习中。

（一）把握导入时间

导入的时间要适宜。导入仅是一个"引子",而不是内容铺开的讲授,故导入时间不宜过长,一般以 2~5 分钟为宜。导入时间过长,难免喧宾夺主,分散学生的注意力。

导入时的语言要力求简短明了,切忌冗长拖沓。因此在导入时一定要合理取材,控制好时间,用简洁的语言,力求做到恰到好处,适可而止。

（二）调动课堂气氛

导入是一堂课的开场白,是将学生由非学习状态转入本堂课学习的准备阶段。它往往有安定学生情绪,激发学习兴趣,把握学习目标,拉近与学生的情感距离的作用。要实现这样的作用,导入的设计很重要,同时教师在课堂上实施导入设计也很重要。

教师在开始导入的时候,要注意观察学生的状态。有时上课伊始,学生的学习心理准备不充分,师生之间会有一定的心理距离;有时受气候或其他原因的影响,学生有时会精神状态或情绪不佳。这时,教师就要应用一些技巧,从感情上靠近学生、体谅学生,使学生尽快进入学习状态。

另外,教师的精神状态直接影响到学生的学习情绪。如果教师自己缺乏课堂教学的激情和热情,学生则会失去参与的热情。教师在导入的时候要根据导入的内容和学生的情况应用恰当的语音、语调、语气和措辞,以饱满的热情引导学生进入学习状态,最大限度地调动学生探求知识的主动性。

三、导入技能的应用策略

（一）引入新方法,集中注意力

在课堂教学中,学生的注意力是保证听好课的首要条件,所以教学中教师应在学生集合后情绪尚未稳定、注意力尚未集中之前,运用适当的手段或方法使学生的注意力尽快集中到对体育知识、技能的学习上来。把学生的全部注意力吸引到所要讲述的问题上,为基本内容的学习做好准备。

（二）利用小游戏,激发兴趣

学习兴趣是一个人力求认识世界,渴望获得科学文化知识的积极的意向活动,只有对所学的知识产生兴趣,才会产生学习的积极性和坚定性。

（三）循序渐进，衔接新旧技术

导入的意义在于能承前启后，使学生有准备、有目的地进入新技术的学习，所以好的课堂导入，应该起到复习已学的基本技术，引入新技术的辅助练习，在新旧技术之间架起桥梁的作用，从而为学生学习新技术铺平道路，明确目标，打下基础。

（四）巧设情境，愉悦情绪

激情入境，以境乐练，使学生情绪愉快地进入学习过程，为新课的展开创设良好的条件。

第四节　导入技能的训练与评价

一、导入技能微格训练教案示例

表 4-1　导入技能微格训练教案示例

训练技能_____　　授课内容_____　　授课教师_____

训练目标	(1)理解导入的原则和运用要求 (2)能熟练选用恰当的导入类型 (3)通过实际训练，掌握导入技能			
时间分配	教师行为	学生预期行为	技能要素	导入分析
0′00″	师：到老师这里来。好，孩子们，春天来了，你们喜欢春天吗？ 接下来我们用我们身体来描绘这美丽的春天，好吗？ 老师看谁的想象力最丰富，能够描绘出老师所勾画的春天，准备好了吗？	学生异口同声地回答"喜欢！" 学生蹦蹦跳跳地回答"好"！ "准备好了"	导入语：将学生由非学习状态转入本堂课学习的准备阶段，集中学生注意力。	教师以"走进春天、用学生肢体语言写春天为"主题，创设主题教学情境，激发学生兴趣，把学生引入到如诗如画的春天里，在体育活动中去实践、感悟，让每一个学生去享受体育的快乐。
0′35″	师：春天来了，小朋友来操场上寻找春天，可爱的小草从地面上钻出头来，我看看可爱的小草都在哪里呢？ 美丽的花朵开放了。老师边语言赞美边帮助学生们把花开得更漂亮。 解冻的小溪，叮叮咚咚好像春天里的琴声。 可爱的小鱼在溪里自由地游玩。 美丽的花蝴蝶在草坪上飞舞…… 草原上奔驰的骏马…… 冬眠后苏醒的青蛙也跳出来了。	学生自由地围在老师周围。根据教师的语言，用肢体模仿动植物各种姿态。	语言创设情境：通过"走进春天"教学情境的创设，引导学生模仿小动物和植物喜迎春天的各类姿态，激发学生的学习兴趣。	

续表

时间分配	教师行为	学生预期行为	技能要素	导入分析
2′43″ 3′50″	师:好,孩子们先停下来,春天来了,这些可爱的小动物都来迎接我们,高兴吗? 　　那我们今天就把它们都画出来,那边老师给我们每一个小朋友都准备了"画板"(将体操垫比喻为画板,配合情境),我们快速四列横队站好。(老师此时语言激励学生:"看哪组最棒?") 　　我们从头开始依次往后传"画板",传到排尾的同学,快速跑到你们的小标记,看哪一组最先传完。老师发出口令后,边给学生加油边引导学生到标记点站好。 　　下面我们一起坐在垫子上,跟随着优美的音乐一起动起来。	学生大声回答:"高兴!" 学生们快速将队伍站好。 学生听老师的口令后,争先恐后地快速传"画板",并跑到自己的标记点站好。 学生跟随老师一起做准备活动(垫上关节操及诱导练习)。	积极诱导:针对本课主教材的内容进行垫上操,巧妙地把诱导性练习融入其中,充分调动学生学习的主动性,同时为学习主教材做好铺垫。	该导入牢牢遵循学生的身心特点、紧紧围绕着教学目标、教学内容创设情境,不仅激发了学生的学习兴趣,还充分调动了学生学习的主动性,让学生全身心地投入到整堂课的学习活动中去,积极锻炼,体验成功,达到事半功倍的效果。
8′06″	刚才我们跳得太美了,老师现在提一个问题考考大家:"雨过天晴之后,天空会出现什么呢?" 　　"对,天空中会出现美丽的彩虹。"老师边表演边说。老师今天把它带来了,大家看一看,漂不漂亮啊!(彩虹画板展示) 　　我们今天就用身体画这个彩虹。	学生回答"彩虹。" 组织形式: 	明确目的:通过情节的推进,点明本节课的主要学习内容"画彩虹"——仰卧推起成桥。	
8′30″ 基本部分	一、我首先教同学们一种方法,老师来说你们来做,看谁能最先画出老师所说的彩虹。 　　1.跪坐双手握脚踝挺髋成桥(让学生充分体会挺髋、展胸、推手的动作,为更好解决教学重难点打基础):教师用语言描绘动作。 　　2.跪躺推起跪立成桥(练习循序渐进、由浅入深,让学生充分体会两臂用力推垫,推直手臂):教师用语言描绘动作。 　　3.学生在帮助保护下仰卧推起成桥:教师示范与讲解动作方法和保护帮助的方法。 　　4.独立完成动作(挺髋、伸膝、推手、挺胸):教师集体指导与个别纠正。 二、游戏(略)	学生根据老师语言描绘来完成。 认真观看示范,主动合作练习。		通过教师创设的教学情境引导学生运用跪坐挺髋成桥、跪躺推起成桥、仰卧推起成桥画"彩虹",做到以情激趣、以趣促动、以动促学。
结束部分	略			

注:该教案引自"第四届全国中小学体育课堂教学观摩活动优秀展示课教案集:技巧——仰卧推起成桥,任课教师:李丽丽"

二、导入技能的评价与反馈

导入技能评价和反馈的项目如表 4-2,小组成员可以参考以下评价指标在各行动环节中对学员进行评价,学员本身也可根据该表进行自我评价和反馈。

表 4-2　导入技能微格训练评价表

授课教师＿＿＿＿＿＿　　教学内容＿＿＿＿＿＿＿＿＿＿＿＿　　日期＿＿＿＿＿＿

请您仔细观察授课教师的教学行为和学生的反应,然后填写评价表,在恰当等级打"√"。

项目	评价内容	权重	赋分值			
			优	良	中	差
1	导入自然,衔接恰当	0.1				
2	导入目的明确,针对性强	0.2				
3	导入内容和方法选取合理	0.2				
4	能引起学生注意和兴趣	0.2				
5	导入时间适当,安排紧凑	0.1				
6	教态自然,语言清晰,富有感染力	0.1				
7	面向全体学生	0.1				
您的意见或建议:						

◎ 思考与练习

1. 导入技能的概念及构成要素。
2. 常见的导入技能类型有哪些,并了解每种导入类型的特点。
3. 导入技能的运用原则及注意事项有哪些?
4. 根据《义务教育体育与健康课程标准》选取一节体育课,设计恰当的导入类型并进行微格训练。

第五章 讲解技能

1. 知道讲解技能的内涵和外延、功能及构成要素。
2. 掌握讲解的基本类型与方法、运用原则、要求和策略。
3. 能熟练与灵活地运用 4~6 种讲解方法。
4. 评价导入技能教案编写质量和试讲练习效果,并提出纠正的措施。

第一节 讲解技能概述

一、什么是讲解技能

讲解技能是课堂教学诸多技能中的一种基本技能,是指教师从具体的教学实际出发,为完成一定的教学任务而灵活运用讲解的一种技术手段,是教师通过精彩的语言,精练地向学生传授知识的一种高度娴熟的心智技能。在体育教学中,教师对学生学习的指导是通过多种方式和方法进行的,如直观演示法、语言法、练习法等。其中,语言法就是运用多种不同的语言形式来指导学生学习的方法。语言表达技能是讲解技能的基础,而讲解技能是针对教学的实际,有目的地运用语言,为实现教学目标而采用特定的、较高层次的语言手段。

讲解是教师在教学过程中,从学生的实际出发,突出教学的重点,用精练的语言,准确地揭示教学内容的本质特征,教给学生认知规律和解决问题的方法。通过有效的讲解,使学生明确教学目标、动作名称、动作要领、动作方法、练习方法、规则以及要求等相关信息,指导学生进行运动技能的学习,掌握运

动技能。在体育教学中,许多体育的知识、动作技术、技能只有通过教师的讲解,学生才能比较透彻地理解和牢固地掌握。讲解技能不仅用于新知识、新技术的学习过程之中,也运用于复习巩固旧的知识和动作技术之中,它在教学中的应用最为广泛,许多其他教学方法,如示范、展示图片等也往往需要讲解的配合。讲解不仅能引导学生在原有认识的基础上感知、理解、巩固和应用新知识、新概念和新原理,还可以帮助学生明了得出结论的思维过程和探究方法,提高学生的认识能力和实际操作能力,培养学生的学习兴趣,并结合教学内容的思想性,影响学生的思想和审美情趣。因此,讲解可以说是体育教师的重要教学技能之一。

讲解技能是教师运用语言的一门艺术,它不是教师天生就有的,而是后天经过反复地实践、不断地改进、总结和提高逐步形成的。对讲解技能进行系统的学习和训练,可以使教师的讲解技能在理论知识方面更加系统化,在实际操作中更加规范化,从而进一步提高教师的讲解技能。当然,在实践性很强的体育课堂教学中,室外复杂的教学环境给教师的讲解增添了一定的难度,精讲多练对体育教师的讲解能力和水平又提出了更高的要求。因此,体育教师更应该注重讲解技能的练习与提升。

二、讲解技能的特征

在漫长的教育发展历史中,讲解始终保持不衰的地位,除了历史和传统的原因外,还有它不能为别的教学手段所代替的特点。

第一,经济实效性。在体育教学中,讲解省时、省力且使用方便,与实物教学相比其"省"显而易见。

第二,高效性。在体育教学中教师通过精心的组织策划,可以使信息传输密度较高,就知识接受而言,极大地减少了学生认知中的盲目性。

第三,单向性。体育教学中的讲解是教师单向向学生输送信息,学生是被动的信息接受者,不能较多地参与教学进程,不利于实现师生及时的交流和信息的及时反馈,学生常处于被动地位。

三、讲解技能的功能

讲解技能作为课堂教学中基本的教学行为,在各种课堂类型的教学结构中占有相当大的比重。在教学中恰当地运用讲解技能可以实现以下功能:

(一)促进知识迁移,构建知识体系

美国教育心理学家奥苏伯尔认为,新知识的获得主要依赖原有知识结构中已有的适当观念,同时还必须通过新旧知识的相互作用。学生所学的每个学科都有其基本结构,即该学科的基本概念、原理和规律的系统,也就是我们通常所说的基础知识。教师在教授新的学习内容时,需利用学生已有的知识,进行正确、清楚、生动易懂的讲解,以学生过去形成的概念为中介,解释新的知识、新的概念,将新的学习内容与已学过的内容联系起来,使学生认知结构中原有的观念和新的知识之间建立起实质的联系,形成完整的体系,加深对新概念的理解。

运用讲解技能可使新旧知识前后联系,一脉相承,使知识系统化,形成完整体系,有助于学生认知结构的发展,从而取得较好的学习效果。

(二)传授知识解疑释难

讲解技能的首要功能就是把知识准确清晰地呈现在学生面前,使之记牢、会用。从某种意义上说,讲解的生命就在于使学生理解新知识。教师在课堂上的每一段讲解都是针对学生学习中的疑点和难点以及新知识传授的要点设计的。这些相对集中又层层相关的讲解片段,既构成课堂教学的整体框架,又是实现教学目标的明晰线索,体育课堂教学中的每一个讲解片段都是以教学知识点为中心展开的,不管是解释说明、描绘情境,还是阐说道理、推导结论,其内容都是以让学生充分理解掌握知识为准则,经过认真筛选、科学组合和加工而成的。

(三)节省时间、提高课堂效率

讲解的内容经过了教师的深刻理解和系统整理,将知识去粗取精、提炼和升华,变成了适合学生接受的东西。讲解时,教师抓住重点难点,不蔓不枝,把自己思考的过程和结果有序地展示出来,易于引导学生思维沿着教师的教学意图运行,因而能较迅速、较准确且密度较高地向学生传授知识,完成特定的教学目标和教学任务。

(四)激发学生的学习兴趣和学习动机

教师讲课不能照本宣科,而是要用生动、形象、精练的语言,用典型有趣的例子去解释和叙述。语调抑扬顿挫,表情自然亲切的讲解会把学生带入学习的情境,使学生如见其人、其物、其景,可以把枯燥的情节讲得出神入化,使学生神往陶醉。如果教师讲解时概念说不清,道理说不明,词不达意,语无伦次,声音平淡,则会使学生在课堂中感到枯燥乏味,从而影响学生学习的积极性。

(五)启发学生思维,发展认知能力

学生对知识的理解是通过思维活动实现的,富于启发性的讲解往往把学生的思维活动有层次地步步引向深入,使学生在获得具体知识的同时,还学会了思考问题的方法,从而发展了认知能力。

运用讲解技能从生动的直观到抽象的推理,使学生从感性认识上升到理性认识,并认识到事物的本质和必然联系,同时培养了学生独立发现问题、分析问题、解决问题的能力。

(六)发挥正面教育的作用,对学生进行思想教育

教师在讲解的过程中,自然而良好的情感流露,如深刻的爱与憎,激愤与惆怅,兴趣与豪情,都会潜移默化地感染学生,在"润物细无声"中产生良好的教育作用。然而,讲解的这些特点,都只有使用恰当时才能体现。如果使用不当,比如不注意调动学生的积极性和主动性,很少安排学生的活动,一味地灌输,还会产生"满堂灌""注入式""练习密度低"等问题,这是体育课堂教学中应当特别注意的。

四、讲解技能的构成要素

讲解技能的构成要素是一些典型的课堂讲解教学行为,这些典型的教学行为是在理论的指导下,经过实践经验的证明概括出来的,对于实现其教学功能是有效的和充分必要的。讲解技能由"严谨的知识框架—规范的语言—典型的例证—科学的链接—恰当的强调—及时的反馈"这六个典型教学行为要素构成(图5-1)。这六个技能要素反映了圆满有效地完成讲解任务,是实现教学功能所必须要做而且要做好的关键步骤。

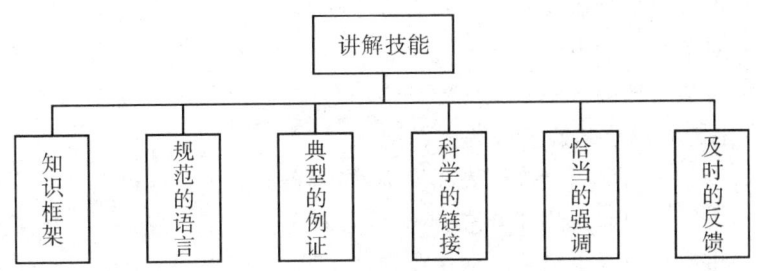

图5-1 体育讲解技能要素系统图

(一)严谨的知识框架

教师讲解不能是无序的、随意的,要将教材的知识结构按照学生的认知规律清晰地展现出来,使学生明确学习目标,掌握新概念的内涵与外延,学习基本分析思路,了解相关知识的内在逻辑联系等,这是对学科基本结构的把握。

通过提出系列化的关键问题,形成清晰的思维框架,使讲解条理清晰,结构严谨。美国心理学家布鲁纳强调对学科基本结构的掌握,他认为:"不论我们选教什么学科,务必使学生理解学科的基本原理……懂得原理就可以使学科更容易理解。"大到一门学科的体系,学科与学科之间的联系,小到一篇文章的结构思路、一件事实的前因后果、一种自然现象的形成规律、一个科学定义的推导过程、一次实验的操作原理等,都有逻辑规律。建立讲解的结构框架使教学事半功倍。下面以排球正面双手垫球技术的讲解结构为例。

1.选择讲解内容,设计内容层次

排球正面双手垫球技术的讲解应包括(垫球方法、动作要领、练习方法、易犯错误)四个方面。因此讲解第一层次设计如下:

(1)正面双手垫球的方法。

(2)正面双手垫球的动作要领。

(3)正面双手垫球的练习方法。

(4)纠正正面双手垫球易犯的错误。

然后在对每一个讲解的内容进行分析,选择第二层次的讲解内容,并设计其内容层次。如讲解正面双手垫球的练习方法,其讲解的内容和设计层次如下:

(1)徒手模仿练习的方法。

(2)垫固定球的方法。

(3)两人一组一抛一垫的方法。

(4)两人对垫的方法。

(5)对墙自垫的方法。

(6)三角垫球的方法。

2.编排讲解顺序,确定讲解重点

(1)以某一届奥运会排球决赛为例,导入正面双手垫球技术。

(2)讲解正面双手垫球方法。

(3)讲解正面双手垫球的动作要领。

(4)讲解正面双手垫球的练习方法(重点内容)。

(5)讲解练习中容易犯的错误。

(6)本课小结。

(二)规范的语言

规范的语言要求讲解紧凑、连贯,语言准确、明白,语言和语速要适合讲解内容和情感的需要。

讲解紧凑、连贯指两方面的内容：一是讲解连贯紧凑，没有吞吞吐吐和"嗯"、"啊"等游移、拖沓的现象；二是讲解意义连贯紧凑，没有意义分散、跳跃的现象。

讲解语言准确、明白是指语言中的句子结构完整、发音正确、用词准确。要做到准确，就要对讨论问题中的关键词事先找准，有所准备。要做到明白，就要将讲解中具体问题的结论与取得结论的依据或前提条件交代清楚，将依据与结论之间的关系交代清楚。若将依据和前提条件以及结论与依据之间的关系认为是不言自明的，一带而过，就会造成讲解不明白。

一般来说，影响教师讲解清晰流畅的因素有发音、词汇、连接、语速和节奏等几个方面。

1. 语言的发音要正确

要使用普通话的标准发音来讲解，不要使用方言和口语。

2. 用标准的语言词汇传递信息

在讲述定义、概念、原理、动作和身体部位时，不要用"大概"、"可能"、"一般"或口语和俗语。这样易造成概念模糊、不严谨，甚至使学生去胡乱猜测。另外，讲解的词语要正确、句子结构要完整、专业术语要准确。如跨栏跑教学中有"摆动腿"和"起跨腿"两个基本术语不能用"前面那条腿"、"后面那条腿"这种不规范的词语来代替；在调动队伍时，要使用正确的队列队形口令，不能说"朝这边、往那边"等等。

3. 讲解内容和语句要连贯

讲解的内容有时前后联系非常紧密，若省略其中某一部分事情就会交代不清，有跳跃感。有些体育动作是由一系列技术动作环节构成，练习是连续完成的。在这种情况下，如果删去其中主要动作技术环节，会使学生有跳跃脱节的感觉。

4. 适宜的节奏和速度

节奏包括语言节奏、内容节奏和时间节奏。语言节奏是指语调高低和速度快慢、强弱的变化。教师的语调、语速要适中，讲解时停顿时间不宜太长，重复的地方不能太多，否则容易给人一种讲解者思维中断或者啰唆的感觉，让人听了心烦。

内容节奏指的是要讲解内容的布局。开头要引起学生的注意；中间叙述要善于变化，提高学生兴趣；结尾要引起学生回味和思考。

时间节奏是指合理分配讲解的时间。不要前紧后松或前松后紧。讲解内容应包括导入、内容重点、举例、强调等。因此在讲解时一定注意合理分配时

间,切忌胡子眉毛一把抓,没有重点。

语速是指单位时间内讲解语言的快慢。人的听说能力是有一定承受量的,过快的语速会超过人的负载,是听不清楚、记不住的,会大大降低教学效果。当然语音和语速也要结合讲解的内容,配合情感的需要发生相应的变化。例如:在新授课中,教授一个技术动作时,教师常常采用分解慢速示范,同时配合慢语速讲解动作要点。以便学生把看和听紧密结合起来,有思考和理解的时间,可以取得较好的视听效果。

(三)典型的例证

举例说明是讲解时常用的重要手段,例证能将熟悉的经验与新知识联系起来,是启发理解的有效方法。在讲解过程中,教师常引用生活中的一些实际经验和体育教学中的经典案例来说明一些简单道理、常识,以引起学生重视,使学生对问题有更深刻的理解。如在前滚翻教学中讲解团身技术时,可以举圆球和方块哪个可以滚得更快的例子,使学生更容易理解团身的动作要求和重要性。因此,在讲解过程中使用例证十分重要。因此,在讲解过程中使用例证十分重要。但是,教师在使用例证的同时要注意以下几个方面:一是例证要典型,能鲜明地揭示所讲的问题;二是例证要有很强的针对性,不宜面面俱到或模棱两可;三是举例要通俗、形象直观,适合学生的认知水平;四是动作概念的例证,宜以正面举例为主,慎重采用反面例证,以免产生负面效应。

例如为了加强学生的安全意识,防止意外受伤,并引起学生的高度注意和重视,教师常举一些发生在身边的事情,作为例证来教育大家。如天津市一所著名中学,在一节体育课中,学生分成两部分,一部分学生进行铅球测验,一部分学生进行排球练习。练习中,排球突然飞向铅球区,一位学生赶过去捡球,不料被掷出的铅球砸中脑部。所幸抢救及时,该学生脱离了危险,且没有留下后遗症。这样的教学事例使学生记忆深刻,更有说服力。

(四)科学的链接

所谓链接是指教学环节或教学内容之间的过渡与衔接。任何教学内容都不可能游离于学科系统之外而独立存在,清楚连贯的讲解强调新旧知识之间、原理和例证之间、问题和问题之间、前提和结论之间的恰当链接。讲解时仔细安排步骤,后一环是前一环的前提或发端,使讲解形成意义连贯、思路合理、结构严谨的系统。例如在健身跑教学时,教师应按以下顺序安排内容:首先,了解有氧运动的概念、意义和价值;其次,了解有氧运动锻炼的基本原则和安全注意事项;再次,在讲解的基础上进行比较典型的有氧运动实践,如 1500 米健身走、1500 米跑、6 分钟跑、9 分钟跑等。最后,讲解心肺循环系统的评价方法及脉搏监控在评价中的作用。

这样,教师就把有氧运动的概念、意义、价值、锻炼原则、注意事项、运动实践及评价方法联系起来,使学生对有氧运动形成了较完整的知识系统。教师的讲解前后呼应,不脱节,环环相扣,形成有机的链接。

(五)恰当的强调

"讲解"只有经过科学取舍、艺术加工才能称之为"技能",才有质量。否则就与"满堂灌"的陋习无异。所谓加工取舍,就是要撷取教学中的重点难点,选用恰当的讲解方式加以强调。这些重点难点是教学的精要之处,是达到教学目标的关键。讲解时,分清轻重缓急、难易主次,突出重点,突破难点,是实现科学讲解的必由之路。在体育教学中,教师讲解时常强调的内容主要有以下几个方面:

1.技术环节的强调

如田径的背越式跳高包括助跑、起跳、腾空过杆和落地四个技术环节。而助跑和起跳相结合技术是背越式跳高技术的关键环节,必须掌握好。所以教师在讲解时必须加以强调。

2.动作重点的强调

如在篮球进攻技术中,单手胸前传球技术的动作重点是传球瞬间在快速伸小臂的同时,手腕后屈,稍内翻,急促用力前扣;食指、中指、无名指用力拨球。体操技巧中肩肘倒立的动作重点是举腿升髋,教师要经常反复大声地强调,以便引起学生注意,帮助学生掌握好重点动作。

3.动作难点的强调

如篮球体前变向换手运球,变向运球时转体探肩和上下肢协调一致是技术动作的难点;体操技巧教材中头手倒立技术的动作难点是夹肘立腰与展髋的配合。学生往往不易掌握动作难点,教师如果在练习中不反复强调,学生的错误动作一旦定型,改正就困难了。所以教师应在学生的练习过程中,不时地给予语言强调、信号刺激,加快学生形成正确动作的步伐。

4.易犯错误的强调

如学习跆拳道横踢技术时,易产生"撩腿"、"身体重心过于后仰"、"支撑腿原地不动"等错误动作;蹲踞式跳远时,助跑和起跳相结合练习中易产生步点不准;助跑最后几步减速;起跳方向不正,起跳时上、下肢动作不协调等错误。教师应及时抓住这一典型的错误动作,向学生分析它产生的原因和纠正的方法,尽量减少错误动作的重复次数。对那些已经形成错误动作的学生,更要反复强调,引起注意,尽快纠正。

5. 教学要求的强调

教学要求旨在保证教学过程在教师控制下,按着教学目标,安全、顺利、有效地进行组织和练习。如教学中,技术动作规格的强调,教师说明技术动作的标准;练习强度和次数的强调,教师要讲清楚可观察和测量的指标。课上准备活动时,教师应经常强调学生要认真练习,充分活动,防止受伤等。

(六)及时的反馈调整

教学的本质是通过师生的相互作用使学生得到发展。体育教师在讲解时,如果只注意自己讲,不注意学生学得如何,听得如何,是不会有好的教学效果的。教学是师生的双边活动,信息流不仅指向学生,学生的一部分反馈信息还要反送到教师那里,教师根据学生接受信息的状况随时调整自己的教学行为,变换教学方式,才能有的放矢,引导和指导学生顺利地获得知识,发展智能,并使他们的思想品德也得到发展。因此,教师在课堂上应始终保持反馈信息传输的畅通,这样才能保证讲解的效率,提高讲解的质量和效果。

第二节 讲解技能的类型

教师讲解的最终目的是使学生能够接受、理解所学知识、技能。学生对教师的讲解是否能够被接受或理解,除了受学生的能力、技巧知识水平的制约外,在很大程度上还受教师讲解方法的影响。教师讲解的方法或类型是多种多样的,但每种讲解方法都具有它自己的特性,都具有不同的思维方式、语言组织和内在的逻辑特点。教师能通过利用某种讲解方法的特殊作用,作为向学生施加某种思想及动作技术概念的媒介和使学生了解、探索并最终成为学生掌握所学技术动作的渠道。体育教师讲解类型主要有以下几种:

一、说明式讲解

说明式讲解是教师为了让学生较好地理解和掌握课堂知识,对有关材料作必要的补充、介绍和说明性讲解。在运用时要充分考虑学生的接受能力,只对情况作必要的介绍,对事情的来龙去脉作简洁的说明,要做到适度、适量,不宜做冲淡教学内容的发挥。

第五章 讲解技能

○ **案例 5-1：**

在水平五田径耐久跑教学中,教师为了提高学生耐久跑能力,指导学生克服跑步中的极点现象,此时需要就"极点""第二次呼吸"等运动术语向学生进行说明性讲解,讲解极点的概念、产生原理、身体表现和处理方法等："中长跑时,由于氧气的供应落后于身体的需要,跑到一定距离时,会出现胸部发闷,呼吸节奏被破坏,呼吸困难,四肢无力和难以再跑下去的感受,这种现象称之为极点"。这是中长跑中的正常现象。当"极点"出现后,要以顽强的意志继续跑下去,同时加强呼吸,调整速度。这样,经过一段距离后,呼吸变得均匀,动作重新感到轻松,一切不适感觉消失,这就是所谓的第二次呼吸状态。

○ **案例 5-2：**

田径快速跑单元教学开始第一次课,有的教师会对短跑的基本知识作一简短的说明性讲解,使学生对快速跑有个总体的认识："短距离跑属于无氧代谢的周期性运动项目,其最大的特点是用最短的时间发挥最高速度,完成一定(较短)距离的运动。在正式比赛中,主要包括 60 米、100 米、200 米、400 米；这些项目主要采用蹲踞式起跑。短距离跑的成绩主要取决于起跑的反应速度、起跑后的加速跑能力和最后冲线的能力。经常进行短距离跑的练习,对内脏器官、神经和肌肉系统的协调性以及提高机体在无氧条件下的工作能力都有明显的促进作用。"

二、描述式讲解

描述式讲解指对形象、具体的客观事物及其变化过程进行科学的表述。描述式讲解可以使学生获得丰富的感性材料,因而有利于学生的感知和对事物的理解,促进学生形象思维,有利于观察能力、思维能力的培养,此类讲解经常与示范技能配合使用。通常,教师会边做动作示范,边用精练的语言对技术动作要领、练习方法、技术重难点或易犯错误进行描述性讲解,是体育教学中常用的讲解方法之一。

○ **案例 5-3：**

在篮球基本技术教学中教师对移动步法侧滑步动作的描述：两膝弯曲,两脚开立稍宽于肩。两手十指张开,手肘弯曲在体前。向左侧滑步时,右脚用力蹬地,左脚稍离地,向左滑步,右脚跟进。

案例 5-4：

在水平四足球脚内侧传球教学中,教师发现在学生练习过程中,大部分同学传球时都存在支撑脚落地不准的问题,于是教师将学生集中起来,重点对脚内侧传球时支撑脚的位置做了动作示范和精炼的讲解:"传球时我们支撑脚应该与球平行,并距离球大概 15 厘米。"并分别针对支撑脚落地点靠前、靠后、距球过近或距球过远会造成的问题进行演示和分析,帮助学生建立正确的支撑脚位置概念。

三、推理式讲解

推理式讲解是教师用周密严谨的逻辑推理方式,启发引导学生概括内容、推导结论或帮助学生分析某个技术动作的正确性的讲解方式。这种讲解作用于学生的抽象思维和理性思维,能较好地培养和训练学生的概括能力、综合能力、逻辑思维能力和分析论证的能力。它具有严谨的逻辑性、清晰的层次性和说理论证的透彻性。

案例 5-5：

在水平三田径正面原地头上投掷实心球教学中,教师在讲解投掷动作要领时,首先通过射箭时弓箭的形状的例子使学生懂得"满弓"的抽象概念。然后做了一个"满弓"实验,将一根长竹片比作身体,在它的一端放置一个小石子,将竹片弯成"满弓",然后立即松开放有小石子的一端,这时候小石子在竹片弹力下迅速飞了出去,而且竹片弯度越大,小石子就会飞得越远,进而使学生理解为什么投掷时必须做好"满弓"动作,最后通过正面原地头上投掷实心球动作示范,将示范动作与"满弓"概念联系起来,完成从抽象概念到形成结论的推理实践。

四、问题中心式讲解

以解答问题为中心的讲解,是在教学中常用于对学生进行能力训练、方法探索、答案求证的讲解类型。它也属于高级类型的讲解。

问题中心式讲解的一般模式为"引出问题—明确目标—选择方法—解决问题—得出结果"。问题引出可以从各种事实材料中导出;明确标准就是明确解决问题的具体要求;选择方法就是对各种方法、策略,进行分析比较,定出最佳解题方法;解决问题要从证据、例证并运用逻辑思维方法来进行论证,最后得出结果。问题中心式讲解适用于重点、难点、智慧技能和认知策略的教学，通常配合提问、讨论等其他教学技能。

案例 5-6：

某教师在给初中一年级的学生教授篮球三步上篮动作时，先做了两个正确的动作示范，轻松准确地将球送进了篮筐，赢得了同学们一阵掌声。接下来教师并没有作进一步的讲解，而是问谁能够出列说一说三步上篮的动作要点，××同学说"一大、二小、三前冲"；另一位则同学说"一大、二小、三高跳"。此时，老师表扬了两位同学敢于积极发言，并提醒同学们：下面我各做一次刚才两位同学所说的动作，请大家注意观察。于是教师先做了"一大、二小、三前冲"的三步上篮动作；老师提示再看下一个动作，又做了一个明显的"一大、二小、三高跳"的动作。大家比较一下，哪个动作正确，更有利于投篮？大部分学生说后一种，也有人说前一种，这时老师才开始进行更加详细的讲解，并分析比较了两种动作的区别，最后明确地告诉学生三步上篮的动作要领是"一大、二小、三高跳"。学生们这时才恍然大悟，纷纷跃跃欲试，饶有兴致地亲自体会起动作来。

五、操作中心式讲解

以训练学生的实际操作技能为中心的讲解，在教师结合示范和指导学生实际操作中应用。主要有：对操作原理的说明；结合示范的讲解，包括指示观察要点、分析示范操作、指导操作要领等；指导学生练习的讲解，包括纠正错误操作、向学生提供反馈信息、指导学生掌握动作之间的联系和协调等。

案例 5-7：

在某市区的一所名校的公开课上，一位体育老师上初二的短跑课，准备活动后，教师开始教学生学习"蹲踞式"起跑动作，而蹲踞式起跑首先应该学习起跑器安装的方法，教师在讲解起跑器安装的方法，由学生根据教师的讲解进行起跑器的安装，在学生安装起跑器的同时教师进行讲解，以锻炼学生的实际操作能力。

第三节 讲解技能的运用

掌握讲解技能之后,随之而来的就是教师如何根据教学目标、教学任务和教材内容的特点,并针对学生的实际情况,合理、灵活地运用讲解技能,真正实现讲解的价值和作用。

一、运用讲解技能的基本要求

(一)讲解要有目的性

讲解的目的要明确具体。教师要根据一节课的教学目的,明确每一段讲解内容的目的。"在知识上让学生学会什么,学到什么程度,在技能上让学生学会什么"这是教师在讲课时要考虑的首要问题。教师一定要明确:讲解是启发学生思维,而不是代替学生思维。

(二)讲解结构要明确

要在认真确定教学目标、分析教学的重点和难点、明确新旧知识相互联系的基础上,理顺知识结构之序、学生思维发展之序,提出系列化的关键问题,从而形成清晰的讲解框架。这样,易使讲解条理清楚,引起学生思考。

(三)讲解要有计划性

教师对讲解内容要有周密的计划,详尽的安排。首先要明确讲解内容的顺序,选用什么样的范例,先讲什么,后讲什么,怎样讲才能吸引学生,才能使学生接受和理解。其次,要考虑内容之间的联系,使讲解内容成为一个完整的、连贯的体系。这便于学生理解、记忆。第三,要考虑讲解与练习的衔接。讲练结合的成功与否,往往是一节课的关键。

(四)讲解要突出引导性

在讲解过程中,要注意引导学生去思考、分析和概括,培养他们独立的、不轻易相信他人的意识。对任何事物、问题要有自己的判断和独立的认识,注重教给学生学习方法,使他们会学、善学、乐学。

(五)讲解要有启发性

要把直观、具体的现象、实例、事件,通过分析、综合和概括,升华为理性的概念和规律。要留有一定的思索余地。要把握好讲解的时机,凡对重要内容作本质论述时,应尽量创设良好的教学情境。

第五章 讲解技能

（六）讲解要注意反馈调控

在讲解中，教师要重视反馈，通过观察学生的表情、行为和操作，留意学生的非正式发言或无意的技能行为，及时收集讲解效果反馈信息，及时调整、控制教学，并注意及时巩固、应用理论联系实际，以达到教学目标。

（七）讲解要有实例

例证是进行学习迁移的重要手段，它包括学生熟悉的生活实例和运用已学过的体育知识实例。例证能将熟悉的经验与新的知识与技能、原理和概念联系起来。举例的数量与质量（所举例子与概念之间的联系）要调整好，要做透彻的分析。

（八）讲解要有针对性和可接受性

课堂讲解要有针对性和可接受性，即教师要根据学生的知识水平、心理特点，采用学生能够接受的语言进行讲解。讲解的针对性与可接受性相辅相成，密不可分，只有考虑到学生的实际情况，教师的课堂讲解才是学生能够接受的。学生能够接受的课堂讲解，必定也是针对了学生的知识水平、能力发展、心理状态等更具体实际情况而进行的讲解。因此，教师在讲解时，应因人、因时、因地、因事而定，决不能千篇一律，重复一个调子。

（九）讲解要与其他教学技能配合使用

实践经验证明：教师在讲解时必须和其他技能密切配合，才能提高讲解的效率。例如在讲解时教师借助提问加强反馈；教师边讲解边演示；边讲解边示范都是常采用的方式。这样做，一方面可以借此提高学生的学习兴趣；另一方面使学生多种感官同时参与学习，提高学习效率。教师在讲解时可以通过语言声调、速度的变化吸引学生注意，进行强调。体态语言在教师讲解中的作用大，教师的一个手势、一个微笑都可以起到意想不到的作用。教师在讲解时还应该对学生的学习行为给予鼓励和肯定，以激发学生的热情。总之，教师在讲解时要采取多种措施，使学生"愿意学，学得会"。

（十）讲解语言要有趣味性与艺术性

讲解语言的趣味性要求教师上课时使用生动活泼、诙谐幽默的语言，结合教学内容，进行生动的叙述、形象的描绘。但是教学语言的趣味性应该注意分寸、界限和场合。教学语言的生动有趣还应注意避免流于庸俗、低级，甚至污言秽语，污染教学环境。教学语言的趣味性应做到生动有度，活泼有节。

课堂讲解的艺术性首先表现在讲解语言的语音美，即讲解要口齿清楚、发音准确、吐字清晰；音质悦耳、嗓音甜润优美、富于变化；音速适度、音高合理、语速恰当；其次，课堂讲解的艺术性还表现在讲解内容的意境美。课堂讲解语言要做到语言准确、简明、通俗,构成鲜明的意境美。

二、运用讲解技能应注意的事项

1. 认真钻研教材,分析授课内容,确定讲解要点,避免面面俱到、模糊笼统的讲解。

2. 要考虑课前后之间、课与课之间、体育课与其他学科之间的联系,力争做到循序渐进,承前启后,相互渗透。

3. 选择符合授课内容的讲解类型,根据课的不同部分,所授教材的内容特点,变化讲解方式,集中、小组、个别讲解互相配合,体现讲解的多样性。

4. 讲解前必须明确讲解内容的范围、重点、难点以及与学生已知知识的联系,使讲解过程更集中明了,并且建立在一种知识发展的逻辑必然之中。

5. 讲解时,要在学生掌握的全部知识储备中将与解决面临的问题有关的部分抽取出来,作为引导、启发讲解的知识起点,促使学生运用已有知识对面临的问题进行思考。如果学生不能很好地解决问题,教师才作详细的讲解。

6. 教师要寻找最恰当的讲解形式,以便使讲解过程更有效率。

7. 讲解要简洁精练,抓住要点,保证学生有足够的练习时间。

8. 讲解要使全体学生都能听见,避免使用学生不懂的专业术语和词汇。

9. 讲解要与其他教学技能相结合,提高讲解的直观、生动、形象和趣味性。

三、讲解技能应用的原则

(一)精讲原则

教学讲解必须遵循精讲的原则。精讲就是要做到内容精选,语言精练,方法精当,效果精彩。精讲就必须要做到简明扼要、提纲挈领、避免烦琐;精讲就要力求达到举一反三、闻一知十的效果。精讲之精,体现了讲解的水平,也直接关系到教学的效率。精讲并非只是数量的要求,更是质量的要求。精讲就要求讲得精彩、讲得精当、讲得明白、讲得科学,要在单位时间里达到量少而质高的水平。

(二)启发性原则

孔子说:"不愤不启,不悱不发。"新课程下,教师的教学讲解必须更具有启发性。教师在讲解过程中的主导作用,绝不体现在代替学生去寻找答案上,而应体现在诱导学生自己去探索、比较、归纳、综合、解决问题上。讲解过程中,教师要以课程标准为指导,从教学实际出发。根据知识间逻辑顺序和学生认知顺序,有计划地设置有内在联系、条理清晰、层次分明、环环相扣、层层深入的问题系统,使学生的思路在教师的启发诱导下徐徐展开,不断深入,这种科学的讲解方法,会使学生在复习旧知识的基础上,加深对新知识的理解,这对发展学生的思维能力无疑是非常有益的。

(三)直观性原则

直观性原则要求教师在教学过程中为学生提供有关的事实、实物和形象,为学生学习新知识、形成新概念奠定感性认识的基础。直观教学能把抽象的事物具体化,容易吸引学生注意,激发学习兴趣,促进对知识的理解和记忆。

(四)针对性原则

由于遗传、环境和教育等诸多因素的影响,每个学生的个性互不相同,知识、能力、情感、意志和性格等都有不同的特点。教师要通过调查研究,既掌握全班学生的共同特点,如学生们的知识水平、接受能力和学习风气等,又知道每个学生的具体特点,如兴趣爱好、特长和优缺点等。这样,教师才能针对不同学生的情况,从实际出发,因材施教,在统一授课的基础上,采取不同的讲解方式,传授体育健康知识和运动技能,教育不同的学生,使每个学生都得到进步。

(五)系统性原则

系统化的知识便于理解,记忆和应用。在讲解到一定阶段时,教师要致力于知识系统化,把零散的知识,通过归纳总结使其连贯起来,串珠成链,结绳成网,形成系统化的完整知识,这可以在一节课结束时、一个单元结束时进行。但是必须注意,在知识系统化的时候,既要照顾教学内容的全面性,更要主次分明、突出重点。

(六)适时反馈和调控原则

讲解由于主要是教师讲学生听,教师在讲解过程中要注意学生的反应,要使讲解的发展过程与学生的思维、理解过程同步,要有针对性和交互性。把握好体育课堂教学信息的反馈,及时控制和调整讲解的方法和进程,以达到讲解的良好效果。

(七)艺术性原则

教学是一门艺术,而且不是一般的艺术,它是艺术中的艺术。教师讲解的艺术性可以从语音、语句和无声语言等方面来考虑。教师的讲解如果能做到声音悦耳动听、语调抑扬顿挫、语句幽默风趣、表情丰富生动、举止优雅大方、讲解循循善诱,使听课的学生如沐春风、如饮甘霖,不仅学到了知识、提高了能力,而且增加了修养、陶冶了情操。

第四节 讲解技能的训练与评价

一、讲解技能微格训练教案示例

表 5-1　讲解技能微格训练教案示例

训练技能　讲解技能　　　　授课内容　后滚翻　　　　授课教师_____

技能训练目标	能合理地组织讲解的结构和顺序。运用简明语言,重点的强调和提问与动作示范技能相结合。			
教学目标	1.80%的学生能明确后滚翻向后插手的动作概念和推手方法与时间; 2.70%的同学能熟练掌握后滚翻动作。			
时间分配	教师教学行为	应用技能与要素	学生学习行为	组织教法
40″	上节课我们学习了后滚翻动作,今天重点学习和掌握推手技术。掌握推手要明确以下三点: 什么时间做向后插手动作? 向后插手的动作方法是什么?什么时间推手?	直接导入,形成连接的讲解,讲解的结构和层次;语言清晰简明扼要	学生精力集中,聚精会神听讲。跟着教师的讲解思路,思考问题	××××× ××××× ○
1′	下面请两位同学出来给大家做后滚翻动作示范。在同学示范的过程中,请大家认真观察,然后请回答两个问题: 1.向后插手的时间和方法? 2.两手推撑垫的时间? 请××、×××同学出列示范	预先控制提问技能	引起学生积极思考	××××× □□○ ×××××
40″	学生示范,教师边指导观察边提示:后倒、插手、撑推、翻臀	强调动作重点的讲解,示范与讲解相结合	学生认真观察和思考	同上
20″	同学们看清楚了吗?什么时间向后插手?向后插手的动作方法是什么呢?谁能回答这个问题?	开放式提问	学生开始讨论	同上

续表

时间分配	教师教学行为	应用技能与要素	学生学习行为	组织教法
15″	教师沉默,用期待的眼光注视学生:对!××同学回答得很好,谁还能补充?	沉默、停顿。合理运用人体语言技能正反馈	××同学回答题××同学又补充回答学生十分高兴,又进入积极思考讨论	同上
40″	从几位同学的回答中,我们可以明确两点: 1.身体向后倒时就要插手,向后插手的方法是:两臂靠耳抬肘,掌心向后插手 教师配合,两手做示范	归纳讲解讲解与示范相结合	明确向后插手的时间和动作方法,建立正确概念	同上
1′	在学生徒手练习的同时,教师巡回指导插手的动作	讲解与练习结合,教学步骤的连接	反复练习,建立肌肉本体感觉	××××× □□○ ×××××
10″	我们已明确了向后插手的动作方法,那么什么时间撑垫推手呢?谁能回答?	形成连接的讲解开放式提问	同学们又进入思考	同上
5″	教师沉默,用期待的眼光注视学生	沉默 人体语言技能	学生积极思考讨论,××同学回答问题	同上
20″	对学生的正确回答给予肯定,通过语气提示(再想想!),教师手、臂动作暗示(身体什么部分着垫时,推撑手),引导学生对回答作补充或说明	正反馈人体语言技能	同学们看着教师的动作提示,踊跃发言	××××× ○ ×××××
20″	教师明确强调"肩、颈着垫—撑手"、"团身翻臀—用力推手"	重点性讲解语言清晰、流畅	认真听讲,思考	××××× ○ ×××××
3′	分组练习 教师巡回指导	教学步骤的连接	反复练习	同上
指导教师意见				
课后自我分析				

二、讲解技能的评价与反馈

根据讲解技能的基本要求和评价表内容(表 5-2),练习者既可通过观看录像自评,也可由教师或训练小组人员进行评价。

表 5-2 讲解技能微格训练评价表

授课教师_____ 教学内容_____ 日期_____

请您仔细观察授课教师的教学行为和学生的反应,然后填写评价表,在恰当等级打"√"。

评价标准	赋值				权重
	优	良	中	差	
1.讲解的内容符合学生实际水平与认知规律					0.15
2.讲解内容正确包含了重要的科学价值					0.10
3.讲解时能提供丰富清晰的感性认识					0.10
4.讲解时突出重点、繁简得当、揭示本质					0.10
5.讲解时条理清晰、逻辑性强、具有哲理					0.10
6.讲解中注意发展学生的多种能力					0.10
7.讲解具有启发性,能激发学生思考					0.10
8.讲解时用词准确,语速适中,语言生动有趣					0.15
9.讲解声音洪亮,面向全体学生,注意情感交流					0.10
最后得分					

其他评价:_____

评价人:_____

思考与练习

1. 什么叫讲解技能,讲解技能的特征和功能有哪些?
2. 简要阐述讲解技能的构成要素。
3. 请依次举例说出讲解技能的类型。
4. 简要阐述运用讲解技能的基本要求、注意事项和基本原则。
5. 结合自己的专项设计一份讲解技能微格教案。

第六章 示范技能

1. 知道示范技能的含义、功能。
2. 掌握示范的基本类型与方法、构成要素和运用要求。
3. 能熟练运用 4～6 种示范方法对动作进行示范。
4. 能辨析出他人示范的类型,并评价其优劣。

第一节 示范技能概述

一、什么是示范技能

"耳听为虚,眼见为实。"眼睛是人类感官中最重要的器官,大脑中大约有 80% 的知识和记忆都是通过眼睛获取的。运动技能的学习亦是如此,对于一项新授的运动技能,最直观的教授方式就是体育教师的示范。

动作示范是教师(或教师指定的学生)以自身完成的动作作为范例,使学生明确所要学习的动作形象、技术结构、要领的一种教学行为。通过体育教师的示范让学生能直观地获取该项运动技术的信息,在大脑中留下深刻印象;然后结合教师的讲解和多次的练习,学生就能较好、较快地掌握该项运动技术。

体育教学中正确的动作示范,不仅可以使学生获得直观的动作表象,以提高掌握动作要领的效率,而且还可以提高学生学习兴趣,激发学生学习的自觉性,有利于形成正确的动力定型。可见,教师正确、熟练、优美的示范对于取得优良的教学效果有着非常重要的作用。

二、示范技能的功能

（一）建立正确的动作表象，有利于更快地掌握动作技术

在体育教学过程中，示范是教师把整个技术动作完整地向学生示范一遍，让学生从感性认识上升为理性认识，从视觉上了解动作的结构、顺序、路线以及要领和方法，从而更好地进行模仿，形成正确的动作表象。

从生理学的角度来看，学生掌握运动技能必须经过三个阶段：粗略掌握动作阶段、改进和提高动作阶段、巩固与运用自如阶段。在粗略掌握动作阶段，学生对所要学习的动作没有感性认识，采用示范和讲解进行教学，可以使学生理解动作学习任务，建立动作表象和一般概念，形成动作的基本结构。在进入改进和提高动作阶段，由于学生容易表现出动作不准确、不协调，并伴有多余的动作和错误动作，此时，教师运用多种示范如正误对比示范，有助于强化学生对正确动作的理解，提高动作的协调性，规范动作细节，形成动力定型。

（二）激发学生的运动兴趣，提高教学效果

培养学生的运动兴趣和爱好是新课程具体目标之一。因为学生有了良好的运动兴趣和爱好，就能形成运动的积极情感，乐于参与练习，体验成功的喜悦，从而真正地形成坚持锻炼的习惯，切实地为终身体育奠定基础。

体育教学中教师正确、轻快、优美的动作示范可以使学生在学习中受到教师示范动作的感染，在欣赏示范动作的同时受到一种力的鼓舞、美的熏陶。在教师正确的动作示范的影响下，使学生油然产生一种跃跃欲试的心理，从而提高学习动作技能的积极性，以保证教学任务的完成。

（三）培养学生分析问题解决问题的能力

为了更好地实现体育课教学中动作示范的效果，提高学生的观察能力，教师在示范前或在学生观察动作的同时，经常会采用提问、引导、启发等手段，提出问题，让学生仔细观察，独立思考，积极讨论，比较概括，理解动作，作出回答，从而培养学生分析问题解决问题的能力。例如：在篮球体前变向换手运球教学中，教师会提出这样的问题"遇到障碍如何变方向"、"变向后怎样快速推进"等。在教师的有效提示和启发下，学生通过对动作的仔细观察，不仅能扩大直接经验范围，丰富感性认识，加深对动作的直接感受程度，形成正确概念和动作，而且能有效地训练学生观察、思考、分析、归纳、综合和概括的能力。学生通过观察、分析、总结这一教学过程，不仅是掌握和分析问题方法的过程，也是提高观察、分析问题和解决问题能力的过程。

(四)提高学生的审美艺术素质

正确的示范可以使学生体验到体育动作的形体美、力度美、娴熟美和健康美的同时,获得一种满意的心理感受,并由此而产生学习体育技术动作的极大兴趣。因此,在教学过程中,教师只有把美蕴藏在动作之中,才可以更好地满足学生的要求,同时,要求学生保持动作美、姿态美和形体美,提高学生的审美艺术水平。

三、示范技能的构成要素

示范技能的要素由示范目的、速度、距离、位置、时机、示范与讲解配合构成。

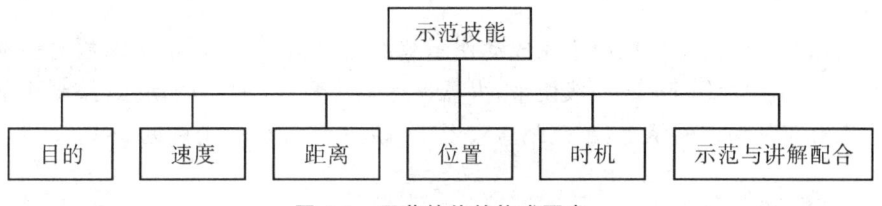

图 6-1 示范技能的构成要素

(一)目的

教师在进行每一个技术示范动作之前,要有明确的目的。为什么示范,什么时候示范,先示范什么,后示范什么,怎样示范,都要做到心中有数。在教学的不同阶段,教师所采用的示范应有所不同。教师无论采用哪种示范方法,其目的一定要明确。以建立完整的动作概念为目的时,需要运用完整示范;以掌握技术动作的某一环节为目的时,可采用分解示范;以纠正错误动作为目的时,可采用正误对比示范。

○ 案例 6-1:

在示范篮球的单手肩上投篮动作时,示范之前首先告诉学生要注意观察教师投篮时的手臂、手腕和手指动作,而在示范时,为了防止学生因观察篮球是否进筐的视觉表象对投篮动作表象的即时覆盖效应,教师应该不对篮筐,而只是对学生做投篮动作的侧面示范,使学生的注意力集中在教师投篮时的手臂、手腕和手指动作上。

(二)速度

为了帮助学生建立完整而正确的动作表象,教师示范应根据学生的具体情况运用不同速度进行示范。一般的情况可用常规的速度进行示范,但当为了突出显示动作结构的某些环节时则应采用慢速示范。

● **案例 6-2：**

　　学习新教材，教师应该先用正常速度示范一次完整的技术动作，使学生初步了解技术动作的完整结构，然后用慢速度分解示范，使学生了解动作的要领、要求等，建立一个完整的动作表象。而在进行蹲踞式跳远的腾空动作示范时，为了延长动作的过程，起到"慢放"效果，教师可以借助体操踏跳板作起跳示范，使学生清楚地看到起跳后两臂的摆向和突停、挺髋、两腿成弓步的空中动作。

(三)距离

　　示范的距离主要取决于完成动作示范的活动范围大小、学生人数的多少和安全的需要等因素。一般说来，大器械运动项目，大幅度的动作，需要让学生观察完整动作的示范，示范距离应当适当远一些，反之，则可近一些。

● **案例 6-3：**

　　途中跑、掷标枪的助跑等，教这些项目时要让学生站在教师示范位置移动路线的中间，教师在与学生相距八至十米处为好。又如各种球类项目，体操项目各类动作，田径项目中的跳高、短投等动作的示范，教师应在学生横排队形的中间，其距离要使横排的首尾和示范者保持近似相等的距离，三者成三角形，最近距离应不少于一倍身高，这样学生就能看清完整动作完成的情况，示范时位置移动的距离不要长，活动范围不要大，动作速率不要快。

(四)位置(方向)

　　示范的位置应根据学生的队形、动作的性质、技术结构、学生观察动作的部位以及安全的要求等因素来决定。除此，教师示范应考虑让学生避风和背对阳光。

● **案例 6-4：**

　　行进间模仿操、徒手操、武术、基本体操等，教师应根据人体基本活动规律、动作结构来确定示范位置，可以在队伍的正面、侧面或斜面，有时甚至可以在后面或中间。若教学内容需要固定的场地，如单双杠、跳高、跳远、篮球、排球、乒乓球等项目，教师的示范位置既要考虑示范的方法，又要考虑学生的队形；既要考虑学生的多少，又要考虑位置的高低与方向，还要注意队列排面的宽度和深度。

（五）时机

教师应该在教学的必要和学生的需要时刻进行示范。合理选择示范的时机，对于提高示范的效果有重要的影响作用。

○ **案例6-5：**

学生学习滑步推铅球动作时经常出现"跳步"现象，教师发现后就要及时给学生做示范，纠正错误动作，使他们建立正确的动作表象，如果等学生错误动作定型后，再去纠正就晚了，教师的示范也就失去了意义。又如，当课上学生注意力分散、精神不集中时，教师采用示范动作，可吸引学生的注意力，提高教学效果；当学生练习疲惫厌倦时，教师可以通过做示范调节课堂气氛，使学生的肢体得到适当休息；在体育课结束前，教师可结合示范动作进行总结评价或展示下节课所学技术动作，让学生课后预习。

（六）示范与讲解配合

示范是讲解的先导，讲解是示范的补充和说明。讲解与示范的紧密配合运用可以取得最佳的动作示范效果。示范与讲解的搭配有三种形式，"示范讲解—示范"，"讲解→示范→讲解"，"边讲解，边示范"。

○ **案例6-6：**

学生学习鱼跃前滚翻动作时，教师首先做完整示范，接着讲解动作要领，然后再做一至两次示范，即"示范—讲解—示范"巧妙结合。又如，学生练习高单杠引体向上动作，教师用较慢速度边示范边讲述："双手握杠同肩宽，两臂伸直体悬垂（预备姿势）；压臂拉杠憋足气，紧腰收腹体上随；屈臂悬垂颌超杠，缓慢下放臂伸直。"这样示范与讲解同步进行，动作完成讲解结束，学生看得清楚，印象深刻，效果明显，学生也模仿教师的样子，边做动作边默念技术要领，练习踊跃，气氛热烈。

第二节 示范技能的类型

根据示范动作的结构、目的、形式、位置及示范者的身份等情况，可将示范技能分为以下类型与方法。

一、按示范动作的结构划分

(一)完整示范

完整示范是指教师示范时从动作开始到动作结束不分部分和段落,完整、连续地进行示范。在新授课中,为了使学生对所学习的技术动作的结构和形式有一个清晰的运动表象,建立完整的技术概念,教师多采用完整示范。当在教授简单技术动作时,为了能保持动作结构的完整性,形成动作技术的整体概念和动作间的联系,也常常采用完整示范,例如前滚翻的教学。

(二)分解示范

分解示范是指教师将较为复杂的技术动作,按技术结构或身体的部分合理地分成几部分,然后按部分逐段进行示范。这种示范的优点是把动作技术的难度相对降低,便于学生掌握并突出教学重点和难点,例如跳远技术是由助跑、起跳、腾空、落地四个部分组成,其中助跑与起跳相结合技术是跳远的重点,在教学中往往会先分解动作,抓住这个环节进行教学。

二、按示范的目的划分

(一)认知示范

认知示范是使学生知道学什么的示范,这种动作示范的重点是给学生建立动作的整体形象,形成大致的概念。这种示范要正确、朴实,要引导学生注意整体,不要拘泥细节。

(二)学法(练)示范

学法示范是告诉学生怎样学的示范,这种示范的重点是使学生了解动作完成的顺序、要领、关键、难点等。进行这种示范时要引导学生注意关键的动作环节的重点部分。

(三)正误对比示范

采用正误对比示范可以使学生了解自己动作的错误外部特征,明确正确的动作结构。进行这种示范时既要突出错误的特征又不能夸张,一般可以在针对练习中出现的某一种错误需要纠正时采用。正误对比示范的程序可以是正确—错误—正确;也可以是错误—正确—正确。

三、按示范的方向划分

体育课堂中教师经常采用的示范方向一般有正面示范、背面示范、侧面示范和镜面示范等。

（一）正面示范

教师与学生相对站立所进行的示范称为正面示范。正面示范有利于展示教师正面动作的要领，如球类运动的持球动作多用正面示范。如为了显示身体的左右移动、侧屈、上肢的侧平举及斜上举等，可选择正面示范。

（二）背面示范

背面示范是指教师背向学生站立所进行的示范。有利于展示教师背面动作或者左右移动的动作，以及动作的方向、路线变化较为复杂的动作，以利于教师的领做和学生的模仿，如武术的套路、体操和艺术体操等教学。为了便于学生观察与记忆方位、线路变化较为复杂的动作，均可以选择背面示范。

（三）侧面示范

侧面示范是指教师侧向学生站立所进行的示范。它有利于展示动作的侧面和按前后方向完成的动作，如跑步中摆臂动作和腿的后蹬动作，为了显示腿部的后蹬动作、身体的前后屈伸、前后摆腿与踢腿等，可选择侧面示范。

（四）镜面示范

镜面示范是指教师面向学生站立进行的与同学同方向的示范。这种示范的特点是学生和教师的动作两相对应，适用于简单的教学，便于教师领做、学生模仿。例如，徒手操、广播体操教学。

四、按示范者身份划分

（一）教师示范

教师示范是指教师根据教学的需要，按照技术动作规格和练习方法的要求完成的示范。教学中在学习新的技术动作时，为了使学生建立正确的动作表象，形成清晰的技术动作概念，一般多采用教师示范。除此，在学生练习过程中，教师也常常需要做示范，促使学生把自己的动作和示范的动作进行比较，发现缺点和错误，从而以正确的认识进行练习。

（二）学生示范

学生示范是指为密切配合教师的教学需要所进行的动作示范。学生示范的优点在于示范者与学习者同一水平，不仅能够为学生创造自我表现、积极参与的机会，给学习者更大的启发和激励，同时能弥补教师因种种困难而无法示范的不足。教师在选择学生示范的时候，应注意选择那些具有技术动作某一特征的同学进行示范，另外也可选择具有典型技术错误的学生进行示范。这样可使正确的技术动作和错误的技术动作作一个比较，使学生获得一个清晰而正确的运动表象。实践证明，在体育教学中，适当让学生做示范往往会取得意想不到的效果。

五、按示范时的队形划分

(一)横队示范

横队示范如图 6-2 所示。横队示范是体育教学中最常采用的示范队形。横队示范时,学生左右排成横队站立进行观察,有利于教师的示范与讲解,便于学生集中注意力。运用横队示范进行教学时,教师应在学生排面等腰三角形顶点且与对面学生距离适当的位置。例如,在进行徒手操、武术、基本体操等教学时,教师应根据学生人数的多少和场地的大小,采用四列横队进行正面、背面、侧面、镜面示范;在进行短跑的"起跑"教学时,采用双排对面站立队形(图 6-3)比较合理,能使学生的视线始终随教师的示范动作移动;在进行跳远、支撑跳跃等教学时,为了便于学生观察到各个环节的动作,可采用如图 6-4 所示队形示范。

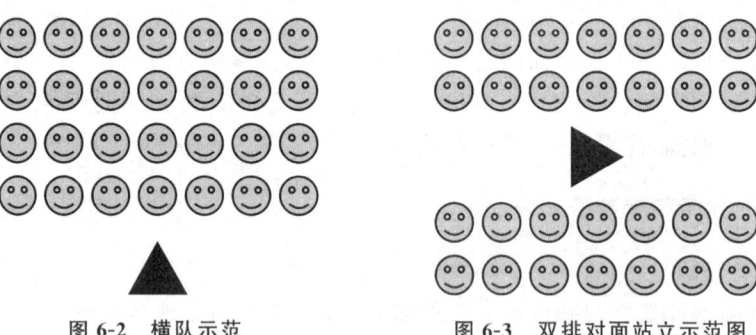

图 6-2　横队示范　　　　图 6-3　双排对面站立示范图

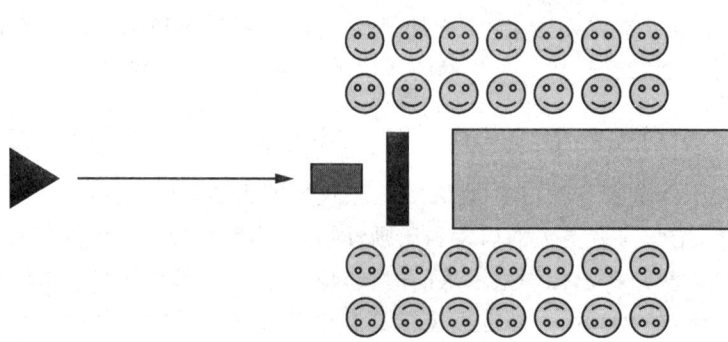

图 6-4　双排对面站立示范图

(二)纵队示范

纵队示范如图 6-5 所示。纵队示范在体育教学中的运用也很常见。其特点与横队示范有相同之处,但这种队形示范不利于远处的学生观察与听讲。例如迎面接力、广播体操等的教学示范。

图 6-5　纵队示范图

(三)圆队示范

圆队示范如图 6-6 所示。圆队示范在体育课中的运用相当广,其特点是让全体学生都能观察到示范者动作,便于教师组织与管理。例如,在进行原地徒手操、熟悉球性练习等教学演示时经常采用这种形式。

图 6-6　圆队示范图

(四)方队示范

方队示范如图 6-7 所示。方队示范在体育教学中运用也很多,其特点同圆队示范有相似之处,便于教师观察学生的情况,也能很好地调动学生的学习积极性。

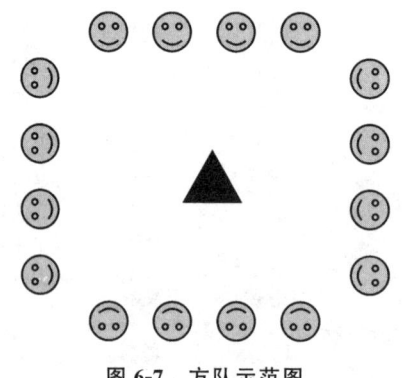

图 6-7　方队示范图

(五)散点队形示范

散点队形示范如图 6-8 所示。采用这种队形示范时,学生随意站立,便于观察示范、听讲、提问,拉近师生之间的距离。

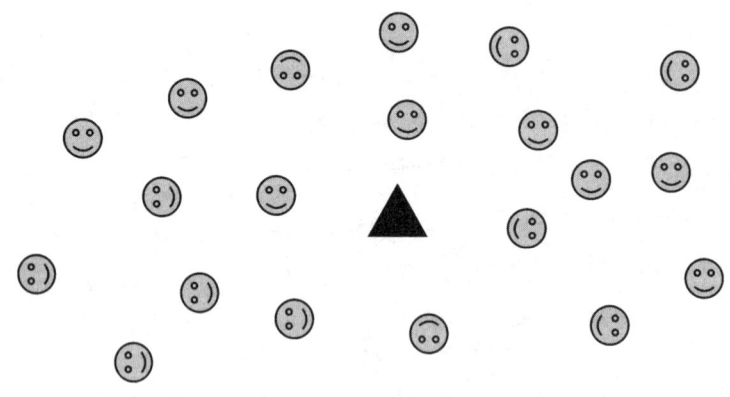

图 6-8　散点队形示范图

第三节　示范技能的运用

一、运用示范技能的基本要求

(一)动作示范要有明确的目的

示范是直观教学中的一种主要形式。教师在教每一个技术动作示范之前,要有明确的目的。为什么示范,什么时候示范,先示范什么,后示范什么,怎样示范,都要做到心中有数。在具体示范中要让学生观察什么,重点看什么,都要向学生讲清楚。例如教授新教材时,为了使学生建立完整的动作概念,一般可先做一次完整的示范,让学生先观察,了解整个动作的形象、结构和过程,然后结合教学要求,把动作分解,用慢速或常速做重点示范。这样,完整的示范就为重点示范作了必要的铺垫,并使重点示范的动作更加鲜明、突出,以帮助学生较快地理解教师讲授的内容,达到预定的教学目的。

在教学的不同阶段,教师所采用的示范应有所不同。教师无论采用哪种示范的方法,其目的一定要明确。以建立完整的动作概念为目的时,需要运用完整示范;以掌握技术动作的某一环节为目的时,可采用分解示范;以纠正错误动作为目的时,可采用正误对比示范。

(二)示范动作要正确、美观

正确是指示范要严格按动作技术的规格要求完成,以保证学生建立正确的动作表象;美观是指动作示范的生动和诱人,以保证动作示范可以引起学生的学习兴趣。体育教学中,教师的示范动作应力求做到正确、熟练、轻快、美观,这样不仅可以使学生建立清晰的动作表象,还可以激发学生的学习热情,提高学习兴趣。

(三)示范时机把握要恰当

体育教师示范的时机关系到示范的效果和课的连贯性。教师示范的时机是由学生的身体素质和学生对技术动作学习掌握情况所决定的。

1.新授内容学习之时的动作示范。教师应通过正确的动作示范,给学生建立一个正确的动作表象,让学生知道将学习的内容和了解一个初步的动作过程,同时可以激发学生的学习欲望。

2.重难点突破时进行示范讲解。每节课都有重点和难点,如何突出重点、化解难点是课堂教学成败的关键,正确的动作示范和准确的讲解,可以有效地突破学习中的重点和难点,以提高学生练习的目的性和实效性。如:新授内容"山羊分腿腾越"的教学中,学生尝试练习后,教师集中进行正确的示范和要点的讲解,突破教学中的重难点,提高学生对动作的认识,增强练习中动作的正确性。

3.学困生出现时进行示范讲解,即大部分学生的学习出现明显的困难时或出现普遍的共性问题时。新授教学,学生往往会因为初学习而出现学习困难,对动作的掌握出现明显的困难点,这时就需要教师或学生重复的示范和教师(师生)的点评。如:新授课内容"前滚翻交叉转体180°"教学中,学生出现前滚翻交叉转体不顺、重心不稳等现象时,教师可以集中重复动作示范、讲解(或者选择动作好的学生进行示范,师生共同探讨),帮助学生解决困难和共性问题,提高学生练习积极性和有效性。

4.学习遇到"瓶颈"现象时进行示范讲解。我们经常会发现,学生的学习有了一个基本掌握后,会出现难以提升或更优化动作的阶段,这个现象称为"瓶颈"现象。一旦学生出现这个现象,就需要教师(或学生)的重复动作示范和更细致的、有针对性的讲解(师生点评),使学生明白"颈瓶"所在点和提升优化的手段,以有效突破"瓶颈"现象。

一般来说,示范的时机是有规律可循的,但也因教师及其经验的差异而有所不同,并非固定的、机械的,只有符合教学目的,适合教学对象,具有良好的教学效果,才是适宜的示范时机。无目的、多余的重复示范,就会分散学生的注意力,降低教学效果。

(四)示范的位置和方向选择要便于学生观察

示范的目的是要给学生作范例,这就得让全体学生都看得到、看得清。因此,教师的示范不仅要规范,还要特别注重示范的位置和方向。

一般来说,示范的位置距离应根据学生的队形、动作的性质以及安全的要求等因素来决定,如在武术教学中,教授基本动作时,采用横队队形,教师就应站在横队的等边三角顶点方位示范;如果是复习武术套路,采用横队集体练习,教师就应站在队伍的左前方带领学生练习。又如跳远时,必须采用侧面示范,这样可以使学生看到怎样单腿起跳、踏跳准确的技术动作。又如跳远的教学,学生要观察起跳的难点技术,就应让学生站在跳远沙坑的两侧观察教师示范,这能使学生的视线始终随教师的示范动作移动。

(五)示范与讲解要有机结合

示范与讲解是体育教学中不可分割的一个整体,只有示范没有讲解,学生只能看到一个具体的动作形象;只有讲解没有示范,学生也只能获得一个抽象的概念,因此,只有将示范与讲解有机地结合起来,才能更好地发挥其作用。

示范与讲解的配合方式有先示范后讲解、先讲解后示范、边讲解边示范、边讲解边示范边练习等。在体育教学中选用哪种示范讲解配合方式，应根据教学的具体情况、所学动作的难易程度及学生的年龄、心理特点等而定。例如：在学习侧手翻时，教师的示范使学生感知了动作的外部结构——"侧手翻的动作就像一个大圆形平面板直线向前转动"。然后，通过讲解，提出手脚依次落地要成一条线，翻转时空中的动作要成一个平面，这样学生就能模仿教师的动作，并领会"地上一条线，空中一个面"。由于把示范与讲解结合起来运用，学生就容易领会整个动作规格的要求。从而，减少了那些不必要的教学程序，大大缩短了学生对侧手翻技术动作的认识过程。实践证明，在教学过程中，只有把讲解与示范结合起来运用，才能让学生对技术动作建立完整、正确的概念，形成正确的表象，从而提高练习效果。

在体育教学的过程中，可根据具体情况采用重复示范，并指出动作的重点、难点；或先讲解后示范、也可边讲解边示范。总之，在体育课堂上，讲解和示范必须密切配合，互相依存，互相补充。因此，老师在教学中，要始终贯彻"精讲多练"原则，使学生直观感觉与思维活动有机结合起来，产生良好效果，提高体育教学质量。

（六）示范的形式要多样化

示范要根据学生的实际情况，作重点完整示范、分解示范以及正常速度和放慢速度的示范。如对新教材，教师就应先用正常速度示范一次完整的技术动作，使学生初步了解教材的完整技术结构，后再根据该次课内容用慢速度分解示范，使学生了解动作的要领、要求等，建立一个完整的动作表象。例如：在初学武术少年拳第一套的教学中，应先用正常速度把整套动作示范一次给学生看，使学生初步了解少年拳第一套的技术动作结构，再根据该次课的任务，进行分解示范教学。另外，也可用直观教具进行示范，如录像、挂图等，以弥补示范不足和增加讲解的实效性。还有在练习的过程中，教师应针对学生存在问题的具体情况，让掌握技术动作较好的同学进行示范练习，然后教师加以分析，必要时教师可模仿学生的错误动作加以对比，这样，正确的技术动作会在学生的脑海中产生更深刻的印象，从而提高了教学效果。

二、运用示范技能的原则

（一）服务性原则

动作示范是为顺利实施教学，指导学习运动技能的一种教学手段，因此，运用时必须自始至终围绕着具体的教学任务、内容及要求,根据教学活动的进展情况,结合教学实践,按整体、个体的需要进行。

(二)可行性原则

动作示范的运用,必须根据教学任务的要求、内容和进度充分照顾到学生的自身条件,即学生现有的知识、技能及各自的认知能力等因素。同时也要考虑到教学环境和教学条件,所实施的示范动作必须要能引起学生注意并形成正确的学习心理定向,在可行的基础上进行。

(三)指向性原则

动作示范的目的是让学生在学习过程中获得一个立体、直观、清晰的运动表象,建立起正确的条件反射,进而促进分化抑制发展,建立正确的动作技术概念,消除心理障碍。因此,教师的动作示范必须根据学生的心理需要并结合实际,明确指向教学内容和需要解决的动作技术问题。

(四)针对性原则

动作示范的内容、形式、方法不同,所起的作用不同,得到的教学效果也不同。运用要根据学生实际和教学需要,有目的有针对性地进行。

(五)实效性原则

动作示范要讲求实效性,要在示范动作规范、突出重点、确保质量的前提下,结合实际,选择好时机,使自己处于最佳的示范位置,控制好速率与节奏,确保全部学生得到有效的观察。

第四节　示范技能的训练与评价

一、示范技能微格训练教案示例

表 6-1　示范技能微格训练教案示例

| 训练技能 | 示范技能 | 授课内容 | 蹲踞式跳远 | 授课教师 | ×× |

教学目标	通过学习让学生了解蹲踞式跳远作用和意义;使大部分学生掌握蹲踞式跳远的助跑与起跳技术;培养学生勇敢、果断、积极进取的优良品质。
技能训练目标	1.能合理设计示范和选择示范的内容。 2.正确组织示范面、把握示范时机并能合理地与讲解相结合。 3.运用正确的示范方法完成教学目标。

续表

时间分配	教师教学行为	运用的技能要素	技能训练目的	组织教法
1′	一、开始部分 课堂常规 1.集合整队,检查着装。 2.师生问好。 3.宣布本课内容,提出要求。 4.安排见习生。	口令技能 导入技能	调动学生积极性,导入课堂学习。	×××××× ×××××× ×××××× ×××××× △ 1.学生积极集合组织队伍。 2.认真听取教师提出的教学内容及任务。 3.见习生按要求做适当活动或为教学服务。
1′	二、准备部分 慢跑、徒手操 教师领做徒手操	组织管理技能 示范技能	示范动作,保证学生认真热身。	×××××× ×××××× ×××××× ×××××× △
3′	三、基本部分 (一)助跑、起跳技术 1.教师讲解跳远的基本知识,导入蹲踞式跳远的学习。 2.教师示范蹲踞式跳远完整动作。	讲解技能 导入技能 示范技能: 1.示范面的选择。 2.完整示范。	1.完整示范让学生建立完整动作表象。 2.教师要注意学生的观察面,保证示范清晰。	×｜0 ×｜0 ×▯0 ×▯0 ×｜0 (组织图一)

续表

时间分配	教师教学行为	运用的技能要素	技能训练目的	组织教法
3′ 2′ 2′	3.教师指出本节课的学习重点。 4.示范助跑、起跳技术。 5.详细讲解起跳并分解示范。 (二)分解练习 1.学习上一步踏跳技术。 (1)教师讲解示范上一步踏跳的技术动作。 (2)教师领做,组织学生集体练习。 2.学习上三步踏跳技术。 (1)教师讲解示范上三步踏跳的技术动作及如何确定三步距离踏跳垫的距离。 (2)两人一组轮流有序练习。 (3)听哨音练习。 (4)请优秀生出来示范。 四、结束部分	示范技能: 明确示范的时机。 讲解与示范相结合。 示范重点内容。 示范技能: 1.分解动作示范。 2.教师示范领做。 3.纠错中的示范。 讲解技能 示范技能 组织管理技能 口令技能	1.引导学生观察示范的重点动作。 2.讲解动作并示范。 3.分解示范可使学生观察更仔细。 教师示范领做可保证学生学习快速有效。 两人一组可互相观察动作的优缺点。 优秀学生示范,激发学生学习欲望。	组织如图一 × ↓ □ □ □ □ □ × × × × × □ □ □ □ □ × × × × ×

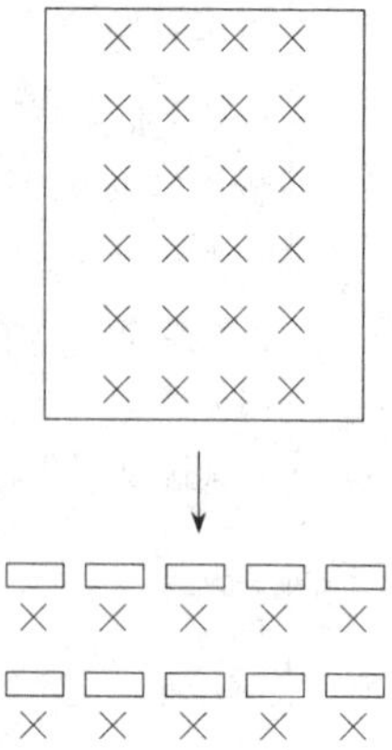

二、示范技能的评价与反馈

表 6-2　讲解技能微格训练评价表

授课教师＿＿＿＿＿＿　教学内容＿＿＿＿＿＿＿＿＿＿　日期＿＿＿＿＿＿

请您仔细观察授课教师的教学行为和学生的反应，然后填写评价表，在恰当等级打"√"。

项目	评价内容	权重	赋分值			
			优	良	中	差
1	示范具有明确的目的性	0.10				
2	学生明确观察的任务及重点	0.25				
3	示范动作正确、优美	0.25				
4	示范选择的方向、位置正确	0.10				
5	示范能与其他教学技能相配合	0.15				
6	对示范结果能做清楚的讲解	0.15				
您的意见或建议：						

评价员签名＿＿＿＿＿＿＿＿

○　**思考与练习**

1.示范技能的含义是什么？功能有哪些？
2.请回答示范的基本类型与方法、构成要素和运用要求。
3.请运用 4～6 种示范方法对动作进行示范练习。

体育微格教学

第七章

口令技能

本章目标

1. 掌握口令技能的基本知识、基本类型及运用要求。
2. 正确掌握各种口令的呼喊方法。
3. 能够熟练地在教学中根据教学要求运用不同的口令。
4. 能够编写一份口令技能的微格教案。
5. 能够辨析出他人口令运用的优劣。

第一节 口令技能概述

一、什么是口令技能

在古代,口令是战斗、练兵或做体操时以简短的术语下达的口头命令,或是在能见度不良的情况下识别敌我的一种口头暗号,一般以单词或数字表示。从此处我们可以看出,口令是一种口头语言。

在现代教学中,体育口令借助于军事口令,是体育教学中的一种特有的语言。口令的定义是,口令属于语言法中的一种方式,是有一定的形式与顺序,有确定的内容,并以命名的方式指导学生活动的语言方式。

口令很多时候归于体育教学方法的语言法中,是教师以最简明的语言,以命名的方式指导学生学练的一种语言法的形式。

作为教学方法而言,口令法是指学生按教师下达的口头命令与指示完成规定动作。作为我们体育教师的一项专业技能而言,体育口令是指教师在体育教学中运用一定的语言或信号,按一定的程序下达指示,以此进行队伍的调

动、集体动作的组织与练习等,以达到教学目标,完成教学任务的一种教学语言。口令是体育教师所特有的专业性语言,它带有教师命令、威信和意志的信息,使学生做到有令即行。教师在运用口令时清晰、洪亮、富有激情,可以使学生精神焕发,调动其积极性,因此,口令又是一门语言艺术。

二、口令技能的特征

口令既具有一般语言所具有的特点,在教学中它又有自己所特有的特征。

(一)口令的准确性

口令本身具有准确性,只有教师准确地下达命令,学生们才能准确地完成动作。体育口令源于军事口令,内容明确。教师在下达口令时,要保证时机准确、口令清晰、音正意准。含混不清、非规定、错误口令,是体育老师运用口令的大忌。

例如,看似简单的"立—定"口令的下达,下达时,"立"应落在哪只脚上,"立—定"应该用怎样的节奏喊,这都是要体育教师必须准确掌握的;再比如,一些行进动作,动令应当是"走",跑步后接向后转继续跑步,应当下达"向后转—走"而不能喊"向后转—跑",还有踏步时"原地踏步—走",就不可以下达为"原地踏步—踏"。这些口令语言都应该严格地准确运用。

(二)口令的简洁性

体育口令语言精练。教师一般利用简短的口语或数字,指示学生所要完成的动作。下达口令的时候,只需说明"是什么""怎么办",无须解释"为什么"。简而言之,中心突出、没有废话,是口令的鲜明特点。要简洁明了,口令要坚决果断不容迟疑,稍有迟疑或不够果断的口令,都将导致学生无法圆满地完成规定动作。一些特定的简洁指令,不仅使学生明了,更能节约教师组织的时间。

如"稍息、立正、集合、分散"等口令,教师就没有必要再多做烦琐的指示,只要简单的几个词,学生就明白了自己要完成的动作。

(三)口令的节奏性

口令声有长短、高低之分,教师在下达口令时一般都是清晰、洪亮、抑扬顿挫的,在我们平时生活中,一般是不会用具有节奏性的语气来说话交往的,所以节奏性是口令所特有的特点。

体育课中口令的节奏性一般体现在:口令的分解,如"预备—起""一二、三四、五六、七八",这样既可有利于听者有准备时间,动作节奏清晰,整齐划一,又可保证教师喊口令时的换气;在预动令一体化的口令中,下达口令更要清晰、短而快,特别是只有动令的系列口令中,如"稍息、立正、集合、报数、坐下、

起立"等,口令切忌无力或速度慢,只有有力准确的口令,才能使学生感受到教师的威严,才能精神集中、动作迅速。

口令的节奏较具体,一般与动作性质相吻合,准确把握口令的节奏,注意音量的高低、主音的突出,在何时何处发生用力或停顿,都是需要教师在实践中多加练习的。

(四)口令的针对性

口令是指示,故一定有针对性,它是教师在一定的目的下发出的信号和指令。教师对所发出的每一个口令都应具有一定的预见性和实质性,即:学生的准备情况,执行口令的效果等。口令的针对性就是要具体准确,具体就是针对性的体现,如集合整队、队列操练、体育比赛及集体游戏等都有它一定的口令。特别是在许多体育比赛上,就得针对性地发出该项比赛的有关口令及术语,同时还要注意所发口令的时间和空间。口令针对性强,可使我们的口令精练,使学生精神饱满、精力集中,完成口令所发出的每一个指示高质量化,同时可增强教师的组织力度,减轻教师的工作负荷。

口令是教学的一部分,是组织手段的象征,教师要不断加强这方面的业务能力,在平时的教学中和比赛及游戏时,高质量、有针对性地发出所需的一切口令。

(五)口令的程序性

口令要具有一定的程序性,如学生还未集合就不能喊稍息、立正,还未踏步就不能喊立定。预动令结合的口令就必须先喊预令再喊动令等。

三、口令技能的功能

(一)控制课堂秩序,提高教学效果

体育课一般都是在开放的空间进行,由于上课环境、上课形式的改变,学生更容易受到外界的影响,这样就弱化了教师对学生的主导作用,更是要求教师要通过简明、清晰、准确的口令来组织、控制学生,以此维持良好的课堂纪律。例如,进行一些队列变换的口令,能够使学生的注意力集中,可以有效地指挥学生的行动,即在最短的时间内把学生从无序的状态变成有序的状态。这样既能控制课堂秩序,又节约了组织学生的时间,提高了教学的效率。

(二)有效进行调动,节约教学时间

体育课教学从开始到结束都离不开队伍的安排与调动,课中合理地安排队伍、及时调动练习队伍或者组织学生的队形,不仅能严密教学组织,更有利于师生的课堂交流,队伍调动得当与否直接影响教学的效果和质量。而在队

伍的安排与调动中是时刻离不开口令下达的。

口令具有调动、调节的作用,教师掌握好口令技能后,可以通过不同的声音、音调,发出各种形式的口令来准确调动指挥队伍,具有针对性地下达指令可以有效节约教学时间。例如集合的时候,要求学生站成四列横队,教师就可以直接下达口令:成四列横队—集合! 如果教师不是下达口令,而是说:同学们,集合,站成四列横队。这样不仅语言上浪费时间,而且可能会造成学生不理解教师的指令而造成队伍组织上的时间浪费。而且,教师还可以把教学的重点内容变成简洁的教学口令,在教学中提醒学生注意动作,这样也能节约教学时间,使一节课能够更好更大限度地利用。

(三)树立教师威信,提高教师信心

体育教学中,内容变化频繁,组织教法多,总有可能出现失控现象,学生们乱而无章法是每位教师都要面临的问题。在碰到这种现象的时候,教师就要拿出威严的一面来进行组织处理。口令向学生们传达的信息是必须跟随口令的指示做出对应的动作,具有强制性。一个教师尤其是新教师在课上与学生接触的时候,口令传达了你的思想,洪亮有力的口令如金石掷地之声,铿锵有力,更能起到命令的作用,这样无形中树立了教师的威信。用准确、干脆、合理带有命令口吻的口令向学生传递教师对本课教学的重视,也可以展现出教师的自信。学生们在教师口令的带动下,能够紧紧跟随教师的思路,表现出体育活动的活而不乱,教学过程安排有序,也能更好地提高教师的信心。如果教师在体育教学中口令下达得没有气势,含混不清、不熟练甚至不正确,口令缺乏威严感与震撼力,这样不仅使教师在学生面前的威信大打折扣,而且可能会出现教学过程散架的现象,更不要说教学的效果了。

(四)调动课堂气氛,振奋学生精神

教学中,教师的一言一行时刻影响着学生,在一堂课的开始,教师如果精神抖擞地向学生问好,学生的精神也会为之振奋。口令可以树立教师的威信,使得学生紧随教师思想,同样也能调动课堂的气氛,喊口令是一种愉快的活动,教师激情洪亮的口令,可以充分调动学生的情绪。在教学中教师和学生的情绪互相影响,教师的激情启发学生,学生的激情又鼓励了教师,这样一堂体育课怎么可能会死气沉沉?

健美操学习中,在节奏感很强的音乐带动下,教师带领学生做练习,教师运用口令或提示"一—二—抬头"或鼓励"五—六—不错",简单的语言,恰当地运用口令和节拍提示动作要领,既可以使学生较快地掌握动作,又能活跃课堂气氛,激发和调动学生学习的积极性。

四、口令技能的要素

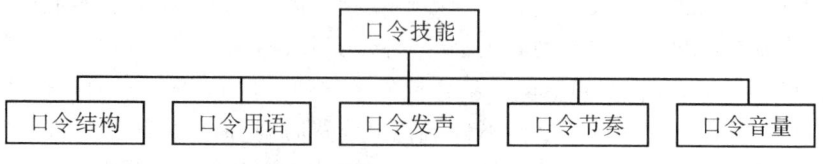

图 7-1　口令技能的构成要素

(一)口令结构

口令的结构一般包括预令、中间停顿、动令三个部分。

预令是指动作的性质,即说明要做什么动作,预令的长短一般视队伍大小、练习场地、外部环境和学生年龄情况等情况决定。

中间停顿是指在下达动令前停顿合适的时间,下达口令时有一定的停顿,可以使学生对所发出的口令得以思索,了解并作出准备。

动令是命令动作的开始,它不决定动作的性质。动令要短促有力,洪亮干脆,要注意学生的情绪变化,不能使他们感觉仓促紧张,以致举动失措。

例如,在队伍行进中的向后转,口令是"向后转—走",因为预令"向后转"指明了改变行进的性质,动令"走"只起到命令向后转的开始作用,所以转向新方向后,仍按原步伐行进。在预令"向后转—"与动令"走"之间要有合适的停顿,以使学生能对动作提前作出反应,在动令下达时可以做到整齐划一。

(二)口令用语

体育教师一定要注意教学中口令的规范与术语正确,做到不下达无目的、不喊无效的口令。口令的内容及下达方式都已经有所规定,教师应该统一使用体育专业术语下达口令,不用日常口语替代教学口令,以确保口令的权威性和严肃性。

队列队形练习的基本术语:

列:学生在一条直线上,左右排列成的队形,几排即为几列。前排为第一列,以此类推。二列横队,第一列称前列,第二列称后列。

路:学生在一条直线上,前后排列成的队形,几行即为几路。左边第一行为第一路(也称左路),以此类推。

横队:按列排成的队形称为横队,其正面(宽度)大于纵深。

纵队:按路排成的队形称为纵队。通常,其纵深大于正面(宽度)。

翼:队列的两端。左端为左翼,右端为右翼。多列行进变换方向时,处于

转弯内侧的一翼称为轴翼,另一翼为外翼。

排头:位于纵队之首或横队右翼的学生(一个或数个)叫排头。

排尾:位于纵队之尾或横队左翼的学生(一个或数个)叫排尾。

基准学生:指定作为看齐目标的学生叫基准学生。如以右翼排头为基准向右看齐;以某某为基准向中看齐。

正面:队列中学生所面向的一面叫正面。

后面:与正面相反的一面叫后面。

间隔:学生彼此之间左右相距的间隙叫间隔。

距离:学生彼此之间前后相距的间隙叫距离。

队形宽度:两翼之间的横宽叫队形宽度。

队形纵深:从第一列(站在最前面的学生)到最后一列(站在最后面的学生)的纵长叫队形纵深。

伍:成数列横队时,前后排列的学生称为伍。各伍人数与列数相等时叫满伍,人数少于列数的叫缺伍。

(三)口令发声

要恰当地运用口令教学,首先要掌握正确的口令发声部位。发声部位主要是口腔、胸腔、腹腔。口令发声要求吸气有深度,胸腔和肺部全面扩大,但无僵硬感。呼气后微微保持原状、喊时气流顺畅、均匀有节奏,有明显的呼吸支持点。声门闭合,声带随着声音的高低强弱而变更其长度、厚度和张力;口适度张开,舌根、下颚及脸部不紧张,喉头稳定,但不用力;上颚稍向上抬,并会感到上部共鸣的作用。当口令这样发出时,才能感觉到全部发声器官的协调动作。

口令学习者应该了解发声器官的构造与发声的原理,正确认识这些器官在口令发声中的地位和作用,掌握口令发声器官的运动规律,以便在口令发出时能够有意识地组织这些器官的活动,运用自如。

(四)口令节奏

呼喊口令的过程是展示口令语义的过程,口令的发音节奏不同,其运用效果也就明显不同,在下达口令的时候,教师要注意预令和动令要有明显的节奏,做到不疾不徐有适当间歇,使学生可以在听到预令后有时间准备动作。口令的节奏变化,使口令成为振奋学生精神、鼓舞士气的重要手段。

掌握口令的节奏,与换气又密切相关,换气的方法主要有大换气、小换气和偷换气三者。

大换气:即在休止的地方从容换气。有预令的应在预令和动令之间换气,如"向右—转";无预令的口令应在口令下达后换气,如"立正""坐下"等;走(跑)步时,喊"一二一"在休止时换气。

小换气:在顿挫的地方换气,也叫补气。如数字间的换气,即走或跑时喊的口号"1—2—3—4""123—4"等。

偷换气:用极短时间偷偷地、不明显地换气,但换气时注意要快、要稳。如广播体操前一节至后一节间的换气或者8拍中间的换气。

（五）口令音量

口令的音量大小应以能使全体学生听清为宜,一般取决于队伍的纵深长度和人数的多少。下达口令时,教师不仅要注意音量的大小,还要注意音量的强度变化,一般有预令和动令的口令,起音相对要低,然后由低到高,音调逐渐升高,音量逐渐加大。另外,教师在下达口令时,还要突出并恰当地运用主音,重点字音量要加大、加重,拖音也要恰当加长。例如"向后—转"口令就突出在"后"字上。这样强调主音,加大其音量,可以强调口令的意图,引起学生的注意和重视,提高教学效果。

第二节　口令技能的类型

体育教学中的口令有很多,作为将来从事教师工作的体育师范生来说,喊好口令至关重要。为了便于师范学生更好地掌握口令技能,本教材重点介绍两种划分口令技能类型的方法。

一、按照口令下达方法的不同划分

（一）短促口令

短促口令的特点是只有动令,发音短促有力,无论几个字,中间不拖音,不停顿,按字数平均时间,有时最后一个音稍长。如"立正""稍息""报数""踏步""起立""坐下"等。

练习口令的时候,对于这种只有动令没有预令的短促口令,发音时无论几个字都要连续喊出,但应注意轻重强弱之分。如"立正"的"正"字、"稍息"的"息"字、"起立"的"立"字,应重而强。

（二）连续口令

连续口令的特点是预令的拖音与动令相连,动令短促有力。有时预令与动令之间稍有间歇,预令拖音稍长,其长短根据队伍的大小或者动作结构性质而定,如"向右看—齐""向前—看""向后—转"等。在行进间队列练习时,预令和动令之间的拖音应符合行进间的节奏,如"立—定""向右转—走"。队列练习的口令,除"向左转—走"外,其他口令的动令均落在右脚。

（三）断续口令

断续口令其特点是预令和动令之间有停顿，如"第×名，出列""成体操队形，散开"。

（四）复合口令

复合口令兼有连续口令和断续口令的特点，如"以××同学为基准，向中看——齐""成二路纵队，向左转——走"。

二、按照内容表达方式的不同划分

（一）常规口令

常规口令是借助于简洁、规范的语言，用口令的形式指导教学，常规口令统一规范，具有针对性，教师不可以自己添加个人语言。如"跑步——走"，绝对不可以喊成"跑步——跑"；常规口令直观性强，语言生动简练，重点突出，节奏明显。如"向右看齐""原地踏步走"。

在体育教学中，运用常规口令最多体现在队列队形练习中，即运用口令来调动队伍。队列练习是指队伍的变向、演变、步伐变化的方法而所做出的协调一致的动作。队形练习是在队列练习的基础上所做的各种队形和图形的变化。队形依据队列，队列构成队形。而学生队伍的调动和组织又是建立在队列队形练习的基础上，体育课不同于室内文化课，在教学中，会有很多学生队伍的调动与组织，这都需要教师下达正确的口令进行指挥，所以一个体育教师如果不会使用规范正确的口令，要想上好一堂规范的体育课几乎是不可能的。

队列有赖于口令，教师要遵循口令的规范及严肃性，掌握好口令的技能技巧，队列口令的要求是突出严肃、准确、洪亮、熟练。

◎ 案例 7-1：

在一节体育课上教师需要每位学生跑步去筐内拿篮球，教师很随意地对学生们说"大家去把旁边的篮球拿过来"，结果全班学生一窝蜂地跑向篮球，乱作一团。

其实，这种现象在我们实际教学中屡屡出现，如果作为一个体育教师，你没办法把课堂组织或队伍进行灵活的调动，那在教学中很容易浪费时间。我们碰到上述情况就可以运用口令，进行队伍的调动，如教师下达口令："全体向右（左）——转，目标，筐内篮球，每人一个，按顺序取球。第一路排头带领跑步——走！"这样一连串的口令清晰又明确，既明确了学生每人一球顺序取球的要求，又正确指出了学生取球的路线。

表 7-1　原地队列口令示例

内　　容		口令示例
原地队列动作	常用动作	立正
		稍息
		看齐
		报数
		出列、入列
		踏步
		集合
		解散
	原地转法	正方向转法
		斜方向转法
	原地队列变化	横(纵)队变横(纵)队及还原
		横队变纵队及还原

内　　容		口令示例
原地队列动作	常用动作	立正！ 稍息！ 向右(左)看——齐！ 以××为基准,向中看——齐！ 向前——看！ 报数！ 第×名,出列、入列！ 踏步——走！原地跑步——走！ 成×列横队——集合！ 成×路纵队——集合！ 解散！
	原地转法	向左(右)——转！(转体90°) 向后——转！(转体180°) 半面向左(右)——转！(转体45°)
	原地队列变化	成×列横队——走！ 成×路纵队——走！ 向右成×路纵队——走！ 向左成×列横队——走！

表 7-2　行进间队列队形口令示例

内　　容		口令示例
行进间队列动作	行进停止	齐步 正步 便步 跑步 立定	齐步——走！ 正步——走！ 便步——走！ 跑步——走！ 立定！
	移动	前后移动 左右移动	向前(单数)步——走！ 后退×步——走！ 左(右)跨×步——走！
	行进间转法	向左(右)转走 向后转走	向左(右)转——走！动令落在左(右)脚 向后转——走！
	行进间队列变化	行进间一列横队变二列横队 行进间二列横队变一列横队 行进间一路纵队变二路纵队 行进间二路纵队变一路纵队	成二列横队——走(动令落在左脚上)！ 成一列横队——走(动令落在左脚上)！ 成二路纵队——走(动令落在右脚上)！ 成一路纵队——走(动令落在左脚上)！
	纵队与横队的转弯走	纵队左(右)转弯走 纵队左(右)后转弯走 横队左(右)转弯走 行进间时左(右)转弯走	左(右)转弯——走！ 左(右)后转弯——走！ 左(右)转弯齐步——走！ 左(右)转弯——走！

表 7-3　队形练习口令示例

内　容			口令示例
队形练习	图形行进	直线行进	绕场行进 错肩行进——即纵队迎面相遇的对走	绕场—走！ 从左(右)边—走！ 一路隔一路从左(右)边—走！ 从里(外)边—走！
		斜线行进	对角线行进 交叉行进	沿对角线—走！ 交叉—走！
		曲线行进	蛇形行进 圆形行进 螺旋形行进 "8"字形行进	成蛇形—走！ 成圆形—走！ 成开(闭)口螺旋形—走！ 成"8"字形—走！
	队形变化		分队走 合队走	分队—走！ 合队—走！
			裂队走 并队走	裂队—走！ 并队—走！
			行进间由一路纵队变成多路纵队及还原	成某路纵队左转弯—走！ 成一路纵队左转弯—走！
			散开与靠拢	以××为基准,间隔两臂,距离两步—散开！向右(左)看—齐！或以××为基准向中看—齐！
			横队变梯形散开和靠拢 （以一列变三列为例）	成三列梯形横队—走！ 成一列横队—走！
	散开与靠拢		弧形散开和靠拢	①间隔两步弧形—散开！ 向中弧形—靠拢！ ②间隔两步向后弧形—散开！ 向后弧形—靠拢！
			依次散开和靠拢	向前向左成体操队形—散开！ 向后向右—靠拢！

(二)数字口令

数字口令是通过数字的形式来表达,调整动作的节奏与整齐度的口令。数字口令具有调整性。教学中教师常用简单的数字"1、2、3""1、2、3、4"来调整学生动作的节奏,增强动作的整齐性。

如跨栏的栏间三步练习,在教师做动作时,教师可以按节奏喊"1、2、3",以此来调整动作的节奏。

队列练习中的"1—2—1"是最常用的数字口令,还有跑步中,教师领喊口令"123—4",学生也随教师喊出"123—4",这样不仅可以培养学生的节奏感、协调性,还有助于振奋情绪,并使动作达到整齐一致。

数字口令一般在教学中常用于带操口令,如做操时要使用的节拍(4×8拍或者2×8拍)。带操口令一般用八呼,喊每个八拍的第八拍时应用平调(ba)。带操口令随着动作性质的不同,速度上有快慢变化,声调上应抑扬顿挫。在教学中,有节奏地喊数字口令,也可以使数字口令的节拍与学生的动作建立联系,促进学生对动作的理解,以此帮助学生感觉肌肉紧张的准确性。

数字口令可作为提示口令,如在体育舞蹈"华尔兹"教学中,常用三拍子音乐伴奏,所以教学时喊口令也用三拍"一—二—三"。用简洁的语言,恰当地运用口令和节拍提示动作要领,既简单明了,有便于学生接受能较快地掌握动作。

数字口令可以辅助调节动作的节奏。例如:跨栏的栏间步伐,很多学生往往采用大步或者倒碎步。教师为了调整栏间距离,教好过栏技术,就可以采用有节奏的数字口令来调节学生栏间步节奏,即在学生每过一个栏后,起跨腿刚一触地的瞬间就开始喊"1、2、3"的口令,让学生们随着口令的节奏练习三步过栏,这样的练习可以帮助学生形成正确的快速栏间步伐节奏。

案例 7-2:

蹲踞式跳远中的助跑起跳环节,如果助跑步点不准,容易造成动作紧张、不协调,进而节奏混乱,导致踏跳不准而犯规。教学中,教师可以在助跑最后六步每两步之间放置标志。教师在学生助跑起跳,踏上第一标志线时,用节奏逐步加快的口令"1、2、3、4!"来配合,这样练习的时候结合口令的声音信号,更能增加节奏感,克服学生因起跳而使助跑最后几步减慢的问题,加快助跑与起跳的衔接。

(三)信号口令

信号口令是运用哨声、掌声或呼声等提示性的声响代替语言的口令,给练习者示意用力时机、动作节奏和动作提要。信号口令主要做提示作用。我们主要介绍哨声与呼声中单字口令。

1.哨声、掌声

一些外界媒介,如哨声、掌声、音乐可针对口令节奏性的特点而代替教师自身发出的口令。

特别是哨子的运用,在体育教学中尤为重要。哨声具有非口头语言所能

表达的语言功能,其特点是音响高、音质脆,在体育教学中,教师可以运用哨音代替一些口令的下达,哨声是体育教师所独有的教学信号,对整个课堂教学组织工作有着重要的作用,故又可称为体育教师的"第二语言"。

教师用哨音代替口令,也要注意哨声表达的准确性以及与口令的一致性。哨声的表达具有相当的技巧性,因此,教师在用哨声代替口令这一技能上,更要多加进行练习,体会哨音的转换。哨子作为体育教师的第二语言和助手,运用得当可以有效地提高教学效果。

掌声、音乐也是教师习惯运用的,掌声可以代替一些提示口令。教学中,教师配合拍掌或其他道具来指挥学生,进行动作的提示。如口令"1—2—3—45"用掌声我们就可以表达为"啪—啪—啪—啪啪",这样教师可用声响形象地描述动作的快慢等节奏。把掌声作为教学的一种手段,一定要把握良机,恰到好处,以达到预期的效果。

表 7-4 常用哨声示例

哨声类型	在教学中表示的意思	在体育竞赛中表示的意思
(高长声)嘀—	集合,准备	犯规,开始,终止
(中长声)嘀—	时间到,转换,下课	暂停
(低长声)嘀—	放松,休息	准备
(高短声)嘀!	开始,出发	出界,出发,球落地
(两短声)嘀!嘀!	提示,注意	违例
(连续短声)嘀嘀……	召集,配合手势指挥	召回,重新组织
(长短长声) 嘀—嘀!嘀—	左—右—左 1—2—1	
(转换声)嘀—嘀	徒手操、广播操转换节数	

2.单字口令

单字口令是指在教学中,学生在学习动作技能的关键部分,教师用单个字音的形式,通过口令来提示学生该如何做或者该注意什么。主要是通过单字的呼声给学生提示零散的、关键的知识点。

单字口令容易操作,灵活方便,它可以针对具体问题,用几个字来突出重点强化的地方及解决难点的问题。特别是在教学中,教师适时地喊出一声单字口令,可以起到警醒的作用,防止错误的产生。

单字口令简单洪亮,它主要是起到提示性的作用,不同于其他口令要讲究节奏或停顿。特别是在连续技术环节中更是起到重点提示的作用。在教学中,教师运用单字口令,在关键环节简单准确地喊出同学们所要注意的事项。其指示、指挥和指导的作用是其他口令所不能代替的。

单字口令可以在教学关键的时刻,针对具体问题,用来突出重点强化的地方,解决难点问题,有利于学生掌握动作。

◉ **案例 7-3:**

武术教学中,基本的手型练习,教师可用"拳、掌、勾"口令提示。基本动作"提膝穿掌、仆步穿掌、虚步挑掌、马步推掌、叉手双摆掌、弓步击掌",教师可归纳为"提、穿、挑、推、摆、击"六个单字等。单字口令的运用,可以以简洁的关键词提示学生完成动作。

◉ **案例 7-4:**

健美操教学中,教师用口令加以提示"一—二—手臂""五—六—吸—腿""一—二—三—四,手—臂—伸—直"。提示方向的时候,口令还可加上方向"一二—向左,二二—向右",这样的提示,不仅能避免口令单调,更能提示下一个动作的进行。

第三节 口令技能的运用

一、运用口令技能的基本要求

(一)常规口令的运用

1.下达短促口令时,要简洁明确,教师在下达短促口令"立正"的时候,要先吸气后吐气,用适当高亢的音量发出口令,"正"字音饱满,不能低,是否拖音要看队伍、场面大小而定。

2.队列口令中,预令与动令组成的口令较多,如原地转法的口令,喊口令时,要求学生听到预令就应准备做动作,听到动令立即做出动作。发口令时要注意咬字、吐字清楚,预令与动令之间有适宜的间歇。

3.行进间的口令,行进间的口令也是预令和动令组成的口令,喊这种口令

第七章 口令技能

时要按照预令和动令组成的口令进行,但是要掌握时机,行进间的口令一般动令落于右脚,但也有例外,"向左转—走"时,动令就应落于左脚。

(二)数字口令的运用

1.要因人而异。不同的学生有自己不同的节奏,因此要因人而异地运用数字口令,控制好节奏的快慢、强弱和时间间隔等,免得适得其反。

2.数字口令提示动作时间的设定。数字口令在动作教学或者练习中,一般由教师自己规定,这就需要教师掌握口令的强度和频率的适宜度。以及在下达口令前提前让学生熟知你所运用的数字口令要传达的意思。

3.数字口令运用的时机。数字口令在动作掌握方面做提示调节作用的时候,一般在学生粗略掌握动作后使用,当学生已基本形成自己的动作节奏,既可以尝试去掉数字口令这一刺激,以便让学生按自己已形成的动作去完成动作技术。

(三)信号口令的运用

1.哨声的运用可以减少教师用嗓量,保护教师的身体。

2.哨声音质响亮、清脆,在教学中丰富了教学语言。课堂中多种多样的哨声,可以有效地传递教师的命令与指示,组织学生进行各种练习。

3.哨声的短促、清脆与其特有的音响和音频可以迅速刺激学生的条件反射,适合在体育教学的教学环境中运用,可以有效地进行教学指导,从而加大课的密度和强度,从而提高教学效率。

4.运用哨声时要注意切忌使哨音变成噪声,尤其针对低年级儿童使用时,由于儿童对声音反应敏感,所以要视实际情况而用,或者采用其他的音响代替哨音。

5.在教学中掌声运用得当,也能收到一定的效果。击掌方便,节奏易于调整,并且具有亲切感,更能使学生受到鼓舞。

6.掌声不仅可以培养学生的节奏感,提示帮助学生体会动作要领,而且掌声可以集中学生的注意力,又不会引起学生的反感。

二、运用口令技能的注意事项

(一)发声部位要准确

口令练习时正确的发声部位应该是:胸腔、口腔、头腔三个部位产生共鸣。

一般在发口令前要吸气,吸气的深度根据口令的类别和要求而定。如下达短促口令"立正""稍息""报数"等,一般向下压气,以胸腔共鸣。下达连续口令时,要带拖音,如"齐步—走""向右—转"等吸气要深一些,一般要吸到丹田,达到发声洪亮、宽厚、有气势的目的。

(二)掌握好口令的节奏

各种口令的下达都要注意节奏,预令、动令和间歇都要有明显的节奏,一是为了学生能听清楚,二是让学生能有所准备。在体育教学中,下达口令时,要注意字与字之间不可平均发音,要有所侧重。

下达预令时,无论字多字少也不能断开,要一气呵成。如"向右看—齐"不能喊成"向右—看齐",也不能喊成"向—右—看—齐"。

喊动令的时候一定要短促有力,与预令要有所间隔,要断开。体现其果断、威严和强化作用。

在喊无预令口令时,两个字不得平均发声,应做到前一个字轻,后一个字重;前一个字短,后一个字稍长。如"稍息""立正"等。

口令的节奏也要视实际教学内容而定。如,准备操的口令应根据活动关节及肌群的不同,而采取不同的口令下达。若活动较灵活的关节,如肩关节、腕关节、膝关节和踝关节时,口令的节奏可以明快一些;而活动那些活动范围较小的关节时,如颈关节、腰关节,口令的节奏就应慢一些,以免造成不必要的损伤。

(三)合理地运用呼吸

"善口令者,必先调其气。"这也说明了"呼吸"与"口令"的关系,正确的呼吸是掌握好喊口令的基本技能,在喊口令的时候,要把发声器官协调一致地动员起来,才能加大呼气量,获得正确的发声,达到良好的效果。

因此,呼喊口令的时候,要根据口令的性质来决定吸气的深度,如喊长而大的口令,就应吸得深一些,吸气深肺部空气多,肺部发出的气流就强,声带振动的频率就高,振幅大,发出的声音也强。在这种情况下发出的口令,自然就能做到底气足、声音洪亮、有气势。

下达口令时要注意音量的强弱变化,突出主音。

声音的大小主要取决于队伍的纵深、长度和人数的多少。一般都是把重音放在最后一个字,并且音调要好一些。如"齐步—走""向右—转"。

体育教师根据这一下达方法,在熟知不同的情况和场景下,灵活地加以运用。如根据班级人数的多少来决定口令下达,班级人数较多时,下达口令拖音就应要大些,并相应地长些;队伍小,声音可小些、短些。

在突出主音的时候,重点字要喊清楚,音量稍大,拖音也要适当地延长,这样才能让学生很快地明白口令的意图,整齐准确地做出动作。

(四)教师要有正确的站姿

练习口令首先要掌握正确的站立姿势,因为正确的站立姿势是口令发声的基础,它能使发声器官的各个部分处在最有利的体位,易于相互配合,协调动作,从而获得正确的口令发声。并且,教师站姿端正,也能影响学生的精神状态,增强口令的感染力,俗话说"喊破嗓子,不如做出样子"。

第四节　口令技能的训练与评价

一、口令技能微格训练的教案示例

表7-5　口令技能微格训练教案示例

训练技能　口令技能　　　　授课内容　队列队形的转换　　　授课教师　　××

教学目标	使学生熟练掌握队列队形的转换,在教师下达口令的同时能准确作出反应			
技能训练目标	1.掌握口令的类型结构和运用要求 2.能熟练运用队列队形的各类口令技能 3.通过实际口令训练,掌握口令技能			
时间分配	教师教学行为	运用的技能要素	目的	组织教法
2′	原地队列动作的口令下达 1.集合、解散 2.出列、入列 3.整队、报数 4.原地四面转法	口令技能	下达口令,掌握常规口令的准确发音	×××××× ×××××× ×××××× ×××××× △
2′	行进间队列动作: 1.行进、停止 2.前后移动 3.行进间转法 4.行进间队列变化	口令技能	练习者练习与掌握下达口令的时机与准确性	

续表

时间分配	教师教学行为	运用的技能要素	目的	组织教法
3′	队形练习 1.图形行进 (1)直线行进 (2)斜线行进 (3)曲线行进	口令技能：哨声	掌握队形的口令下达，进行实际教学中队形组织的运用	(图示)
3′	2.队形变化 分队走与合队走 裂队走与并队走 行进间由一路纵队变成多路纵队及还原			(图示)
1′	3.散开与靠拢	口令技能：哨声	较快组织队伍	

二、口令技能的评价与反馈

表 7-6　口令技能微格训练评价表

授课教师_____　教学内容_____　日期_____
请您仔细观察授课教师的教学行为和学生的反应，然后填写评价表，在恰当等级打"√"。

项目	评价内容	权重	赋分值		
			优	良	中	差
1	语言标准、读音准确	0.15				
2	用词准确、口令规范	0.15				

续表

项目	评价内容	权重	赋分值			
			优	良	中	差
3	吐字清楚、声音洪亮	0.15				
4	主音突出、节奏分明	0.15				
5	预动间歇、准确自然	0.15				
6	呼喊自然、熟悉优美	0.10				
7	时机得当、运用合理	0.15				

您的意见或建议：

思考与练习

1. 什么是口令技能？其基本功能有哪些？
2. 反复练习常用口令，要求发音正确，声音洪亮，并进行分组比赛互评。
3. 分组进行队列队形练习。

体育微格教学

第八章

提问技能

1. 知道提问技能的内涵和外延、功能及构成要素。
2. 掌握提问的基本类型与方法、运用原则、要求和策略。
3. 能熟练与灵活地运用课堂提问技能。
4. 评价提问技能教案编写质量和试讲练习效果,并提出纠正的措施。

"学起于思,思起于疑。"要正确解决问题,一切从提问开始。提问是一项具有悠久历史的教学技能,其渊源可以追溯到我国古代教育家孔子。他常用富有启发性的提问进行教学,通过"问题"来引导学生去思考、去探究,真正做到"不愤不启,不悱不发",可谓"提问艺术家"。善教者不如善问者,著名教育家陶行知先生说:"发明千千万,起点是一问。禽兽不如人,过在不会问。智者问得巧,愚者问得笨。"爱因斯坦也说过:"提出一个问题比解决一个问题更重要,因为后者仅仅是方法和实验过程,而提问则要找到问题的关键要害。"E.R.汉密尔顿(E.R.Hamilton)在他所著的《提问的艺术》一书中也指出:"教与学的全部过程贯穿着提问的艺术。"可见提问作为课堂教学的一个重要环节,并非是一件简简单单的事情,它实际上存在着很多的技巧、技能在其中。

但令人遗憾的是,目前大多数的教师对提问技能的重视程度不足,不能有效地运用提问技能,使得提问趋于形式化,为了提问而提问,缺乏科学性和针对性。而在课堂教学中,提问不仅仅是一种教学手段,更是一种教学技能、一门教学艺术。"善问如攻坚木,先其易者,后其节目,及其久也,相说以解。不善问者反此。善待问者如撞钟,叩之以小者则小鸣,叩之以大者则大鸣,待其从容,然后以尽其声,不善答问者反此。"因此,教师只有从根本上形成提问

的正确观念,掌握正确的提问方法,才能在教学实践中加以灵活运用,提高教学的有效性。

第一节　提问技能概述

一、提问技能的含义

提问技能是指在教学过程中,教师根据一定的教学需要,正确运用提问形式、启发引导学生思考、回答并对学生的回答作出恰当反应的一种教学能力。其目的在于促进学生参与学习、了解学生的学习状态、启发思维、使学生理解和掌握知识、掌握技能、发展能力,它是课堂教学中进行师生相互交流的重要教学技能。

课堂提问是教师在教学过程中进行师生相互交流的重要教学技能,是课堂诸项教学技能中的重点,既渗透于各项教学基本技能的运用之中,又统领各项教学基本技能共同实现教学目标。在体育课堂中,教师通过提问的方式进行师生互动,实现师生间的沟通和理解,同时培养学生独立探索、勇于创新的能力,促进体育教学向更深一层发展。因此提问技能不仅是一种教学方法,更是一门教学艺术,被教育者们视为"有效教学的核心"。

二、提问技能的功能

提问是课堂教学中实现师生交流最重要和最直接的方式,它通过师生问答,激发学生兴趣、启发学生思维,了解学生状态、因材施教、巩固知识、实现教学目标。在体育教学中,如果说体育教师标准规范的动作示范和精炼生动的讲解是上好体育课的保证的话,那么恰当、有效的提问则是课堂质量更上一层楼的有效手段。提问并非只是理论课堂教学的专利,偏重实践教学的体育课同样需要提问,并且其作用也是举足轻重的。

（一）集中注意力,激发兴趣

教师提问,实际上是给学生一个刺激,具有一定的定向作用,可以使学生的兴趣和注意力集中在每一个特定的动作技术环节或动作要领上,并产生学习动作技能的自觉意向。此外,如果出现课堂纪律松懈,部分学生注意力不集中、精力分散或对问题不感兴趣的现象时,有经验、有能力的体育老师是不会靠权威和管束的方法来维持课堂纪律的,而是通过艺术性的提问来吸引学生对教学内容的兴趣，使学生的注意力转向教学活动，从而达到维持教学秩序、保证教学顺利进行的目的。

　　教学实践表明：如果学生对某一运动技术产生浓厚的兴趣时，他就会积极主动、心情愉悦地投入学习之中，也能取得良好的学习效果。而一个具有启发性或一定情景的问题，能有效地激发学生的求知欲望，增强学习的兴趣，"激其情，引其疑"。例如在上标枪课时，当学生投不远、缺乏投掷兴趣时，教师可以通过提出一些由浅入深的问题，如：为什么要助跑、引枪；标枪的出手角度是多少；为什么要做鞭打动作；风不大时，是顺风投得远还是逆风投得远等等。经过思考这些问题，学生会意识到标枪课中也存在丰富的知识值得去学习、探讨，以诱发学生们的求知欲，变学生由"要我学"为"我要学"，引导他们积极探索、乐意解疑。

　　(二)增强交流，获取反馈

　　师生交流频繁是体育课堂教学的显著特点之一，有效的师生交流在很大程度上影响着体育课堂的教学质量，而提问正是解决有效师生交流的重要方式之一。"教师提问—学生回答—教师反馈"这一过程中包含着大量的对话，在师生对话中加深师生之间的了解，融洽师生间的关系，使师生处在平等、民主的课堂气氛之中。尤其在教师反馈环节上，教师对学生回答作出的回应，如肯定、表扬、鼓励等更架起了师生间情感交流的桥梁。

　　此外，教师还可以通过提问，及时了解学生对所学动作技能的掌握和理解情况，获得积极的教学反馈信息，更全面地检查自己的教学效果，并据此调整相应的教学策略、教学进程，做到因材施教、有的放矢，提高体育课堂的教学质量。

　　(三)启发思维，提高能力

　　"思从疑始"，没有问题就没有认知的困惑，也就无法开启思维。因此，科学的提问对学生思维能力的提高具有重要的作用，它是提高学生思维能力的主要方法。科学的提问能让学生在获得知识的同时，不断开启思维、培养思维意识、提高思维品质，进而促进学生思维能力的提高。

　　此外，提问是师生信息双向交流的过程。教师提出问题，学生需要快速思考，并用清晰、准确、简洁的语言回答。这种多次重复"整理思路—组织语言—陈述答案"的过程，学生将自己掌握的科学文化知识运用到体育学习实践中，用科学的理论和方法解决体育运动中的实际问题，培养了学生分析问题、解决问题的能力，同时也培养了学生的口头表达能力并养成了爱回答问题的良好习惯。

三、提问技能的构成要素

提问技能是个系统的过程,由一系列的要素构成,包括提问的框架、措辞、分布、候答、理答。在体育教学中,教师如果能结合学生的能力和教学内容,有目的地、恰当地运用这些要素,就能提高自己的提问技能,达到促进教学的目的。

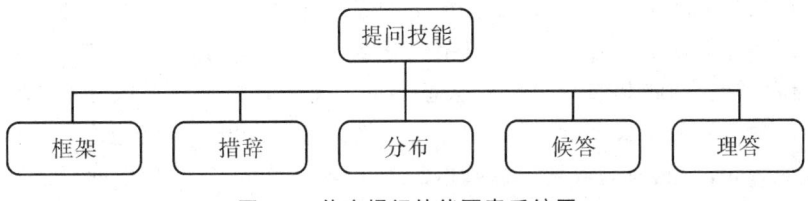

图 8-1 体育提问技能要素系统图

(一)框架

体育课堂提问要具有预见性。也就是说教师在提问之前要精心设计问题,即教师在备课时必须"备问题",要根据教材内容和学生认知实际,精心选择、设计一些与实现教学目标有关的问题,把这些问题排列成一个由浅入深、由易到难的系列,从而给学生提供一个连续思考的问题框架。

(二)措辞

有了提问的整体框架后,教师要用语言把问题表达出来。于是,提问的措辞就构成了提问技能的第二要素。措辞是指问题设计的语言要准确、明白、简洁,问题的表述要适应全体学生的心理发展水平和知识能力水平,使他们能较快地作出反应。否则,学生听起来就会感到非常吃力、理解题意会感到很困难,还可能产生误解,继而阻碍学生去思考问题。

措辞准确、明白是指问题的表述要明白、确切,专业术语符合学生的知识水平同时可以指明思考的前提和方向。常有这样的情况,问题抓得很准,但文字表述上有毛病,学生听不明白,因而无从思考,失去目的性而造成胡乱猜想,必然会浪费许多时间。措辞简洁,是强调问题的语言表述要言简意赅,不啰唆。

(三)分布

为了使尽可能多的学生参与教学活动,教师应该有意识地将问题在全体学生中分布,以此来鼓励所有学生,使他们感到形成一个答案人人有责,而不仅仅是几个特殊学生的事。提问面向全体学生,不仅使各种程度的学生参与,从而诊断出共同存在的问题,还可以查明某个学生学习的困难。尤其对那些不爱发言的学生,强迫性的提问也是适当的。同时要查明不自愿应答行为的原因、学生的背景、教学内容的特点等。

(四)候答

候答是指从教师发问到学生回答完问题的这段时间,包括停顿、倾听和提示三个部分。

在教学提问中,教师应该注重学生的思维过程,给学生留出思考的时间,只有这样才能培养出思考型、学习型的好学生。因此教师发问后要有停顿,使学生做好接受问题和回答问题的思想准备。美国教育研究者认为,在课堂提问中教师应有两个最重要的停顿时间:一是在教师提出一个问题之后,要等待充足的时间,不能马上重复问题或指定其他学生回答;二是学生回答后,教师也要等待足够长的一段时间后,才能评价学生的答案或提出另一个问题。我们将这段停顿时间称之为"期待时间"(waiting time),意指一个问题被提出之后与由这个问题引起的回答之间的时间,或指答问完毕与下一次讲话之间的过渡时间,是一个无言的时间段。

期待时间对于学生和教师都有一定的意义。一般来说,期待时间给学生提供以下信息:如果期待时间较短,表明问题简单,要求学生迅速给出回答;期待时间较长,表明问题比较复杂,要求学生应从多方面仔细思考。此外,教师可以利用期待时间环顾全体学生,观察他们对提问的反应。而这些非语言的身体动作或情绪反应会给教师提供信息。

所谓倾听是指学生在回答问题时,教师应态度认真地倾听,不仅仅是随便听听而已,而是要真正听出学生所讲述的事实、所体验的情感、所持有的观点等。教师在倾听时还要给予适宜的眼神,表示教师对学生回答的关注和兴趣。在倾听过程中,如果发现学生回答问题存在困难,就要给学生一定的提示来引导学生完成回答,特别是当学生的回答表达不清或出现语塞时。

所谓提示也就是给学生"铺路搭桥",从内容到方法上给学生以指点,使其思考的注意力相对集中到某些方面,帮助他们克服思维的障碍,从而得出教师所期望的回答,顺利地实现教学目标。如果在提问中不善于提示,不仅会浪费许多时间,而且,最终往往以教师的理解代替了学生的思考。但教师同样需要注意提示的时机,过于急切、频繁的提示容易打断学生的思路,非但不能提高学生的思维能力,反而使提问成为了一种摆设,尽管课堂上热热闹闹,但实质上却是"原地不动"、劳而无功。

(五)理答

理答指的是教师对学生回答所作的反应。教师的反应对学生进一步参与起到重要的决定作用。要对学生的回答作出正确的反应,必须对学生的回答进行正确的分析,而这种分析判断是在瞬间完成的。

分析学生的回答包括以下几种情况:

1.分析学生回答的正确程度

学生的回答可能是:完全正确;基本正确;完全错误;答非所问;回答与预想答案有距离;回答超前,即教师计划两三步才能达到目的,而他一步到位;学生对提问没有反应等等。

2.分析学生回答的思路和误答的原因

不管学生的回答正确与否,都应重视对学生思路的分析。要弄清楚学生在思考过程中,在什么地方偏离了正确方向,以致离开了预想的答案;还要分析偏离正确方向的原因——或忽略了某些内容;或对某些内容理解不恰当;或是没有弄清题意;或判断、推理不合逻辑等等。只有找准了误答的原因,才会有相应正确的措施。即使学生回答完全正确,也要分析其思路。这样做既能帮助回答者本人明确得出答案的思维过程,挖掘他的思维潜力;同时又能帮助其他学生了解思维过程,明确怎样思考才是正确的。

3.分析个别学生的回答与全班大多数学生的理解是什么关系

这种分析的目的是既要考虑全体学生,又要照顾到个别学生。个别学生回答得好,那么班上大多数学生的理解是否也达到这一水平;个别学生的回答存在问题,需要采取相应的措施,那么他的问题是不是班上大多数学生的问题。只有搞清楚这些关系,才能采取恰当的措施,否则,或者为了个别人的问题而耽误了大家的时间;或是忽略了全体存在的问题。总之,既要面向全体,也不能忽视个别学生。

作了以上分析后,教师应立即作出反应,或是对学生的回答进行恰当的评价,或是对问题本身做调整,再次提问。

评价有这样几种情况:

一是确认,即学生的回答是可以接受的,教师要予以确认。确认的方式可以是重复学生的回答内容;对学生的回答加以转化;对回答作概括;对回答作进一步扩展;对回答思路作分析;对回答方法作出确认。除教师确认外,还可调动学生群体,师生共同确认。

二是有分寸地肯定或否定,并予以纠正。评价学生的回答应遵循表扬为主的原则,鼓励学生积极思考,主动参与。即使是回答完全错误,也要注意发现其中的积极因素,给学生以某一方面、某种程度的肯定。教师在评价过程中的热情和公正,是使讨论深入下去的重要保证。

第二节　提问技能的类型

提问的具体形式与类型是多种多样的，为了帮助教师更好地认识提问的丰富性，把握其类型特征，很有必要对它们进行分类研究。按照不同的标准来划分，教学提问可以有多种类型。最常见的分类有两种：分别从认知层次水平和提问技巧两个方面进行分类。

一、根据认知层次水平分类

国外教育家特内曾根据教育心理学家布鲁姆《教学目标分类学》的基本思想创设立了"布鲁姆-特内教学提问模式"。在这种提问模式中，根据认知领域的六个主要层次，教师的提问被分成由低到高六个水平，分别为：知识（回忆）水平提问、理解水平提问、应用水平提问、分析水平提问、综合水平提问和评价水平提问。其中：知识（回忆）水平提问、理解水平提问、应用水平提问属于低级认知提问；分析水平提问、综合水平提问和评价水平提问属于高级认知提问。

（一）知识（回忆）水平的提问

该水平提问的主要目的是用来确定学生是否已记住先前的内容，这是最低层次、最低水平的提问，它所涉及的心理过程主要是回忆。教师常使用的关键词是：谁、什么是、哪里、什么时候等。如足球起源于哪个国家，某一技术的动作环节、动作要领、重点与难点是什么，何谓"极点"现象等等。学生对这类问题的回答无须做过多的思考，只需要通过回忆，陈述已学过的知识、概念、动作方法即可。

案例 8-1：水平四　"挺身式跳远"单元教学第四课时教学片段

教学内容：挺身式跳远完整动作及拓展练习

教学片段：

师：我们在上一堂课中，老师讲过挺身式跳远动作有四个环节，哪四个环节组成呢？还记得吗？

生：记得。

师：哪四个环节？第一个环节是什么？

生：助跑。

师：还有谁知道第二个环节呢？

生：起跳。

师：第三个环节呢？

生：空中动作。

师：也就是什么？

生：挺身展体。

师：对，挺身展体。那第四个环节呢？

生：落地缓冲。

师：对，同学们回答得非常正确。整个挺身式跳远动作是由助跑、起跳、挺身展体和落地缓冲四个环节。下面我们就先重点练习下助跑与起跳这个动作。

知识水平提问要求学生通过回忆检索已有知识来回答问题，问题的答案教师先前已给出，学生不需要深入思考，只需从记忆中提取材料，就可以回答此类问题。由于此类提问给学生留有思考的空间较少，学生不需要进行深入思考就可以回答。因此，此类问题在课堂上不宜过多使用，一般在课堂引入阶段教师检查学生先前知识情况，或课堂讲授阶段教师了解学生对新内容的掌握情况时，适合采用此种提问方式。

(二)理解水平的提问

该水平提问的主要目的是用来帮助学生组织所学的知识，弄清它们的含义。这类提问要求学生能够用自己的语言来阐述所学的知识，能比较和对照知识或事件的异同，还要求学生能把一些知识从一种形式转变为另一种形式。在这类提问中，教师常使用的关键词是：用你自己的话叙述、比较、对照、解释等。如谁能理解蛙泳腿的"收、翻、蹬、夹"的含义，为什么剧烈运动前要做准备活动等等。要使学生能够回答这一水平的提问，就必须先把提问所涉及的知识提供给学生。

● 案例 8-2：水平三　篮球"传接球技术"单元教学第二课时教学片段

教学内容：双手胸前击地传接球

教学片段：

(教师进行双手胸前击地传接球动作示范)

师：同学们讨论思考下，双手胸前击地传接球和上节课学的双手胸前传接球有哪些相同点和不同点？

(学生讨论思考)

师：好，哪位同学说下它们之间的相同点是什么？

生1:持球准备姿势一样。

(教师鼓励同学们积极发言)

生2:手臂发力顺序一样。

师(补充):是不是都要前伸、拇指下压,食指中指弹拨啊,那么不同点是什么?哪位同学回答一下?

生1:出球的方向不同。

生2:发力的方向不同。

生3:球飞行的路线不同。

师:同学们回答得非常好,接下来我们就进行双手胸前击地传接球的学习。

理解水平的提问常用来检查学生对新学知识、技能的理解掌握情况,用于新的概念、原理、事件讲授之后,课堂教学结束之前。学生回答这样的问题,需要对已学过的知识进行回忆、解释或重新组合,相对于知识水平的问题,难度稍大。

(三)应用水平的提问

该水平的提问的主要目的是用来鼓励和帮助学生应用已学知识去解决实际问题。这类提问要求学生能运用所学的知识、技能、原理或理论,在尽量少的指导下,解决实际问题。在这类提问中,教师常用的关键词是:应用、运用、分类、选择、举例等。如剧烈运动后应如何补水,如果有人想发展他的上肢力量,你将推荐他进行什么性质的运动练习,关节扭伤后应如何处理等等。要回答这一水平的提问,学生就必须应用已学过的知识,根据问题的情境来寻求解决问题的方法。

案例8-3:高二年级学生的体操跪跳教学

在体操跪跳教学中,教师先出示弹簧,然后让学生跪立垫子上模仿弹簧的反弹并亲身感受:

教师:如果要弹跳起来,我们首先应该怎么办?

学生:身体向下压。

教师:力量从哪里来?

学生:摆臂、压小腿。

教师:弹压下去后,是什么状况?

学生:腿面贴垫。

接着演示弹簧反弹并结合学生的模仿练习,启发想象,引导学生体会动作要领,得出结论。

(四)分析水平的提问

该水平提问的主要目的是用来分析知识的结构、因素、弄清事物间的关系或事项的前因后果。这类提问要求学生进行批判性思维,它要求学生能够分析动作,以确定原因、进行推论。在这类提问中,教师常用的关键词是:为什么、什么因素、如何证明、是什么原因等。如为什么有些运动减肥者每天运动却达不到减肥目的,影响短跑成绩的主要因素有哪些等等。该类提问属于高层次水平提问,要求学生必须思考,寻找依据,进行较高级的思维活动。

◆ 案例8-4:小学二年级学生的跑几步单脚起跳双脚落地
(第四届全国中小学体育教学观摩课)

学生练习后,教师提问:"看着刚才同学们的练习,我们大家也知道以前跳单双圈的动作要领,现在你们想给其他同学提什么建议?"

生1:"单圈的时候要单脚,双圈的时候要双脚。"

生2:"不要踩到圈。"

生3:"要按照拍的节奏跳。"

生4:"落地时要稍微下蹲。"

师:"同学们回答得非常好,接下来大家就根据这几个建议继续练习。"

学生练习,教师指导……

跑几步单踏双落练习后,教师提问:"老师看了同学们的练习,我发现了一个问题,就是落到垫子上以后,有些同学身体往前趴或者东倒西歪,哪个同学说下为什么?"

生1:"没有缓冲。"

生2:"没有下蹲。"

师:"老师刚才给同学们喊的节奏是:跑—跑—跑—跳—蹲。也就是说落地的时候要双脚同时落地并下蹲。再练习的时候要注意,同时要给同伴喊节奏加油。"

学生继续练习……

(五)综合水平的提问

该水平提问的主要目的是用来帮助学生将所学知识以另一种新的或有创造性的方式组合起来,形成一种新的关系。这类提问是一个不断生疑、质疑、解疑的过程,常用于发展学生的创造能力。在这类提问中,教师常用的关键词是:预见、创作、如果……会……总结,等。如总结下篮球运动有哪些基本战术以及它们的应用时机等等。这类问题的回答,要求学生独立思考,在理解的基础上进行分析,并通过想象、推理、综合所分析的结果得出结论。

案例 8-5:初中三年级学生的篮球进攻技术综合教学

球类游戏"3 对 3 半场比赛"结束后,教师提问:"当你接球后,发现防守队员离你较远时,你会选择做什么动作?"

学生:我会选择投篮,直接得分。

教师:很好,那如果你接球后,防守队员迅速逼近了,该怎么办呢?

学生:我可以用交叉步或者顺步突破技术摆脱防守,上篮得分。

教师:除了这个方法,还可以怎么做?

学生:我可以采用传球或者投篮的假动作摆脱防守。

教师:还可以怎么做呢?

学生:我可以传球给位置更有利的同伴,然后通过跑位拉扯空间。

教师:很好,同学们回答得很全面,就是当我们接球后应该迅速判断场上形势,选择最恰当的进攻技术和手段。

(六)评价水平的提问

该水平提问的主要目的是用来帮助学生根据一定的标准来评价材料的价值。这是提问的最高层次,它要求学生对一些观念、价值观、动作技能进行判断和评价,提出自己的见解。在这类提问中,教师常用的关键词是:判断、评价、证明、你对……有什么看法,等。如你认为×××同学的挺身式跳远动作完成怎样?谁来回答一下,他作的示范好吗?好在哪里?有哪些不足等等。一般来说,回答这类问题前要让学生先建立正确的价值观念,并给出正确判断评价的原则,这样才有评价的依据。

表 8-1 根据认知水平关键谓语动词设计的问题范例

认知水平层次	概念	关键谓语动词	问题设计范例 (高中技巧内容:直腿后滚翻)
知识	是指对先前学习过的知识材料的回忆,包括具体事实、方法、过程、理论等的回忆	"知道" "记忆" "描述"等	你知道直腿后滚翻的动作吗
理解	是指把握知识材料意义的能力,包括对事实进行组织,从而搞清事物的意思	"转换" "解释" "推断"等	你能解释下做直腿后滚翻时为什么腿容易弯吗
应用	是指把学到的知识应用于心的情境,包括概念、原理、方法和理论的应用	"运用" "组织" "展示"等	在生活中,你能讲出运用直腿后滚翻的例子吗

续表

认知水平层次	概念	关键谓语动词	问题设计范例（高中技巧内容：直腿后滚翻）
分析	是指把复杂的知识整体分解为几个组成部分并理解各部分之间联系的能力，包括部分的鉴定、部分之间关系的分析和认识其中的组织结构	"区分""对比""分析"等	请同学们比较一下，两位同学做的直腿后滚翻有什么区别
综合	是指把所学知识的各部分重新组合，形成一个新的知识整体，它强调的是创造能力	"选取""串联""组合"等	你能把直腿后滚翻与其他学过的动作下串联吗
评价	是指对材料（如动作、观点等）作价值判断的能力。它包括对材料的内在标准（如组织结构）或外在的标准（如某种观点）进行价值判断，这是最高水平的认知学习结果	"判断""达到""评价"等	各小组派一名同学出来展示，请大家评判一下，哪一位同学最标准

二、根据提问技巧分类

(一)诱导提问

这种类型的提问是启发学生的积极性，创设问题情境，是帮助学生形成问题意识，开展定向思维的提问。此类提问常用于某个新技术的起始阶段，或为学生营造某种学习氛围，或是将学生的注意力集中到某一特定内容中。教师通过诱导提问，引导学生运用已有的知识、技术、技能和经验，积极思维，理解新的动作、技术，获得新的概念。因此，这类提问应围绕着教学内容进行，如本次课学习的动作名称是什么，技术环节，动作要领，完成动作应注意哪些问题，完成动作需要哪些条件等等。这样提问启发性强，对提高教学质量、完成教学任务有重要作用。

案例 8-6：水平三　学生的蛙泳腿技术

教师：我下面会给大家做两次蛙泳腿收腿技术的动作示范，第一次示范的时候，请同学们注意看我的膝关节和两腿之间的距离。

（第一次示范完毕）

教师：现在我问一下同学们，示范过程中，我的膝关节是什么样的？

学生：弯曲了。

教师:那我的两腿之间距离有什么变化呢?

学生:分开了。

教师:"好,老师再做一次示范,这次同学们要注意观察老师的脚面。"

(第二次示范完毕)

教师:脚尖的钩着的还是绷直的呀?

学生:脚是钩着的。

教师:脚尖还有什么变化呀?

学生:脚尖向外了。

教师:好,其实这个动作是有方法的,老师来给大家介绍这个方法。第一个叫"收腿脚跟臀边靠",就是我们收腿时要小腿折叠,脚后跟去找屁股。第二个叫"两膝相距似肩宽",就是收腿后,两条腿要分开,和自己的肩部一样宽。第三个叫"边收边分慢收腿",就是我们在慢慢收腿的时候也要把两腿分开。第四个是"翻脚脚尖向两边",就是脚尖是勾起来的,同时指向两边。好,咱们一起复述一遍。

教师、学生:收腿脚跟臀边靠,两膝相距似肩宽。边收边分慢收腿,翻脚脚尖向两边。

教师:同学们带着口诀回去练习,注意你们的脚是勾脚外翻,练习开始。

(二)疏导提问

这类型的提问是学生在学习过程中,思路受阻或者偏离正确方向时,教师进行点拨、疏导的提问。例如在学习体操教材中的前滚翻技术时,很多学生因团身不够而不能按动作的技术要求完成。在这种情况下教师可以向学生提问:"方块与圆球哪个容易滚动?"这样一些问题,就容易引导学生体会到练习前滚翻时身体要团身,并且团得越圆越好的道理。

案例 8-7:初中二年级学生的弯道跑教学

弯道跑的教学,为了让学生更好地理解弯道跑时身体动作的变化。教师提问:汽车在转弯时,乘客们的身体会向哪倾斜?

学生:身体向外倾斜。

教师:对,而且过弯道时的速度越快,向外的力就越大。有哪位同学说下原因?

学生:因为离心力的原因。(初二的学生已经学习了离心力原理)

教师:同学们,回答得很正确。那现在大家再想象下你们骑自行车快速过弯道的感觉,和我们平时走路身体姿势有什么区别?

第八章 提问技能

学生:身体要向内倾斜。

教师:大家都有过这样的感觉,那么今天我们就来学习一下弯道跑技术,大家在练习时,注意体验下如何克服向外倒的现象。弯道跑时,我们的身体姿势和摆臂动作和直道跑有什么区别。

最终,经过练习和思考,同学们都想到身体向内倾斜,外臂摆臂加大等的动作,调动了积极思维,掌握动作也就容易了。

(三)台阶提问

这类型的提问是将一组提问由简到繁、由浅入深地排列得像阶梯一样,引导学生一阶一阶地攀登,以达到教学目标的提问。设计这种类型的提问,应符合学生的认知规律,层层推进,步步深入,注意坡度。即问题设置要由小到大,由简到繁,由已知到未知。例如在田径裁判法教学中教师问:"在田赛项目跳高中比赛成绩相等时应如何判定名次?"学生回答:"在出现成绩相等的高度中,试跳次数较少者名次列前。"此时教师没有马上指出是对是错,而是问:"如成绩仍然相等要如何判定?"这么一问学生开始发现问题。课堂上七嘴八舌,有的说这样判定名次,有的说那样判定名次。这时,教师趁热打铁——根据田径竞赛规则逐字、逐句进行讲解、分析,并列举实例进行操作。上述问题,难度呈梯度增加,由浅入深、循序渐进,调动了学生的思维,激发了学生的求知欲,达到层层深入的教学效果。

○ **案例 8-8:初一学生的肩肘倒立**

在教学肩肘倒立时,可通过以下几个问题形成一个教学梯度,解决倒立时的支撑问题。

首先,教师出示教具——一块三合板和一根小棒,并提出问题。

第一:"怎样才能将老师手中的三合板直立在地上?"

在学生回答后,提出第二个问题:"我们人体怎样才能像三合板一样倒立在地上?"在学生得出结论"整个身体就是一个面,肩膀为底边,双手就是支撑棒"后,让学生进行尝试。

接着提出问题三:"双手怎样支撑,支撑在哪个部位?"这个问题涉及支撑手型、支撑部位、两肘的夹角等关键性问题。

这三个问题既符合学生的认知水平,又有层层递进之功效,有助于让学生充分理解支撑原理,并掌握支撑动作技能。

(四)迂回提问

这类提问也称作"曲问",与"直问"相对,即为解决一个问题,迂回地提出

另外一个或几个问题的提问。这种类型的提问不像直问那样开门见山,单刀直入,而是曲径通幽,发人深省,问在此意在彼,大大增加了思维的强度,开拓了学生的思路,帮助他们触类旁通地找到解决问题的途径。例如:在讲投掷项目的出手角度时,这时教师问:"投掷的角度为多少度时投得最远?"学生异口同声回答:"45°。"教师又问:"既然45°投掷最远,为什么投时的出手角度小于45°呢?"学生感到问题愈来愈深,于是议论纷纷,对这个问题产生了兴趣。这种提问是一种迂回问法,有很强的启发作用,有时虚提一问,无须正面回答,目的是引导学生去探索。

○ 案例8-9:小学三年级学生的"青蛙跳"

师:刚才小朋友们跳得都很好!现在老师要奖励小朋友一个小故事,高兴吗?
生:高兴!
(学生围到老师的身边,教师出示大黑板,黑板上画有清清的湖水和几片荷叶,荷叶上粘贴着一只可爱的青蛙)
师:有一年的夏天,老师到了汾河公园,湖面上有大片的荷叶,有一只青蛙正半蹲在一片荷叶上,我正想慢慢靠近它看个究竟,青蛙猛地一跳,又轻轻地落到了另一片荷叶上。我想这么大这么肥的青蛙,为什么落在荷叶上,荷叶却一点也没有破呢?
生:因为青蛙跳跃的本领大。
生:因为青蛙落在荷叶上很轻。
生:……
师:青蛙跳跃的本领这么大,却能轻轻地落在荷叶上,小朋友能不能像青蛙一样用力地跳,轻轻地落呢?
生:能。
(学生分散进行青蛙跳,体会怎样落地才会轻。)
师:哪位同学愿意给大家表演一下?
师:你是怎样跳的?
生:用前脚掌先着地。
生:用脚后跟先着地。
师:同意用前脚掌先着地的站左边,同意用脚后跟先着地的站右边。
(分两边站,结论不统一。)
师:大家再试一试两种着地方法,看哪种更好。
(学生分散练习两种着地方法。)

生：用脚后跟先着地更好。

师：小朋友们真聪明！老师和你们的想法一样，用脚后跟先着地，再过渡到全脚掌，这样落地又轻又稳，对吗？

生：对！

师：小朋友，我们也来进行青蛙跳荷叶的练习。这儿有个大池塘，各小组将荷叶任意放在池塘里，可跳进去，跳出来，也可学青蛙游回来。要跳得远，落地轻哦！

第三节 提问技能的应用

一、课堂提问的原则

（一）目的性与计划性

课堂提问的目的是为教学服务，那种脱离教学目标，纯粹为提问而提问，搞形式无计划无目的的盲目提问的做法是不可取的。因此在教学中，教师要有明确的提问目的，把课堂提问设计列入备课计划中，作为教学活动的一个重要环节并贯穿始终。课堂提问必须要有计划性，教师要精心设计，有的放矢地提问，以真正达到提问的目的。

（二）准确性与有效性

课堂提问既要把握提问内容准确有效又要注意提问语言的准确有效。内容的准确有效是指提问内容要从教学内容出发，紧扣教材重点、难点设疑，充分考虑学生的认知水平和技能程度。提问语言的准确有效是指教师提问的语言表述要明白、确切，力求干净利落、恰到好处，使学生能迅速领悟到问题的关键。在提问时，教师语言还要力求亲切、富有感情，以利于吸引学生的注意力。

（三）启发性与新颖性

提问要使学生具有质疑、解疑的思维过程，以达到提高思维能力的目的。因此，首先提问要带有启发性，要能激发学生的好奇心和求知欲，使学生积极探索、主动参与，通过设疑、解疑过程，最终使学生实现知识和能力由"现有水平"向"未来发展水平"的迁移。其次，提问要具有新颖性，要求教师提问不能老生常谈，力求做到形式新、内容新，使问题具有吸引力，激发学生的学习兴趣。

(四)全体性与层次性

体育教学设置的问题一般是面向全体学生的,问题的设置既要考虑一定的难度和跨度,同时还要注意到学生的认知水平,所设置的问题应该能让大多数的学生经过分析思考后可以回答。因此教师提问要注意把握问题的"面"。除此之外,提问还要注意把握问题的"跨度"。教师应根据不同层次的学生,设置不同层次的问题。提问要遵循循序渐进的原则,做到由易到难、由浅入深,层层渐进。

(五)实践性

体育是实践性很强的一门学科。提问的主要目的是促进学生加深对动作、技术的理解。因此体育教学中,教师提问要与身体练习实践相结合,不能破坏体育课堂结构的严密性和完整性。也只有重视联系实践的提问,学生才能学得活,对知识、技能理解深刻,掌握牢固。

二、体育课堂提问的常见错误

在体育教学中,虽然很多体育教师很注重运用课堂提问来提高教学质量,但明显存在着"浅显"的问题,如"老师做得好不好呀"或者"这位同学做得好不好"。这类提问几乎没有任何教学意义,反而会有相反的教学效果。总的来说,提问中常见的错误有以下几种:

(一)提问缺乏针对性

一些教师课前没有精心钻研教材,没有根据学生实际创设课堂提问,上起课来,经常信口开河,想到什么提问什么。这些随意提出的问题,有些过于简单,学生不用思考就可随口回答,教师往往采取"单一"的方式,"是不是"、"对不对"的判断和"是什么"的叙述型,结果只能发展学生的判断和记忆思维,却不能发展学生的发散思维,起不到激起学生思维的效果。

(二)提问语言不足

教师的提问在语言上拖泥带水,啰唆重复含混不清,缺乏条理,学生听了不知所云,常常出现答非所问的现象。此外,还有些教师将提问当作一种"惩罚"手段,常采用指令性与强制性的语言,常常使学生感到压抑,甚至产生逆反的情绪,不利于学生积极主动地参与解疑过程。因此,教师在设计问题时,必须注重提问语言,做到措辞精练、言语亲和。

(三)问题设置过难

问题的设置既要考虑一定的难度和广度,还要注意到学生的认识水平。所设置的问题应该能让多数学生经过分析思考后可以回答。如果教师提出的问题过于深奥,学生无从答起,课堂出现冷场,教师或责备学生,或自问自答,这样的提问既浪费了宝贵的教学时间,又打击了学生学习的积极性。

(四)问题分配不恰当

在课堂教学中,教师往往对某些学生提许多问题,而对另一些学生从不提问,教师还有可能较多地提问他所偏爱的学生,甚至把提问集中在课堂某一区域的学生身上,例如前排的同学。对教师来说,一种非常普遍的表现形式就是把所提的大多数问题分配给学习成绩较好的学生,因为这些学生的回答通常可以使教师比较满意。教师这些不恰当的分配,导致课堂不平衡的互动,使某些学生过度地受到教师的注意,别的学生却被忽视了。

(五)"期待时间"不足

许多研究表明,大多数的教师在提问时基本没有停顿,主要表现在两个方面:一方面,教师在提问后没有留给学生充足的思考时间就让学生回答,一旦学生不能迅速回答问题,教师就会重复刚才提出的问题,或者就叫另一个学生回答;另一方面表现在学生作答后,大多数教师在学生回答后立即就会有肯定或纠正学生的回答,接着再提问或者让另一位同学再作答。这种不充足的期待时间,不利于学生思考,也让学生失去了完善他们思路的机会。

(六)评价不恰当

在提问过程中,教师的及时评价是非常重要的,然而做好并不容易。有些教师不善于从多方面给出确认的反应,缺乏思维的导向,习惯性地依赖于说声"好"或者"不错"以示对学生回答的赞同,但由于单调乏味的简单肯定或否定,容易很快使问题变得毫无意义和效力。此外,评价不恰当还表现在教师的语言分寸感差,肯定少而否定多,不善于多角度地进行评价,在一定程度上影响了学生的学习激情和情绪。

三、体育课堂提问的技巧、策略

(一)优化环境

课堂教学气氛和学生的心理因素对学生回答问题的态度起着重要作用。因此必须营造良好的提问氛围,使学生保持积极的兴奋状态,积极参与、大胆发言。在课堂提问时,教师应态度温和、语言亲切,给学生一种亲切感,通过鼓励学生的表现欲、学习欲,营造最佳的提问氛围,切忌使用强制性的语言和态度提问。此外,教师还要注意与学生之间的情感交流,采取与学生一起思考的心情或协商的语气提问,鼓励学生做"学习的主人",积极参与回答问题。这样长久坚持下去,学生参与课堂提问的积极性会越来越高,教师的课堂提问才会收到实效。

(二)精心设计

问题设计是实施有效提问的前提。一个恰到好处的问题,可以提高学生的思维能力和思维积极性,促进学生全神贯注地进行思考,提高教学效果。反之,一个不严谨或不科学的问题,则会使学生茫然、无所适从,甚至严重阻碍教学的顺利进行。因此,要实现有效提问,必须从精心设计问题入手。

1. 明确提问目的

完成问题框架的过程,是促进学生学习和发展的过程,也是教师实现教学目标的过程。因此,设计什么类型的问题,怎样通过提问激发学生的运动兴趣和动机,发展学生的身体素质,提高运动能力等等,教师都必须全面地考虑清楚。

2. 问题的设计既要合乎教学内容,又要考虑学生的实际情况

设疑、解惑的最终目的是实现教学目标,促进学生发展。因此教师要综合分析各种因素,根据教材的重点、难点和所要学习的主要技术原理,结合学生的实际情况,提出问题。在技术教学过程中,教师要善于提出或引导学生发现教学或学习中的问题,问题要紧扣技术原理这条主线,应在明确技术原理的基础上,将技术重点、难点与所要解决问题紧密结合。此外体育教学面对的是一个班集体,每个学生的认知水平和兴趣爱好各不相同,反应能力和思维能力也各不相同。因此教学中所设计的问题必须面向全体学生,在考虑问题难度和跨度的同时还应注意到大多数学生的认知水平。一般来说,问题的难度应与中等以上学生的认知水平相符,所设置的问题要可望也可即,能让学生"跳一跳"确实能摘到"果子"。

3. 问题的数量、顺序要合理

这里所说的数量合理,主要是指提问次数不宜过多,要尽量做到少而精、短而明,避免"满堂问",做表面文章。体育课不同于一般的文化科学课学习,体育课的主要目的在于尽可能充分调动学生的身体活动,再加上体育课中学生的位置相对不太固定,如果提问的次数过多且每次都集合学生,势必影响学生身体练习的密度。

顺序合理,主要是指问题的排列要符合人们认识事物的规律,同时也依据知识本身的逻辑关系,各类问题的提出应遵循循序渐进的原则。设计的问题必须有一定的梯度,由易到难,由简到繁,层层递进,步步深入,将学生的思维一步一个台阶地引向求知的新高度。一般来说,知识、理解性问题为先;应用、分析性问题次之;综合及评价性问题最后提出。

4.有效把握问题的难易程度

体育教学面对的是一个班集体,每个学生的认识水平和兴趣爱好各不相同,反应能力和思维能力也各不相同。因此,教师要综合各种要素,根据教材内容的重点和难点,结合学生的实际水平,有效把握问题的难易程度,提出可望也可即的问题。提问过于简单或过于抽象均不利于学生思维的发展,也会直接影响到教学的进程和效果。

(三)适时提问

问题是"死"的,学生却是"活"的,因此教师需要根据课堂情况随机应变,切实有效地把握提问时机。一般来说,好的提问时机包括以下几个方面:

1.于教学过程的最佳处提问

教学过程的最佳处可以是以下几种情况:①当学生疑惑、不解、厌倦困顿时,抓住疑难点进行提问。如在前滚翻教学时,有不少学生翻不过去,或者翻过去不能蹲立,或者翻斜出垫,学生对此感到为难,这时教师可提出三个问题让大家思考:是什么地方做得不对才翻不过去的?为什么不能蹲立呢?是什么原因造成翻斜了呢?通过这些提问,使学生对造成动作失败的原因有了进一步理解,从而解决了不知如何改正错误动作的难处。②当学生对动作概念理解带有片面性,认识不清时,抓住模糊点进行提问。如在教引体向上时,在如何理解"双手正握杠呈悬垂后,用力屈臂上拉引体至下颏过杠。引体时,不可借助蹬腿和摆动的力量"这些动作要领时,有不少学生认为:是仅靠上臂的力量来做引体向上的吗,如果真是这样,那会怎样呢?以此关键问题进行提问,然后再引导学生联系动作要领,并结合练习,深入讨论。从而明白了不仅要靠上臂的力量,而且还要靠腹肌、背肌力量以及呼吸及杠的反弹力的配合来做引体向上,要求引体时不要借助身体摆动和屈蹬腿的力量。这样提问引导,既澄清了学生的模糊认识,又提高了思维能力。③当学生受旧技能影响无法顺利实现技能迁移时,抓住矛盾点进行提问。

2.于教学重点、难点处提问

教学内容能否成功地传授给学生,很大程度上取决于教师对本节内容重点、难点的把握。经验丰富的教师在备课时往往注重对解决重点、突破难点方法的选择。而在重点、难点处恰当设疑则能起到事半功倍的效果。如在少年拳第一套的跳步推掌教学中,教师就可有目的地把"跳步推掌"这个动作所要解决的重点、难点问题向学生提出"怎样做到掌要直、肩要沉、劲要顺""动作要做到紧凑、连贯、轻巧有劲力的关键在哪里"等等。这样提问,就能有效地激发学生的求知和求胜欲望,引导他们自主地进行一招一式的反复练习、尝

试,从中悟出练好武术动作的方法、要领,达到预期的教学目标。

3.于教学内容过渡处提问

在过渡处设疑不仅能起到以旧引新、承上启下的目的,而且还能够激发和维持学生良好的学习状态。教师应该在教学过程中用自己敏锐的眼光捕捉学生的信息,抓住每次提问的良机,巧妙设疑及时提问,只有这样才能有效调动学生的求知欲,促进教学的有效性。

(四)合理候答

首先,在教学提问中,教师应注重学生的思维过程,给学生留出充足的思考时间。教师只有有效把握提问后的期待时间,才能使提问的效果发挥到最佳。如果思考时间不足,学生则无法彻底理清思路;如果思考时间过长,则在做教学"无用功"。因此教师要根据问题的性质给学生留出适当的考虑时间。一般来说,假如要考察对已学知识的记忆,一般等待1秒左右为宜;对于探究性问题、需要学生合作交流的问题,就需要延长思考时间,一般可留3~5秒,甚至更长时间。实验表明,当教师把等待时间1秒又1秒地拉长,课堂就会出现许多有意义的变化,如学生的回答会越来越详尽,发现的问题会越来越多等。但如果等待时间超过10秒,说明问题太难,学生可能已经无从下手或者思维已处于不清晰的状态,就需要教师及时提示,帮助学生解困。

其次,在学生回答问题时,教师要善于倾听。如果说问是一门艺术的话,那么听也是一门综合艺术,它不仅涉及人的行为、认知和情感等各个层次,而且需要心与心的理解。当学生回答问题时,教师要将自己全部注意力放在学生身上,给予对方最大的、无条件的真诚的关注,表示出对学生的尊重和兴趣。如果教师表现出不耐烦、目光游离,学生的积极性就会受到影响。

(五)恰当理答

学生回答完毕后,教师及时准确的反应对学生保持回答问题的积极性有很重要的作用。而这种反应是在瞬间完成的,因此存在着很多技巧。首先,教师必须充分注意师生之间在心理特征、知识能力水平、生活经验、审美情趣等方面的差距,把握每一个学生的心理反应,时时处处都设身处地地为学生着想,表扬和鼓励他们积极思考、勇于发言。其次,对学生的回答要积极评价。在答案的取舍上要采取认真负责的态度,无论学生的回答多么不完美甚至完全错误,都要采用建设性评价,不要用否定性批评,同时及时给出正确答案。当学生的回答表达不清时,应适时帮助学生补充、完善答案。

第四节 提问技能的训练与评价

一、提问技能微格训练教案示例

表 8-2　提问技能微格教学训练教案示例

训练技能_____　　　授课内容_____　　　授课教师_____

训练技能	提问技能:排球——运用空间进攻及防守			
教学目标	1.理解提问的原则和运用要求 2.能熟练选用恰当的提问类型 3.通过实际训练,掌握提问技能			
时间分配	教师行为	学生行为	技能要素	提问分析
8′	球类游戏(2人1组比赛) 规则:学生2人一组,以任何方式把球落在对方界内的地上得1分。 教师提问:你会以什么方式使球落在对方的地上?怎么做才可以? 教师评价:大家做得很好。现在要求大家必须使用直手抛球,若球落在对方的地上,算得分;而防守的一方必须在腰以下接对方来球。	学生回答并练习:"踢、头顶、连续打"等 学生练习	应用水平提问	该案例是排球教学单元的第一次课,课的主题是"运用空间进攻及防守",教学目标要求通过学习,学生能够:利用空间及反应进行攻击;利用场地中央及反应进行防守;明白球的高度的重要性;教师通过2人1组的排球游戏,通过设置一系列的问题,引导学生思考"空位""抛球速度""跑位"等进攻和防守的关键点,让学生通过实际的练习自己领悟三者的重要性。由于这些方法是学
15′	教师提问:怎样抛球更容易得分? 提问:怎样才是"空位"?除了空位外,还有其他方法吗?	学生回答:空位。 学生练习并思考	分析水平提问	

179

续表

时间分配	教师行为	学生行为	技能要素	提问分析
23′	提问:现在场地的形状改成窄形,其他规则如前,你们怎样抛球才可以制胜? 提问:将球抛往哪里才算"空位"?是前还是后? 提问:除了空位外,还有什么方法? 提问:怎样做才算快?	回答:空位。 回答:视对手的位置而定。 回答:抛球要快。 回答:接后即抛,使对手疲于奔命。 学生以"空位"及"快"练习。	台阶提问	生通过思考教师的问题自己领悟出来的,因此印象深刻,可以加深学生对"空位""抛球速度""跑位"在防守和进攻中的作用的理解,提高学习效果。
30′	提问:现在场地的形状左右距离加大,前后距离缩短,其他规则如前,怎样做才可制胜? 提问:如果球不着地,对方可得分吗?怎么做才可以令对方的球不着地?	回答:"空位"及"快"。 学生以"空位"及"快"的战略,在阔短形场地比赛。 回答:不能得分,如果要令对方球不在我们场地着地,我们必须通过跑位把球打回。	应用水平提问 综合水平提问(于练习中提问)	
38′	提问:什么是有效的跑位?跑位前哪里才是有利位置?	回答:跑到一个位置可以接住对方的来球才是最有效的跑位,短及阔场地中央是有利位置。 学生练习		
40′	提问:防守的要诀是什么?	回答:反应快及跑位前站在场地中间。 学生练习	理解水平提问	

注:案例来源:廖玉光.球类教学领会教学法[M].香港:香港教育学院体育及运动科学系,2002年:69~72

二、提问技能的评价与反馈

提问技能评价和反思的项目如表 8-3，小组可以参考以下评价项目在各行动环节中对学员进行评价，学员本身也可根据该表进行自我评价和反思。

表 8-3 提问技能微格训练评价表

授课教师_____ 教学内容_____ 日期_____

请您仔细观察授课教师的教学行为和学生的反应，然后填写评价表，在恰当等级打"√"。

项目	评价内容	权重	赋分值			
			优	良	中	差
1	提问的目的明确，问题内容与难度符合教学目标和学生的认知水平	0.1				
2	问题表达准确、清晰，运用不同水平的问题启发学生思考	0.2				
3	提问的时机恰当，停顿掌握得当	0.2				
4	有必要、恰当的探查与提示，引导学生思考、解答	0.2				
5	面向全体学生，使不同水平的学生能参与教学	0.1				
6	对学生的回答作出适时、恰当的反应，教师及时进行评价	0.1				
7	小结解决问题的思路与方法，给出明确的答案或结论	0.1				
您的意见或建议：						

◎ 思考与练习

1.了解提问技能的概念及构成要素。

2.掌握不同类型提问技能的特点。

3.根据《体育与健康课程标准》选取一节体育课，精心设置问题并进行微格训练。

第九章

人体语言技能

1. 掌握人体语言技能的基本知识、基本类型及运用要求。
2. 能够熟练准确地在教学中根据教学要求运用不同的人体语言。
3. 能够编写一份人体语言技能的微格教案。
4. 能够辨析出他人人体语言运用的优劣。

第一节 人体语言技能概述

一、什么是人体语言技能

教学是一个教师与学生进行交流的过程。在教学过程中教师仅靠有声语言表达是难以实现教学目标的,因此需要发挥人体语言的辅助作用。尤其是在"动教"大于"说教"的体育教学中,体育教师对教学过程的调控离不开人体语言,学生的心理状态、对所教内容的掌握情况等反馈信息也可以通过学生的人体语言来传递。教师必须随时用心观察学生人体语言所反馈的信息以了解他们的心理活动、对所教内容的接受情况和承受能力等,据此对教学内容、方法、运动负荷等进行适当调整。用手势、目光等进行教学调控可以保持教学内容的完整性和教学过程的连续性。因此,体育教师如何运用一举一动、一招一式组成的"人体语言"就显得十分重要了。

何谓"人体语言"呢?人体语言又称体态语言、非言语行为、可视语言,是通过人体器官的动作或某一部分形态的变化来进行思想和情感交流的一种形式,也就是利用人的身体动作将众多的信息输送给对方。它是人体的一种外观形式,具有完全的可见性。

教师在课堂教学中应用人体语言有两个含义:一是恰当地运用好自身的人体语言;二是及时准确地识别学生的人体语言,动态调整教学方式。作为体育教师的一项专业技能而言,人体语言技能是指在教学情境中体育教师为了完成体育教学任务而有意或无意地表现出的体育教师特有的、针对学生而出现的、以服务于教学过程中的师生交往为目的的动作和行为。从这个意义上说,教师的人体语言技能的范围非常广泛,它既包含教师个体自身的动作,教师与学生之间空间位置的变换,还有凭借依附于身体的物体如哨子等单位而发出的动作,例如教师授课过程中眼睛的注视、环视,面部表情,配合言语使用的手势等。

二、人体语言的特征

(一)直观性

人体语言之所以能够互相表达、互相传递,是因为人们的意愿、思想情感可以通过举止神态传情达意,能够被人们的眼睛直接看到来理解和反应。直观性是人体语言区别于有声语言的主要标志,也是人体语言最本质的特征。

(二)形象性

有声语言表达的是抽象的意义,人们必须通过想象来实现对意义的理解,而人体语言则形象具体。它可以集眼神、表情、动作于一体同时出现,表现出丰富、生动的内容。形象性是人体语言的另一个重要标志。

(三)辅助性

通常情况下人体语言与口头语言往往结合使用,人体语言在人们传情达意的过程中起到辅助作用。它的辅助功能:一是可以提高口头语言的生动性;二是可以提高传情达意的明确性;三是可以提高信息传递的明确性。

(四)暗示性

由于人体语言的发生与接收具有强烈的信号刺激,从某种意义上讲,人体语言具有明显的暗示性。这表明人体语言交际也是一种心理活动现象,受示者必须在心理上具有潜在的内部因素,与施示者发出的信息产生感应共鸣,从而进行交流的全过程。所谓"心领神会"、"心有灵犀一点通",就是人体语言暗示性的体现。

(五)连续性

人体语言的交流是连续的,它不仅连续不断地伴随着人们的语言活动,而且,当人们停止语言行为时,人体语言仍然在继续,即或者用眼睛扫视、与

人面对面或者向他人倾斜着身体、频频点头,他们的一举一动时刻都在传输给对方。

(六)真实性

人们的言语信息大都是有意识地发出的,而人体语言表达的信息往往是无意识或潜意识显示出来的,虚假成分较少。有相关专家的研究表明,人体语言传达出人内心世界的效果是言语的五倍,特别是当两者不一致时,往往是人体语言能够反映人的真实情感,人们可以从某人的表情、眼神、姿态等体态语中觉察出他人"言不由衷"的情况。

三、人体语言的功能

功能是针对一定对象而言的,对象不同,事物的功能也应该是不同的。所以要确定事物的功能,首先要弄清楚它所指的对象是什么,其次是该事物造成了哪些客观结果。人体语言在教学中的功能的确定也是同样的道理。

人体语言在体育教学中的功能的确定需要综合考虑体育教师的工作特点和职业特色,即有传达信息功能、课堂调控功能、情感交流功能以及审美教育功能四项。

(一)传达信息

人体语言是一种可视语言,它可以通过视觉器官来感知,通过动作、表情、服饰、交际距离等形式传达信息。体育教学是一个信息传递与反馈的循环过程。人体语言是教师传递教学信息、对学生实施教育教学的重要手段。在体育教学中,人体语言的表达不仅可以弥补口头语言表达的不足,使教学信息传达得更加生动、形象、具体,而且有利于活跃课堂气氛,增强教学感染力。

(二)课堂调控

在体育教学中,教师需要不断地对学生进行信息传递,在进行信息传递过程中,除了使用有声语言外,教师还常常以表情、手势、身体姿态等人体语言对学生进行调控。一方面可以及时准确地识别学生的人体语言,来把握学生的学习情况,动态调整教学方式。如学生对教师讲解或示范茫然无知的表情,学生在技术动作练习失败时所表现出的摇头、吐舌头、垂头丧气等人体语言的表达;另一方面,教师也可以通过自己的走动、表情、手势等人体语言对学生进行调控,如把食指竖起放在嘴边示意大家安静,对距离远的学生招手示意其过来,在示范讲解时,对不用心听讲或干扰其他学生听讲的学生可突然中断讲解或停止示范,用严肃的表情加上目光凝视或以手势等人体语言来予以制止,以达到调控课堂纪律的效果。

（三）情感交流

在人类长期生活实践中，人体语言自成体系后就具有不可替代的情感交流功能。特别是在体育教学中体育教师适时地运用人体语言，就能使学生心领神会，起到"此时无声胜有声"和增进师生情感的作用。如当某个同学的技术动作有所提高时体育教师可以用点头、微笑表示赞扬，如某个同学进步较慢时则可以用拍肩膀或鼓掌等人体语言进行鼓励。

（四）审美教育

"身教重于言传。"体育教师用自己的行动做榜样，体育教学中可以运用自身的面部表情、容貌体魄、动作姿态等人体语言，对学生的审美教育产生一定的影响。学生通过对教师这一外在的形体表现感知和判断而产生审美情感体验。这种审美情感体验可以是积极的，也可以是消极的。关键是这种"体态语"所折射出来的体育教师的思想情操、道德品质、文化素养能不能使学生产生一种愉悦的审美情感体验。因此，体育教师的人体语言可以产生美感，而且是一种力与美、健与美相结合所产生的美感。

四、人体语言的要素

人体语言是维系人际关系的一种无声语言，它是通过人的身体动作或表情变化来传递信息，进行思想和情感交流的一种表现形式。人体语言又属于人类交际活动中非语言交际的一种，即以人体本身的出现及其活动（包括全身活动和局部活动）作为交际媒介进行表情达意的那一部分内容，其中有四个构成要素：姿势、表情、动作、界域四个要素。

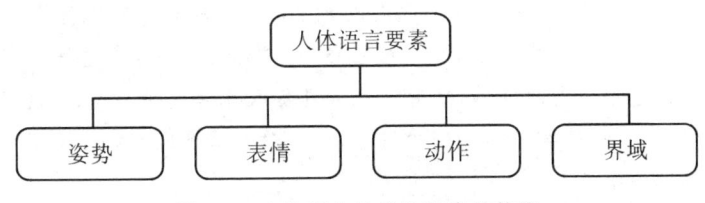

图 9-1　人体语言技能的要素结构图

（一）姿势

姿势是指个人的形体本身（如外貌、高矮、服饰、气质等）以及形体采用的总体姿势（如站、坐、卧、行等）及其面向（如面对、背对、侧对、斜对）给予他人的总体印象和影响。姿势在教学中有助于表现教师的外表美和表现力，表现个人内在的本质。体育教师端正的体姿、挺拔的身躯、矫健的步伐，无形中会增加体育课的吸引力和知识的可信度,使学生保持长久的注意力。

● **案例 9-1:**

如果一位体育教师在上课的时候体态不端,那么无论这位教师上课有多认真,学生都会感觉这样的课不怎么正式,也就很难说去认真听课了。中学体育教师的授课任务重,有的老师可能一天有好几节体育课要上,每节课都站40分钟,还要完成教学任务,疲劳在所难免,所以体育教师的适应性动作可能会比较多,表现得也比较明显,这就要求体育教师要尽量避免在学生面前出现那些可能会对学生产生消极影响的动作。比如说体育教师切不可在上课时双手叉腰或双手交叉置于胸前来讲课,这会让学生觉得老师上课漫不经心;站立的时候也不能两脚一前一后重心放在一只脚上,那会让学生认为老师非常懒散或疲惫不堪。总之,体育教师的姿势在运用时要自然、和谐、适度。

(二)表情

表情是指面部表情(包括眼、耳、鼻、口及面部肌肉的运动方式)显示的情感意味(如喜、怒、哀、乐、惧、恶、燥、狂等)、思想表现、意欲倾向及其所产生的综合效果。

● **案例 9-2:**

一位年轻教师在给学生上跨栏跑课时,把栏高升为1.067米,栏间距设为9.14米,教师轻松地跨过几个栏架后回到学生面前,却发现学生是满脸茫然,不知所措。教师由学生的面部表情得知,自己的示范动作超越了学生的能力,使学生感到高不可攀,从而失去了完成动作的信心,甚至是畏惧摆在面前的栏架。这时候教师应马上降低栏高,缩短栏距,并重新示范一次,这样才能使学生练习得以顺利进行。由此可知,体育教师如具备人体语言的知识,就能及时了解学生的心理动态,并对其进行正确的诱导,从而最大限度地发挥学生的积极性。

(三)动作

动作是指个人身体的运动方式(如屈、直、伸、缩等)和运动方向(如前、后、左、右等)及其所产生的象征意义和实际意义,其中又包括全身动作和局部动作(如头、臂、手、腰、腿、脚等)及其协调关系所产生的意义。

● **案例 9-3:**

在进行游泳蛙泳腿陆上动作示范时,教师可以用上臂代表大腿,小臂代表小腿,手掌代替脚,肘、腕关节分别代表膝、踝关节。这样可以利用手臂、手掌

进行蛙泳腿"收、翻、蹬、夹"环节的动作示范。经过连续手臂动态演示,将该动作表达得清晰可见,再结合语言讲解,效果会更好。

(四)界域

界域又称空间距离,指人体本身的物质形体存在于他人的交际范围以内(即可面对面地直接与之交际),同时又以他人感知(如视、听、触、嗅等)可能性的实现为基础。否则便无所谓直接交际。

案例 9-4:

体育课上,在课的开始部分,教师距学生较远,使学生感到一种严肃紧张的气氛,起到无形中提醒其注意力集中的目的。在课的中间部分为了加强教学效果,需要设法"接近",缩短同学生的距离,以便顺畅地沟通,进行面对面的信息交流。一位善于讲课的教师如同一位好演员,讲课要有动作与表情,隔一段时间就要变换一个位置,在学生队伍中或学生练习的周围走动几次,帮助和指导学生改进错误动作。

综上所述,掌握人体语言四要素,一方面,能够约束自己的行为举止,通过自己的某些外在动作或表情,充分表现出真、善、美,这正是一个教师美好心灵及正确运用人体语言的表现;另一方面,通过体察学生的心理、生理变化,准确获得学生信息,以便作出恰当的评估,进行正确的诊断并且及时采取相应措施。

第二节 人体语言技能的类型

教师的体态语言根据位置和功能的不同可以划分为面部表情、眼神、手势、身体姿势、仪表五类。各类的功能和作用各不相同,但又相互联系,结合成有机完整的形象教学表达系统。

一、面部表情

人的面部是提供最多人体语言的场所,心理学家指出,一个人的面部能做出大约两万多种不同的表情。人们通过面部肌肉的变化、五官在一定限度上的相对位移和面部色彩的变化,展示出满足、兴奋、关切、害怕、气愤、沮丧、不满、鄙夷等各种情感。凡有丰富经验的教师,都善于利用面部表情的变化在教学中表达自己的情感,并在课堂上及时通过面部表情捕捉到一些有用的信息开展"因材施教",提高授课质量。

案例 9-5：

在某一节山羊分腿腾越课上由于个体体能、技能差异，学生对教学内容技术掌握情况不同，每个学生表现出来的面部表情语言也就各异。一点就通，一学就会的学生，很快完成教师所教动作，他会神采飞扬、面带笑意。有的学生面带诧异，脸上表情漠然，意在表达不会。观察学生的面部表情可以评估运动负荷，若学生表情自然，则表示运动适宜；若表情痛苦，则说明运动负荷过大。

教师面部表情中最基本的一点是微笑，它具有神奇的力量。微笑教育是一种现代教育思想，以人为本，创造师生互动良好的课堂教学氛围，为教师的教与学生的学架起了一座情感交流的桥梁。如学生在练习技术动作时，教师辅以和蔼热情的笑脸，投以鼓励信赖的目光，能一下子拉近了师生间的距离，会使学生信心百倍，干劲十足。

微笑的训练方法：

（1）微笑的基本方法：先要放松自己的面部肌肉，然后使自己的嘴角微微向上翘起。微笑除了要注意口形之外，还需要注意与面部其他各部位的相互配合，尤其是眼神中的笑意，整体协调才会形成甜美的微笑。

（2）对镜练习。使眉、眼、面部肌肉、口形在笑时和谐统一。

（3）诱导练习。调动感情，发挥想象力，或回忆美好的过去、愉快的经历，或展望美好的未来，使微笑源自内心，有感而发。

此外，热情开朗、和蔼亲切也是教学中较稳定的面部表情模式，它贯穿于教学的始终。同时，面部表情又要随着教学内容、教学情景的变化而变化。如果说微笑、和蔼亲切是教学情感的主基调，那么，随内容而变化的表情则是一首蜿蜒起伏的圆舞曲。在课堂教学中，教师要根据不同的教学内容和思想情感来展露出怜悯、同情、悲哀、欢乐、愉快等不同的表情，使学生从其表情中获得鼓舞性的信息，甚至能窥探出其所要教学的内容。

（1）眉毛轻扬，嘴角向上，鼻孔开合程度正常，微笑——表示有兴趣。

（2）眉毛平，嘴角平，微笑——平时常用表情。

（3）眉毛平，眼平视，微笑——表示不置可否、无所谓。

（4）眉毛平，视角向下，微笑——表示略带蔑视。

（5）眼睁大，眉毛上扬，嘴略开——表示快乐、高兴。

（6）眼睁开，眉上扬，嘴角平或微微向上，微笑——表示兴奋、幸福、暗喜。

另外，作为教师，一般会在成年人面前更加注重自己的表情，会懂得在适当的时候掩饰自己的情绪。可是，很多教师面对学生时就毫不在意了，喜怒哀乐都放在脸上,而这恰恰是教师的一大禁忌。

二、眼神

眼睛是心灵的"窗口",这是著名画家达·芬奇的至理名言。从一个人眼睛瞳孔的大小、亮度的明暗、视角的俯仰、注视的时间与变化的快慢等,都可以看出他内心的疑问、好恶,及态度的赞成与否。师生间眼神的交流,是师生间最能传神的心灵沟通。所以体育教师在课堂上艺术而又科学地用好眼睛,对于辅助教学语言、提高教学效果至关重要。另外,人与人之间交往的默契程度,与相互注视的时间长短有很大关系,若要对方喜欢听你的谈话,应有60%～70%的时间注视对方。这一点对体育教师教学中掌握眼神的运用技能是很有启发的。从视线交流的角度变化看主要表现为:环视、正视、仰视、俯视、斜视、点视;从视线距离和强度变化看主要表现为:直视、注视(视线放长,眼神力度加大)、蔑视、虚视(视线放长,眼神力度和饱和度削弱)、逼视(视线切近,眼睛放亮)、探视(视线切近,眼神柔和)。

在体育教学中可以采用以下方法:

(一)环视法

环视指视线在较大范围内做有意识的环状扫描,一般在讲授前、讲完部分内容后或者提问之后使用。当体育教师讲解或示范时环视所有学生,能使大家感受到是讲给大家听的;而当学生做练习时,体育教师环视所有练习者,可以使学生感受到教师正注意他的练习,并通过眼神表明他对学生动作的态度;对于有一定危险的器械上的练习,教师的环视也可以体现教师对学生的关心,增强学生的安全感。

(二)注视法

注视指目光较长时间固定于某人或某物,教师注视包括授课注视、亲密注视和严肃注视。授课注视(一般是俯视或平视)可用于激发学生思考,促进学生认真听讲;亲密注视则表达一种亲近的情感,而严肃注视多用于组织教学和制止不良行为等。当讲解时或语言停顿时的瞬间,注视个别同学,表明了一种提问的含义:"听懂了吗?"学生能感受到一种关怀,学生通常会给以积极的反应,比如以点头或锁眉表示听懂或不懂;当个别学生违反纪律或练习不认真时,为了不影响体育课的课堂气氛和正常的教学进程,教师可采用严肃注视将批评、不赞赏的信息传递给这些同学,学生能领会到:"教师提醒我,不能再这样了。"和语言训斥相比,人体语言保证了教学或练习的连续性,这种方式更体现了教师对学生的尊重、爱护和严格要求,因此更有实效性。

(三)虚视法

这是一种似看非看的方法,教师不时地把视线对准某一个学生,或者对某一部分学生;或者对某个学生仅仅一瞥,以提醒个别轻度走神或违反纪律的学生——他们的行为已经引起了教师的注意。这样既能起到唤起学生注意的效果,又不会伤害他们的自尊心,可以调动学生学习和练习的积极性。

(四)点视法

顾名思义,就是将目光短时间地停留在某一点上,尤其是停留在学生身上,这种方法既可以对表现好的同学传达一种鼓励、支持的信息,也可以消除和制止某些学生的不规范行为。

(五)锁视法

这是教师紧锁眉头,并注视个别学生的方法。当某个学生违反纪律或练习错误,或经反复的提醒仍然无效时,锁视能加强学生对错误的认识或启发学生积极思考。

案例 9-6:

在一节学习足球脚内侧传接球技术课上,当开始要求同学们开始自己练习阶段,教师适时地将目光停留在每位完成练习的同学身上,对按照技术要求完成练习的同学来说,我们体育教师的目光就是对他的一种肯定。而在环视过程中发现小明等几位同学在练习射门,于是教师对这几名同学投以严肃注视,此时小明等同学意识到了错误,立马投入到传接球技术的练习中。

其实在教学中教师要善于运用眼神交流手段,一方面能透过学生的眼睛,洞察其内心世界,了解学生是在认真思考还是心不在焉;另一方面,教师还要会利用自己的眼睛,对学生进行课堂控制。

教师运用目光语的主要方法和技巧是:

1.把握好视线方向

讲课时,要扩大目光语的视区,始终把全体学生置于自己的视野之中,不要只盯着一个人(会让学生尴尬)或部分人(有偏爱部分人之嫌)。要用广角度的环视表达对每个学生的关注,但环视要遵循一定的线路,不能杂乱无章。偶尔可以向上、下、左、右看,但视角不要频繁变换,飘忽不定,以免给学生造成心不在焉的印象。每一种视线都有它固定的意义,例如:视线向上是思索、傲慢的表示;视线向下是忧伤、愧悔、羞怯的表示;左顾右盼是心绪不宁、神情慌乱的表现。在教学中,教师的眼睛忌盯着天空、地面、器材、场外等。

在教学活动中,教师最常用到的目光语是注视。注视辅以不同的视线、视

角,可以表达不同的情感。教师的注视主要有下面两种情况:

(1)严肃注视。多用于与学生谈话、批评学生的不良行为时。

(2)授课注视。在授课过程中这种注视即眼睛看着学生脸上的三角部位,不过这个三角是倒三角,是以两眼为底线,嘴为下顶角,也就是在双眼和嘴之间。"授课注视"其性质介于"严肃注视"与"亲密注视"之间。授课注视能够形成比较融洽、和谐、自然的气氛,使授课能够顺利地进行下去。

2.眼神要有变化

眼神的变化主要是随着教师的思想感情、教学内容而变化。变化要有一定目的,比如,针对不同的学生可以使用不同的眼神:当学生全神贯注地听讲,教师此时与学生眼神的接触,是对学生注意听讲这一行为的一种确认,这种确认会对学生产生强化作用;当学生回答问题时,教师用信任的目光与学生目光接触,表明教师在认真聆听他的发言;当学生回答问题不畅时,教师以期待、专注的目光望着学生,会使学生用心思考,力求回答准确;当学生回答问题时跑题,教师可用皱眉等方式来委婉地表达自己的感情,这比用语言直接表达更容易使学生接受,更富表现力;当学生回答问题具有创造性时,教师应投以赞许、激励的眼神,以激发其进取心;当课堂讨论出现分歧,教师就投以高兴、宽容的目光,以培养学生大胆质疑的习惯和能力。对于精力不集中的学生,教师可用冷漠的目光注视他几秒钟,待双方目光接触后再移开,这样既起到了告诫作用,又保护了学生的自尊心。教学过程中避免只用一种眼神,这样会给学生造成呆板单调的印象。体育教师在课堂上的目光一般应放在后排位置比较合适,它能给学生一种依赖感。

3.顾及四周,消除"教学死角"

教学经验证明,上课时,教师要经常不断地在学生身上转移自己的视线,不要只停留在个别学生身上。要使每个学生都感觉到老师不是在上课,而是在和他进行不间断的个别谈话,这样就可以紧紧地抓住学生的注意力。因此,要做到目光照顾到全体学生,教师在上课时就要学会调整角度,照顾到各个方面,此即环视法。环视法由纵向角度和横向角度组成。

纵向角度是指教师视线上下角度问题。教师视线太低,只能看到前排的学生,照顾不到后面大多数学生。眼睛仰视,又会使学生感到趾高气扬、盛气凌人。所以,教师视线过高或过低都不好。正确的方向是眼睛保持平视,并且把自己的视线落在中排偏后的学生身上。

横向角度是指教师视线的左右角度问题。教师在上课时,绝不能长时间地把视线停留在某一点上,应该从左边扫视到右边,然后再从右边转到左边。

当然也不要像摇头电扇那样有规律进行,要尽量做到自然扫视。

4. 注视的信息判读

教师在与学生的交流中,要根据不同的情况,采取不同的注视行为,不同的注视行为对师生交流的性质和结果会产生不同的影响。视线向下,表示爱护、宽容的心理状态。教师对学生的谈话如果站得高一些,才会有上述心理优势。视线停留在学生双眼与嘴之间的倒三角形区是教学中常用的视线交流位置。视线停留在双眼与前额之间,可造成严肃的气氛,具有强调、指令的作用,有时用于批评学生的错误。

5. 视线控制

教师在讲课时将手势或教具移至师生视线之间,这是一种对学生视线的控制方法。个别辅导学生时,为了最大限度地控制学生视线,教师可以用手拿着教具进行讲解,这样,学生就会抬起头看着教师的眼睛,并注意认真听教师所讲的内容。对于学生来说,他听到的内容和看到的教具,会在大脑中形成一幅图片。

总之,教师在教学中应根据不同的情况、不同的教学对象,运用相应的眼神。应切忌那种鄙视不屑的目光、凌厉威逼乃至凶悍暴怒的目光。要记住,千万不要忘记自己的神圣职责,面对学生时要正确使用好自己的眼神。

案例 9-7:

在某队形队列公开课上,教师进行新授课前给同学们观看了队形队列图示板,他先为大家指明上节课所学习的四个队形和本次课将要学的新动作,并在图示板上找出一个螺旋形的"宋江阵"图案,并说:"它是古战场中将士们排兵布阵以集体力量战胜敌人的一个有效办法。本节课将模拟这一阵型来变换不同队形,提高学习效果。"通过老师一边用手指着图示板上的图片一边进行解说,并在解说过程中时不时地与同学们进行交流,使学生们对老师所讲的内容理解得更加透彻,记忆更加牢固。

三、手势

手势是教师的"第二语言",是指手指、手掌、拳头、胳膊的综合运用。它以众多的不同造型,描摹事物的复杂状貌,传递着教师的潜在心声,展示了教师心灵深处的微妙情感。较之眼神语言,手势是更有力、更率直地表达人的情感和欲望的手段。适时适度地应用手势,能使学生引起注意、提高兴趣、振奋精神,有提示和辅助讲解的作用。体育是一个"动教"大于"说教"的学科,教师用手势辅助教学,可将抽象的事物具体化、形象化,达到事半功倍的教学效果。

　　手势的种类按其功能可分四类:第一是象形手势,它主要用来模拟事物或人物的状貌,如大、小、方、圆,运动的快、慢,距离的近、远等都可以用象形手势来表现。第二是象征手势。其中又可分为指势语和掌势臂势语。其中指势语有跷拇指、伸出食指、V型手势和表示数字的手势等;掌势臂势语有抬手、招手、手掌下按、鼓掌和丁字手势等。比如说体育教师要求学生按身高高矮顺序站队的时候,会做出一手握拳上举,另一只手水平侧举的动作,学生就会按照教师的要求自觉地整理队伍。体育教师还经常会用击掌的快慢来控制学生动作的节奏。第三是指示手势。它指人说人,指物说物,这种手势具体指明教师在教学中论述的人、事、物的数量及运动方向等。其特点是动作简明,表达专一,基本不带有感情色彩,往往用来指示前后左右视觉可及范围内的具体对象。如教师在做示范时,动作技术难点和关键之处可以用手势指点动作用力方向,比画高度、长度等,用手臂的摆动来代替动作的幅度和速率,使学生对动作技术建立时间、空间的概念。第四是情意手势。这种手势主要表达教师的情感,使其形象化、具体化。即通过手势的方向、节奏、速度和力度的变化,表达出教学内容及教师本人的特定情绪和情感。如用掌心向上的手势来表达诚意、谦逊和屈从,而用掌心向下、紧握拳头的手势来镇压性、强制性的情感,此类手势则应尽量避免。

　　而按手势的动作有单式与复式之分:一只手做的叫单式,双手共做的叫复式。复式比单式的力度大,更富有加强的气势。如课堂开始时,许多学生的注意力还处于松散状态,此时,教师精神焕发地来到学生面前,可以通过一个示意安静的手势(击掌等),将学生的注意力集中起来;在课前常规中,教师可以用双手握拳,一臂侧举,一臂侧举上屈来示意学生按何种队形与方向集合,这样既可避免人多嘈杂时学生听不到教师的口令,也可以避免教师声音不够洪亮而导致的不便;课堂结束时,击掌鞠躬,既包含了师生之间的再见,也包含了师生之间的相互理解与谢意。

○ **案例 9-8:**

　　某位教师在一节篮球滑步移动课上,为了提高学生的快速反应能力、比赛中抬头观察场上情况的能力,以及适应实战需求的能力等,教师让学生在做滑步移动的同时观察教师的手势,随着教师的手势而左右、前后移动。为了提高学生做动作的频率和活跃课堂气氛以及制止不良行为的延续,教师采用击掌来代替哨音和口令。这样恰当地运用手势,可以消除体育课上一直由教师讲解与示范,学生自己单独练的乏味之感。

体育教学中,在调动队伍、传授技术时,正确合理地应用手势来配合口令,对完成好教学有着良好的促进作用。队列队形练习时,教师左手举起、右臂平伸,就是在示意学生以右翼排头为基准按身高排列向右看齐;竖起左手的手指可以告诉学生是几列横队。教师运用手势应多采用掌心向上,它是一种表示诚意、谦逊和屈从的手势,会使学生感到心情舒畅;要尽量避免使用带强制性的、镇压性的掌心向下,紧握拳头的手势;教师在做示范时,动作技术难点和关键之处可以用手势指点动作用力方向、比画高度、长度等,用手臂的摆动来代替动作的幅度和速率,使学生对动作技术建立时间、空间的概念。

又如健美操课开始时,许多学生的注意力还处于松散状态,此时,教师精神焕发地来到学生面前,可以通过一个示意安静的手势(击掌等),将学生的注意力集中起来;在课前常规中,教师可以用双手握拳,一臂侧举,一臂侧举上屈来示意学生按何种队形与方向集合,这样既可避免人多嘈杂时学生听不到教师的口令,也可以避免教师声音不够洪亮而导致的组织混乱;下课同样如此,击掌鞠躬,既代表了师生之间的再见,也表述了师生之间的相互理解与谢意。

四、身体姿势

身体姿势是指教师在教学活动中通过自己躯干和四肢的动作来传递或辅助传递教学信息的活动。主要包括站立姿势和身体走动。

站立姿势虽然在教学中并没有特殊的意义。但在教学活动中,教师不同的站立姿势会给学生不同的感受。课堂教学中,新任教师容易紧张,站着不知手脚该怎么放,时常会将学生的注意力吸引到教师身上而忽略讲课的内容,影响教学效果。一般来说,教师站立时应两脚平行,距离与双肩同宽,身体直而不硬,神态自然,呈挺胸收腹之势。这样教师的体态会使学生感觉到既端庄严肃,又亲切自然。

不同的站姿给人以不同的感觉体验:

(1)站立时背脊挺直,胸部挺起,双目平视是具有充分自信的表现,并可给人以"气宇轩昂"、"心情乐观愉快"的印象。

(2)站立时弯腰曲背,或略现佝偻状。表现出闭锁、消沉的倾向,可给人以"惶惑不安"、"自我抑制"的印象。

(3)两手叉腰的站立姿态具有自信心和精神上的优势。

(4)弯腰曲背,体态不正,给人以"有气无力"、"精神萎靡不振"的感觉。

(5)一脚微微向前,重心放在前脚,给人以欲动之感。

(6)两脚跟之间距离一拳,两脚尖平行,这样便于做手势,便于偶尔走动。

(7)尚武式的立正、散漫式的稍息、两只脚或者一只脚不停地抖动都属于不良的"站相",会使人产生不悦的感觉。

案例 9-9:

在第四届全国中小学体育教学观摩展示活动中,黄芳老师进行武术软兵器基本动作教学。在课的开始部分面向全体学生做一个右手半握拳,然后用左手掌包握在右拳上,两臂屈肘抬至胸前,目视学生,以略带微笑的"抱拳礼"的姿势向同学们问好,以及在教授软兵器基本动作中都充分体现着武术的"精气神",增强教学的感染力,吸引和稳定学生的注意力。提高了教学效果。

身体走动是指教师在教学活动中身体位置的变化。教学过程中,教师的身体位置处于不断的动态变化之中。教师应不断改变自己的身体位置,使自己的位置始终处于便于观察学生学习情况,这样也便于学生观察教师的位置。这样可以更好地促进师生之间的信息和情感交流,使教学活动变得更富有生气,同时,也可使学生的练习活动变得更积极主动。

教师良好的站立姿态不仅可以有效地起到相应的辅助教学之功效,也会使学生在从教师的教学中获取一定知识的同时得到一种形象美的熏陶。

在一堂体育课中,有的教师一刻不停地转动、走动,而有的教师一节课下来几乎都没有走动。那么到底在课堂中教师应如何注意运用走动技能呢?

教师在教学活动中不断调整变换自己与学生的空间距离,以便及时与学生进行交流和沟通,使教学活动有序进行,也达到了组织管理课堂教学的目的。但是走动的范围不能太大,要时动时静,不能一节课不停地走或身体突然地运动,以免影响学生的注意力。这就要求教师在课堂教学中,要注意控制走动的次数和走动的速度,做到缓慢地、轻轻地走动,走动时姿势要自然大方,不做分散学生注意力的动作。在走动中教师可进行个别辅导,解答疑难,了解情况,控制学生活动,检查和督促学生完成学习任务。

恰当的师生距离对体育教师教学工作的开展具有画龙点睛的作用。有时为了强调教师的威严、威信和地位,就要与学生保持一定的距离。有研究证实,当教师站在与学生距离约 1.2 米～2.1 米的地方时,就会产生一种控制效应。这一点教师有意无意地都会应用,当学生们交头接耳的时候,教师走近他们,学生的喧闹就会顷刻而止。如果教师与学生的人际距离处理的不恰当,在教学过程中就很难对学生进行有效的控制。

五、仪表

仪表指的是一个人的整体外表。它构成人的具体形象。仪表反映一个人的气质和性格特点，教师给学生的第一印象就是仪表。虽然在大多数的教学情景中，它不直接传达与教学内容相关的信息，但它却是影响教学活动和教学效果的一个潜在的、不可忽视的因素。

案例 9-10：

一位体育老师一开始上课，学生立刻就"活跃"起来。有的学生看着老师嘻嘻笑，有的相互交头接耳，窃窃私语。原来老师衣服的扣子扣错了，长短不齐。

教师的仪表从某种意义上反映教师的个性，体育教师的仪表尤其会引起学生的注意，且能潜移默化地影响着学生学习积极性，它是无声的教育，直接影响着学生的情绪和教学效果。因此，教师要注意仪表美，穿着整洁、大方，体现个人特色，不过于花哨、不追赶时髦。

作为一名体育教师，大多数要在户外进行实践课，为了工作方便，教师一般都穿着轻便的运动服和运动鞋。即使条件不允许，所穿服装也要以轻便、舒适、整洁为宜，西装革履或者牛仔裤之类的服装绝对是禁止的。因为一方面自己规定学生的衣着，另一方面自己却在违规，时而久之，对学生也有了负面影响，体育教师的威信、地位会在学生的心目中逐渐淡化，甚至影响到正常的体育教学。

教师的仪表主要包括：服饰选配、发型选择和女教师的化妆技术。其中服饰选配是主要内容。

（1）服饰选配

服饰包括衣、裤、鞋、帽、袜、围巾、领带、手套及胸花、胸针等。各种服饰的选配要求是：

协调和谐。即服饰的颜色要协调，不要违反颜色搭配规律。另外，部分与整体要和谐。例如衣服和裤子、帽子与衣服、鞋子与裤子等等的选配，无论是颜色还是式样都要和谐。

适合体形。体形胖的教师宜穿颜色深、带竖条纹的服装，这样可以使体形显得匀称；瘦高的教师宜穿颜色浅、带横条纹的服装，可使体形显得壮实；矮胖身材的教师上装宜短，下装宜长一些，鞋子宜小巧秀气一些，这样可以借助视觉增加身体高度。

适合年龄。青年教师活泼有朝气，中年教师年富力强，老年教师干练稳重，每个教师在选择服饰时，应从款式、色调等方面考虑，要与自己的年龄段相

第九章　人体语言技能

协调。

适合性格。教师服饰的色调和款式应与自己的性格相适应,服饰色调的冷、暖与性格的刚、柔相协调,服饰的款式与性格的内向、外向相适应。

（2）发型选择

体态语专家研究表明,抢先采纳流行发型的人,表示对环境的适应力强。经常变换发型的女性,具有不稳定的性格,易受他人影响。蓬松的发型、爆炸式发型扩大了头部的范围,意在突出自己,吸引他人的注意。教师在课堂上的发型一般就是生活中通常保持的发型。教师选择发型时,一要考虑自己的面部特征和体型,自己的文化气质和精神风貌,二要考虑学校的环境特征。男教师不应留披肩长发,女教师的发型不要过于新潮,不宜染红发和黄发,头饰不要过于复杂和新异。

（3）女教师化妆

女教师适当的化妆,可以使其在课堂教学中保持良好的精神状态。化妆可以分为表演妆和生活妆两类。表演妆浓艳,生活妆淡雅。教师上课时的化妆属于生活妆中的日妆范围。化妆是一种系统而又复杂的专业性很强的技能。对女教师化妆总的要求是:淡雅、自然、适当。

第三节　人体语言技能的运用

体育教师在课堂中面对许多学生,在准确、流畅、生动地表达授课内容时,还得有效地调控引导学生,维持好课堂纪律。教师就得想办法同每个学生建立联系,使每个学生都感觉教师在和他们"对话"。在这方面人体语言的巧妙运用显得十分重要。优秀的教师十分重视体态语言的运用,把体态语言看成是有声语言的润滑剂和调味品。

一、运用人体语言技能的要求

人体语言的运用要符合社会习惯,适合学生的接受能力和习惯。其定位是作为有声语言的补充,起辅助作用。如果不分时间、地点、条件而滥用,必然会适得其反,因此体育教师应在教学过程中充分、准确地运用这些无声的因素,使之成为人体语言的教学艺术。在运用人体语言技能时要注意以下几点要求。

（一）人体语言与口头语言的表达要紧密结合

在体育教学中人体语言是对口头语言表达的一种补充。在教学中人体语

言用的量和度都要根据授课内容的表达需要来决定,并且与语言表达紧密结合,相互补充。不可本末倒置。

(二)人体语言的运用要规范

规范是指体育教师运用的人体语言必须准确、得体、明了,符合体育课堂教学环境的要求。从以下两个方面说明体育教师人体语言的规范要求。

其一是教师的仪表。教师的仪表对课堂教学有着很大影响,教师上课时学生首先注意到的就是教师的仪表,体育教师端庄大方,精神焕发,衣着整洁,修饰适度,必定会对学生产生潜移默化的影响,学生也定会以教师为榜样,积极进取,这样有利于形成一个良好的学习氛围。如果教师不修边幅,油头粉面,口叼香烟,示范无精打采,讲解有气无力,这说明教师自身缺乏修养,很难在学生中树立好的形象,会对今后的教学工作产生不良影响。

其二是教师的面部表情。面部表情是人情绪的"晴雨表"。体育教师同常人一样,心情的愉快、低落、烦闷、忧愁等往往不自觉地通过无意识的表情表达出来,这是人之常情。但是,如果体育教师在生活中遇到了某些挫折,或者碰到不顺的、令人失意的事情,切不可把自己这些低落、悲哀、愤怒、失望等情绪挂在脸上,带进课堂,否则不仅影响教师自身形象,也将会给课堂效果带来负面效应,在这种时候,教师应当努力控制自己的情绪,并加以掩饰,使自己的面部表情同课堂上自己所扮演的"角色"协调起来。

(三)人体语言的运用要适量

适量是指人体语言要繁简适度,因为人体语言在教学中是辅助手段,不能喧宾夺主,所以,教师在课堂上运用人体语言时,不仅在种类上要有所选择,在程度上也必须有所控制,应做到恰当、简洁。要防止同一时刻运用人体语言的次数过多,种类变化过于频繁,课堂上纷杂无序的人体语言不仅不能突出主要的意图,还会相互干扰使学生产生不必要的误解,影响教师信息传递的精确性和教学效果。例如,手势是人体敏锐丰富的表意传情器之一,适当合理地运用手势,会对体育课堂教学起到画龙点睛的作用。课堂上准确恰当的手势既不能太少,也不能太多。太少则显得死板,缺少生气和感染力;太多又显得琐碎纷乱,不仅起不到辅助教学的作用,反而分散了学生的注意力,影响教学效果。

(四)人体语言的运用要有的放矢

在体育教学中,对于同一教师的人体语言,不同的学生,甚至同一学生在不同的心理背景中的感受和理解都有可能不一样。因此,体育教学中体育教师要从学生的实际情况、个体差异出发,适应当时课堂气氛、教学情景、具体的运动项目,有的放矢地使用不同形式、不同程度的人体语言。如在维持课堂秩序时可以采用环视法;提醒学生注意听讲时,可以采用注视法;当教师管理偶尔违纪的学生时,可以采用虚视法。教学中切忌目光过于专一,或目光不对视学生等。对于表现好的学生与纪律性历来较差的,对于交往能力差,性格不同的,对与自己关系融洽的或与自己关系较紧张的学生等等,教师只有采用不同的各相适应的人体语言才能达到师生间情感沟通的最佳效果。此外,还要注意某些个别学生由于特殊的生活经历、生活习惯而养成的行为,这就要求教师运用人体语言时,做到区别对待,因材施教。

二、人体语言的运用原则

(一)自我意识原则

人体语言不能代替有声语言,但同样是一种交流感情的工具。在过去的实践中,我们都在运用人体语言,只是我们没有注意。我们运用的人体语言有时是有意识的,有时是无意识的。无意识的人体语言带有随意性,效果不佳。在体育教学过程中,我们要有意识地运用人体语言。每个教师都要注意自己在课堂教学中的一言一行,一举一动都可能对学生产生某种影响。

(二)善意尊重原则

教师的人体语言主要是向学生传达自己态度、情感的符号系统。情感交流,主要是"爱"的力量。因此,运用人体语言要尊重学生的人格,注重学生个性,从热爱学生、关心学生、信任学生出发,对学生寄予殷切希望,并要体察学生的情感、认识方面的需要。

(三)科学性与准确性原则

教师在运用人体语言之前,首先要考虑它的准确性与科学性。在课堂教学中运用人体语言与学生沟通,只有在教师和学生掌握统一的或类似的编码系统时才可能达到预期的效果。用通俗的语言表达这一原则是"大家都用同一种语言说话",学生才能接受、领会、掌握并运用人体语言。否则,会使学生误会教师的意图,达不到预期的效果。

(四)最优搭配原则

人体语言具有模糊性的特点,大部分动作没有单独的含义。只有各种人体语言动作结合为一个有机的整体,并和语言讲解结合起来,才能准确地表达主体的思想。因此,体育教师在课堂上运用人体语言必须合理搭配,最优组合。

(五)因人而异原则

人体语言主要是给学生心理上施加的影响,而每个学生心理活动都有自己的特征。因此,教师要注意学生的个体差异,因材施教。教师只有采取不同

的、相适应的人体语言,才能达到师生间感情沟通的最佳效果。

第四节　人体语言技能的训练与评价

一、人体语言技能微格训练教案示例

表 9-1　人体语言技能微格训练教案示例

训练技能:人体语言技能　　授课内容:蹲踞式跳远(准备部分)　　授课教师:××

技能训练目标	1.面部表情亲切自然大方,并能恰如其分地应用和变化目光的视角、长短 2.姿态潇洒、干练、端庄。走动的次数和速度适当,走动的姿势自然大方 3.手势动作灵活,自然得体,并和授课内容相一致			
教学目标	1.使学生了解本次课的教学内容 2.培养学生听从指挥,遵守纪律的组织观念 3.通过活动,温身育心			
时间分配	教师教学行为	运用的技能要素	目的	组织教法
10″ 55″	教师对体育委员说"入列"。教师跑步到队形中央,面向学生站立 "同学们好!" "同学们,这节课我们要学习蹲踞式跳远。"	环视学生 导入技能	体育委员向教师报告出勤情况,学生们注视着老师。 "老师好!" 队伍整齐,认真听讲	××××× ××××× ××××× ××××× △
2′	什么是蹲踞式跳远呢?蹲踞式跳远是人类腾跃远度越过水平障碍的一种技能。它由四个部分组成,技术动作分为助跑、起跳、腾空、落地。其中重点是助跑快速、踏跳有力、腾空有高度、双脚同时落地有缓冲。经常练习对发展力量、速度、灵敏度、协调性等身体素质有积极作用,尤其对发展腿部力量,提高爆发力和弹跳力有直接作用。	设疑,注视学生,引起注意。 讲解技能(说明式)手势配合讲解	认真听讲积极思考	同上

续表

时间分配	教师教学行为	运用的技能要素	目的	组织教法
2′	下面我们做准备活动。向右转,跑步走,1、2…… 立定,向左转,以中间同学为基准成体操队形散开。下面我们开始做徒手操。	口令技能 哨声 利用手势示意散开队形 合理组织队形	听从口令 队伍整齐 行动迅速 动作整齐	× ×　△ ×　↑ ××××× × × × × × × × × × × × × × × × △
3′	(1)伸展运动,预备起 2×8 (2)扩胸运动 2×8 (3)体侧运动 2×8 (4)腹背运动 2×8 (5)弓步压腿 2×8 (6)跳跃运动 2×8 (7)腕关节踝关节运动 2×8	口令技能 注视学生 喊口令时伴随走动,观察学生练习,合理组织练习	认真练习 动作规范 节奏感强 整齐划一	× △
45″	教师用手指向中间的学生,"向中看齐,向前看! 1、2 报数。成两列横队走!" "前两排同学向前 3 步走! 向后转!"	口令技能 手势配合组织队形	听从指挥 队伍整齐 行动迅速	× × × × × × × × × × △ × × × × × × × × × ×
指导教师意见				
课后自我分析				

二、人体语言技能的评价与反馈

表 9-2　人体语言技能微格训练评价表

授课教师_____　教学内容_____　日期_____

请您仔细观察授课教师的教学行为和学生的反应,然后填写评价表,在恰当等级打"√"。

项目	评价内容	权重	赋分值			
			优	良	中	差
1	面部表情准确、自然、适度、微笑、态度和蔼	0.15				
2	着装协调,仪表美,不因头发或化妆而影响表达	0.15				
3	站姿直而不僵硬,头不偏,略前倾,讲课时挺胸收腹	0.10				
4	臂、手、指与教学口语配合得当,无不良动作	0.15				
5	走动范围合理,快慢合适,停留得当	0.15				
6	正面使用眼神交流,面向全体学生	0.15				
7	人体语言之间的转换自如,课堂生动活泼	0.15				
您的意见或建议:						

思考与练习

1. 什么是人体语言技能?其特征有哪些?
2. 人体语言技能有哪些类型?请结合实际教学举出 2～3 例。
3. 运用人体语言时应该注意的事项有哪些?

第十章 诊断纠正错误技能

1. 掌握诊断纠错技能的基本知识、基本类型及运用要求。
2. 熟知教学中各项运动项目易犯错误及纠正方法。
3. 教学中可以及时诊断学生的错误动作并合理运用各种方法纠错。
4. 能够编写一份诊断纠错技能的微格教案。
5. 通过训练,能够熟练掌握诊断纠错技能。

第一节 诊断纠正错误技能的概述

一、什么是诊断纠正错误技能

诊断,是指教师在教学中观察学生的动作,并对学生动作技能的掌握作出判断。纠正错误,是指教师对教学中学生出现的错误动作采取有效的措施,及时准确地进行指导纠正。

在体育教学中,学生易在刚学习动作的时候形成错误或不规范动作,教师如果能在第一时间对学生所做的错误动作做出判断,并加以纠正,就可以避免学生形成错误动作的定型。进而使学生正确地掌握和提高技术、技能,同时也避免了错误动作可能引起的伤害。

作为我们体育教师的一项专业技能而言,诊断纠正错误技能是指体育教师在教学中根据学生实际掌握动作情况,通过观察分析和判断,及时发现所掌握动作的问题,指出错误并加以指导,使学生正确掌握技术动作的教学方式。

二、诊断纠正错误技能的特征

(一)可预见性

诊断纠正错误技能具有可预见性。主要表现在教师在选择教学内容的时候,就应该能预见其学习中可能出现的错误动作及问题,并能分析错误动作出现的原因,以此为"防患于未然"而采取一系列有效的手段。

教师诊断纠错技能的超前性要求教师自身能深入钻研教材,熟练掌握动作,熟悉动作技术的形成,以在学生掌握动作的过程中教师能够主动地、深入地预见学生可能出现的障碍和错误。

(二)改造性

诊断纠正错误技能具有改造性。主要表现在教师对学生学习动作过程中所出现的错误采取有效的措施,能够及时、准确地加以地纠正。

(三)即时性

诊断纠正错误技能的实时性,主要表现在教师在发现学生出现错误动作的第一时间就应该指出并加以纠正。在体育教学过程中,教师要及时诊断学生出现的错误并找出原因,并根据学生的实际情况,及时有效地采取有针对性的纠错手段。教师能否及时诊断学生的错误,对学生尽快掌握技术,建立正确的动作定型,提高教学效果有着重要的意义。

(四)针对性

诊断纠正错误技能的针对性是指针对错误动作而进行纠正。教师在纠正错误动作的时候及时诊断出学生的错误动作,并能在有效的时机恰到好处地针对重点进行纠正,而不是所有动作统一讲解,教师要有的放矢,争取达到最好的效果。

(五)时空性

诊断与纠错是有机联系的,诊断是基础,纠错是实施,它们在时空上是紧密联系的,对一个动作的诊断预防,很可能是另一个东西的纠错手段,而对前一个动作环节的纠错,无疑是为下一个动作环节的正确形成奠定基础。

三、诊断纠正错误技能的功能

(一)及时诊断纠正学生的错误动作,帮助学生建立正确的动作概念

教师在指导学生练习的时候,能够及时诊断出学生的错误动作,进而针对错误动作进行准确的讲解、正确的示范,从而使学生认识和理解动作的形态、结构和动作方向、幅度、力量、速度等特点,建立动作的正确表象。以此避免错

误动作的定型,使学生在独立操作练习的时候,能够快速正确地掌握动作。

(二)提高教学质量,增强学生学习信心

体育教师对学生的错误动作作出诊断并纠正,可以及时发现问题,指出错误,进行评价并帮助纠正,这样可以有效地促进和强化学生尽快掌握正确的动作技能,避免错误动作的定型,提高教学质量。同时,学生在教师的指导下,能够通过自己的努力,克服困难改正错误,掌握动作技能,在完成目标后,能够获得成功的心理体验,心理上会得到满足和愉悦,优美协调的动作也更能增强学生学习的信心,从而使学生练习的积极性更大。

(三)有效减少课堂伤害事故的发生

教学中时常发生伤害事故,伤害事故发生的原因是多方面的,除组织管理不当外,错误的动作往往最容易导致课堂伤害事故的发生。学生在完成动作的时候存在错误,不能完全掌握动作,在这种情况下练习,即勉力而为之,所以伤害事故的发生尤其多。预防和控制伤害事故的发生是每位体育教师的重要职责,教师如果能够及时纠正学生的错误动作,就能有效地减少由此引起的伤害事故。

四、诊断纠正错误技能的要素

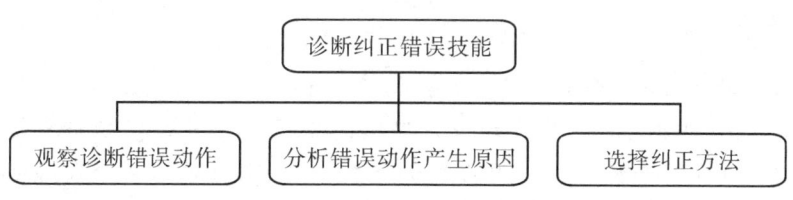

图 10-1　诊断纠正错误技能结构系统图

诊断纠错技能的要素主要包括:观察诊断错误动作、分析错误动作的原因、选择纠正方法三个要素。

(一)观察诊断错误动作

观察诊断错误动作是纠正错误动作技能的最基本的要素,是纠正错误动作技能的前提和关键。因此,观察时力求全面客观,要以正确技术动作规范、要点为基础,对照学生完成情况,找出动作方向、幅度、节奏、协调性和准确性等方面的差异,尤其在做基本练习时,更应注意产生错误的征兆,稍有偏离正确技术的动作都要及时纠正,将错误因素纠正于"萌芽之中"。

（二）分析错误动作产生的原因

分析错误动作产生的原因是纠正错误技能的重要因素，它以观察为基础。在教学中，教师如果想要掌握诊断纠错技能，除了自己具备过硬的专业知识技能外，还需要了解错误动作产生的原因，针对学生所犯错误，灵活运用纠错方法。我们经常看到，一个错误动作的产生往往掺杂着几种错误因素，起决定作用的因素有时会被其他因素所掩盖，这时，要注意区别主要技术环节与一般技术环节，主要动作环节是动作的关键，而关键环节上的错误因素往往是形成错误的主要因素。

为了能够更好地掌握并运用诊断纠正错误动作这一技能，我们首先分析错误动作产生的原因，一般教学方面的原因有教师和学生两个方面：

教师方面原因：

1. 教材设计引起的错误动作

由于教师对教材钻研不透，理解不深，教材的安排和教法的选择与学生的接受能力差距过大导致较大范围的错误动作的产生。教师安排教学内容不合理，没能充分考虑到动作技能的干扰和迁移规律，也会导致错误动作的产生。如急行跳远与支撑跳跃就不宜安排在同一节课或同一教学时，否则，会相互干扰而产生错误动作。

案例 10-1：

技巧动作的前滚翻和鱼跃前滚翻，动作结构相近，但必须让学生明确两者区别，前滚翻手脚可以同时触垫，翻滚时团身，因此没有腾空；鱼跃前滚翻要双脚蹬离地面而后手才能撑垫，所以有一个手脚都不撑地的腾空阶段。同时在教学安排上，学习前滚翻在前，在该技能基本掌握的基础上，再学习鱼跃前滚翻。

2. 教师教法不正确引起的错误动作

教师传授某一个动作，会采取不同的教学方法，不同的教学方法会产生不同的教学效果，如果教师选取不正当的教学方法，手段不当，组织方法不合理，都会造成学生在学习动作技能时出现错误。

案例 10-2：

篮球教学中，教师在初期练习时采用了投篮比准的形式，使学生注意力集中在投篮的准确性上，学生们练习时确实很兴奋，跃跃欲试，但是由于忽视了练习中该注意的投篮角度、手臂、手腕及手指力量的合理运用，大多数学生没

有学到标准的技术和相关技巧,最终导致投篮准确率很低,引起学生的挫折感和失败感,导致学生产生学习动作的消极情绪,影响对动作技术的掌握。

3.教师自身动作不正确引起的错误动作

教师自身在示范时,因为某些细节不注意或者自身基本功不扎实,而学生主要以模仿为主,自我辨别能力差,从而导致学生错误动作的产生。

体育教师在讲解与示范时因为表达或者示范不准确,传授了错误的知识概念和错误的动作,或在教学中抓不住重点、难点,造成学生理解上的错误,这些因素都会导致学生在练习中出现错误动作,这些错误往往出现在大多数学生中,它对教学的危害性也最大。

4.教师组织教学手段不当

首先,教师由于没有钻研吃透教材,对动作技术结构不明,重点、难点不清,致使组织教法安排不合理,就容易产生错误动作。其次,由于教师对场地、器材布置中安全措施考虑不周到、不够合理,不符合教学内容的要求或不符合学生年龄阶段特点的要求;器械安装不牢固,器械太重,安全措施不到位,或没有相应的保护措施等,都容易造成学生紧张,从而产生错误动作。

学生方面的原因:

1.学生身体素质差导致的错误动作

学生在学习新动作时,肌肉运动感觉不完善,表现得不敏锐、不定型,导致大脑中枢神经系统分析活动的缺陷。即不能准确地分辨出身体各部分的位置和动作,知觉系统与运动系统在时间、空间上配合得不协调。因此就不能准确地控制自己的肌肉,做出不合要领以及错误的动作。

学生身体素质也是正确掌握运动技能的基础,人体在运动中通过肌肉收缩、伸展的相互协调配合来完成每一个动作。

学生在完成动作时,如果力量、柔韧、灵活、平衡等身体素质达不到所需的要求,那么在做动作时会感觉吃力、不协调,一些多余与错误动作难免会发生。如腰腹肌力量差,头手倒立等相应动作就无法完成;耐力不足,就会产生动作节律失调、用力不充分等错误动作;力量不足,就会导致动作速度、幅度不够等错误;关节不灵活就会影响动作的舒展、摆动等。因此,学生的身体素质因素直接影响动作掌握与完成的质量。

2.学生畏惧、紧张等心理原因导致的错误动作

由于所学动作难度大、运动量大而产生畏惧、怕苦等情绪;又或者由于学生对所学的内容缺乏明确的目的性,练习时,积极性不高,态度不认真,由于这些心理上的障碍,从而引起对抗肌的紧张,产生相互抑制,容易出现错误动作

或多余动作。还有的学生容易产生畏难情绪或过分紧张与兴奋,有的学生上课时注意力容易分散,不能认真学习等。另外,外界环境的影响也可能对动作技术的学习产生干扰。也有的学生单纯凭个人的理解去感觉,会使得练习者心理指向出现失误,导致错误动作。

如短跑练习中的强制用力造成全身紧张,速度反而下降;栏间跑的有意加速导致跑的节奏被破坏;跳跃起跳时有意加力蹬伸导致身体重心下降,起跳时间延长;投掷器械时为了加快出手速度,手臂提前主动用力导致许多错误出现。可见在教学中产生的不良心理因素是多方面的。

3.学生动作技能的转移引起的错误动作

动作技能的转移有两种情况,一种是积极的转移,即迁移;一种是消极的转移,即干扰。在体育教学中,学生在学习和掌握动作技能的时候,经常受到已形成的技能的影响,这就是动作技能的转移。

有些学生对自己的错误动作,开始是感觉不出来的,更有一些学生还往往把做错了的动作当作正确的动作来做。如果这样继续下去,不断强化,那么这一错误动作就会产生动力定型。众所周知,出现错误是难免的,特别是动作技能形成的最初阶段,一个由若干个局部动作联合起来组合的复杂动作,必然会出现各局部动作之间的干扰现象及多余的动作,从而形成动作技能的错误定型。

(三)选择纠正方法

纠正错误动作的方法一般有:

1.让学生及时了解练习的结果,明确错误动作及其产生原因,减少练习的盲目性。

2.根据动作技能形成规律来纠正学生的错误动作。

3.根据错误动作的特点及形成原因,进行被动性帮助与纠正。

4.根据个体差异来确定纠正的形式。

恰当地选择纠正错误动作的教学手段,能有效地纠正学生的错误动作,及早建立正确的动作定型。在选择手段和方法时,要注意根据错误动作的类型、程度和练习者的实际情况来确定,同一类错误动作产生的原因大体上相同,但发生在不同人的身上,用同一纠正方法就不一定有效,因为个体的差异有时会显示出很强的"个性"来,这就要求具体问题具体分析,考虑要全面,针对性要强,实际效果要好。

第二节 诊断纠正错误技能的类型

在体育教学中,运动技能从开始学习到形成熟练技巧,在这个过程中教师对学生可能产生的各种错误动作作出诊断并及时纠正,促进正确技能的形成,是教师必须掌握的课堂教学技能之一。在实际教学中,诊断纠正错误技能的运用是与教学过程密不可分的,因此教师必须采取有效的方法来纠正错误动作。以下即是在教学中运用到的有效的诊断纠正错误的方法:

一、语言巩固类

语言巩固是指当学生因遗忘动作或对动作要领不清楚而出现错误时,教师可采用各类语言提示讲解动作名称、动作要领来启发与引导学生,从而加深学生对动作的理解,帮助完成正确动作的方法。

语言巩固类有以下几种形式:

(一)概念强化

当学生在学习过程中因概念不清晰或接受能力差等原因而出现错误动作时,教师要耐心细致地加以示范和讲解,在示范的基础上讲清动作要领,剖析动作过程,强化正确动作的概念。

教师在指出学生错误动作的时候,要有针对性地进行讲解示范,此时的讲解并非如学生初学时的那种全面讲解。

讲解示范后可让学生跟随模仿,教师边做边用提示性的语言加以强化。此法使学生能从理论上了解正确动作,加深对动作概念的理解与记忆,帮助学生建立正确的动作概念。

案例 10-3:

小学低年级篮球课,教学内容为原地运球。

教师在讲解示范后,让学生练习,发现大多数学生易犯错误为掌心触球,手型不对,且运球时容易低头。

针对此错误,教师集合学生重新讲解,重点让学生观察运球时的接触部位,并做模仿练习,体会手指和指根以上部位控球,在练习中提醒学生掌心不接触球。针对学生运球低头这一易犯错误,在学生初步学习运球动作后,在练习中,教师用提示语言或游戏方式逐步使学生抬头。

这种纠错方法即是教师先讲解动作概念,并在练习中不断用语言加以强化。

(二)语言引导

在动作学习的初期阶段,学生常在练习中出现遗忘或不太清楚动作方法的现象,此时教师可以采用语言提示动作名称、动作要点来控制学生动作,帮助与指导学生顺利完成动作,及时纠正错误。

● **案例 10-4：**

在学习初级长拳"马步冲拳"这一动作时,学生常常错误地做成"马步架拳",做马步时,臀部易向上翘起,教师此时可提示"左拳附于腰间"、"臀部内收"等。及时的语言提示对于学生学习、领悟动作能起到绝佳的效果。

在学习跨越式跳高中的助跑时,教师可用语言与击掌"嗒—嗒—嗒—嗒、嗒"相结合的方式来纠正学生错误。

(三)口诀强化

口诀是指把运动项目的技术（战术）要领和方法经过综合提炼,取其重点、关键以及易错部分,加工整理而成的言简意赅的语言。口诀运用于纠错之中,较准确地认定错误动作在整套动作中的位置,能强化记忆正确动作,剔除错误动作。

● **案例 10-5：**

在排球正面双手垫球动作学习中,学生对动作不理解,出现错误动作时,可以简化动作要领,以口诀的方式记忆动作如"一插、二夹、三提、四压",并在练习时提示学生需要注意的内容。

二、直观演示纠错类

是指教师在学生出现错误动作的时候,通过教师示范展示各种实物、直观教具、多媒体等手段,让学生通过观察建立正确动作的表象,并帮助学生纠正错误动作的方法。

(一)正误动作演示(示范)对比

学生因不理解动作性质和作用而出现错误时,教师通过正误动作示范对比的方法,弄清正误动作的不同之处,了解正确与错误动作间的联系,促使学生及时纠错。采用正误动作对比示范,学生能够直观地了解到正误动作的区别,有利于学生强化正确动作,抑制错误动作的形成,使动作练习质量得到提高。

案例 10-6：

在跨越式跳高学习中,初学者起跳点离横杆过近或过远,此时教师可以采用重点示范错误动作,演示起跳点过近或过远时会导致的错误动作。指出学生在起跳时应注意的问题,帮助学生认识自己的错误,再通过正确与错误动作对比分析,达到纠正错误的目的。

(二)教具演示纠错

教师在教学中组织学生观看图片、录像等进行直观教学,利用具体直接的形象刺激,有助于学生对动作产生清晰的认识,建立正确的动作概念。有条件的学校可以在教学中录制学生的错误动作,并及时组织学生点评分析错误动作。

案例 10-7：

双手前抛实心球的教学中,授课教师准备正误两套挂图,在学生练习一段时间后,指导学生错误动作的时候,展示两幅挂图让学生观察比较、讨论评价,通过挂图辨别出手角度、背弓弧度(工作距离)和出手的高度对远度的影响,总结出:合理的出手角度、适当的背弓和尽可能高的高度对投掷远度的影响。这样能更好地增强学生对正确动作的理解,有助于教学效果的提高。

三、诱导迁移类

教师根据迁移理论知识,运用一些诱导性练习,结合正确与错误动作的对比,帮助学生逐渐地纠正错误动作的方法。

(一)心理诱导

学生因学习目标不明确、怕苦、畏难等而产生的错误动作,教师要有针对性地加强思想教育,不断提高学生的自主性,采用一些诱导性的练习内容,帮助学生转移形成的错误动作以完成正确动作。

案例 10-8：

学生跳高课上因紧张胆小不敢跳,勉强为之,动作变形

纠正方法:

在练习时,教师选择让勇敢的学生先跳,那些胆小的学生看到前面的同学轻松跳过,心理上的障碍也就减少了一些。然后针对少数同学加强鼓励和引导,以布带、橡皮筋等代替横杆,并让已经跳过的同学给他们传授经验,让他们知道眼前的"横杆"并不是不可逾越的,只是自我心理上的畏惧而已。等学生

消除害怕心理后,再换用横杆。

(二)正迁移诱导

起正迁移作用的动作技术之间,具有积极的诱导和相互帮助的效应。当学生出现错误动作时,教师将学生诱导到具有正迁移特点并掌握得较好的动作技术上来,以便有效地纠正错误动作。

● 案例 10-9：

山羊分腿腾越中的错误动作:推手动作慢

纠正方法:在练习中发现,有少数学生的推手部位不正确,他们主要用手掌的前部和手指推山羊,像蜻蜓点水似的轻轻一推,而掌心和掌根没碰到,所以推手动作没有力,教师针对这一情况,通过"对墙推手"和"击掌练习"来体会快速推手的感觉。

(三)条件诱导

学生通过对所设标志物和人体在空间的方向、位置关系的判断,按照动作技术的要求来控制身体动作,及时地纠正错误动作。

● 案例 10-10：

蹲踞式跳远中的错误动作:起跳腾空过低

纠正方法:在练习中,为了使学生体会踏跳后身体能向前上方腾起的运动感觉,可在踏跳区前面设置一定的标志物,如高 30~50 厘米的橡皮筋,要求练习者能够越过标志物,体会身体在空中的腾空感,纠正起跳腾空过低的问题。

四、反思纠错类

当学生出现错误动作时,教师要引导学生学会观察(观察自己和观察同伴),力求学生在学习动作后能进行反思并发现自己与同伴的错误动作,进行自我纠正错误动作以及帮助同伴纠正错误动作。

(一)自我纠错

教师引导学生主动参与交流,对错误动作提出质疑,让学生自己纠正错误。这样让学生第一时间认识自己的错误,帮助学生对体育形成良好的认识,并为教师提供学生掌握体育知识与技能程度的信息。

(二)同伴纠错

学生能通过讨论、争论、评议和质疑等过程,形成互帮互助、共同提高的良好氛围,不断地发现错误与改正错误,并能以同伴的错误提醒自己,进行自身反思。

第十章　诊断纠正错误技能

○ **案例 10-11：**

在游泳学习中，在陆地上仔细观察水中同伴的错误动作，告诉同伴并帮助同伴纠错，这样起到了一举两得、事半功倍的效果。

五、改变外界条件类

在不改变动作结构的情况下，让学生在降低器械难度，保护与帮助借助外力练习等学习环境、练习条件中体会完整动作，以纠正错误动作的方法。

（一）降低动作难度

在学习难度大的复杂动作时，教师针对学生容易出现的错误，通过改变拆分或简化动作的某些要素（如速度、力量、方向、幅度、路线等），将学生注意力集中在需要纠正的问题上。

○ **案例 10-12：**

跨越式跳高教学中，有些学生因动作不熟练或者起跳点选择不合理而导致助跑与起跳脱节。在练习中，教师可采用原地做摆腿与摆臂练习，继而做3~5步助跑起跳练习，使学生体会动作的各个微细环节，这样在完成动作时，能有意识地控制组成动作的要素，防止动作环节不精确而造成动作错误。

（二）减少外部难度

器械难度、投掷物体积与重量等虽属外部条件，但它们都是学生在学习中引起心理障碍的因素。教学中可适当地采取措施（如用橡皮筋代替栏架，降低高度等）以纠正错误动作。反过来讲，我们可以适当增加外部难度。

（三）保护与帮助

由于学生怕危险而做不好动作时，教师可采用一些保护与帮助的方法来消除他们的心理障碍，学生会很放心地体会动作要领，逐步纠正错误动作。反之，我们可以设置一些条件，促使学生在这样的环境中不得不改正错误动作。

○ **案例 10-13：**

侧手翻练习时，因侧翻时身体不能挺直，翻转时身体不能形成扇面，此时，可以做有人扶持或靠墙的大分腿倒立，体验分腿倒立的感觉。

（四）助力纠错

学生在练习时，往往意识不到动作的规格错误，教师可给予外力帮助，使学生通过触觉和肌肉的本体感觉直接体会动作要领，辨别动作的时空关系对身体的影响,从而形成完整正确的动作概念。这对初学者和肢体位置感较差的学生是一种有效的纠错方法。

◎ **案例10-14:**

肩肘倒立练习过程中,练习者会出现倒立不直、屈髋的现象,此时,教师或同伴可握住练习者的踝部或小腿往上提,同时用膝盖顶其背部,使其立腰挺髋充分伸直,从而体验正确动作的感觉。

六、区别对待类

教师要根据学生的年龄、性别、出现错误动作的性质与特点(共性的、个别的、单一的、多个的错误等),采用区别对待的纠错方法。

(一)集体纠错

在教学中,属于共性的错误,教师采用集体纠正的方法,以节约学生的练习时间和教师纠正错误的时间。

(二)个别纠错

首先,属于个别的、特殊的错误,不是学生共有的错误,教师应有针对性地进行纠正,以节约其他学生练习时间。其次,根据学生的生理、心理特点,既要保护学生自尊,又要启发引导学生分析错误动作,适时地纠错。在面对几个错误动作同时出现时,为防止学生混淆,要逐个指出并纠正。

第三节 诊断纠正错误技能的运用

教师在教学中要合理运用诊断纠正错误技能,在诊断纠正学生的错误动作时要选择恰当的方法,针对学生所犯错误进行合理的诊断纠错,不仅能够使学生正确高效地巩固所学正确动作,也能给其他同学提供正确参照。在教学中应该注意以下几个问题:

一、运用诊断纠正错误技能的要求

(一)要求教师自身熟练掌握正确动作

动作示范是体育教师常用的直观教法,能使学生直接感知某一动作和全部动作的内在联系。教师是学生学习的榜样,教师自身在传授知识时,一定要做到正确。正确优美的示范和形象生动的讲解能通过学生各种感觉器官的相

第十章　诊断纠正错误技能

互作用,使其大脑皮质的相应中枢"接通",进而指挥肌肉协调活动,因此更容易掌握正确动作。

准确的示范和熟练优美的动作能激发学生学习的兴趣,促使学生更快地掌握动作。因此教师在教学起始就应尽力使学生掌握正确的动作,为了更好地掌握诊断纠正错误技能,教师需要从自身减少错误动作的产生,所以教师首先应要求自己熟练掌握所传授的知识。

(二)教师要善于观察,分析原因对症下药

教师必须善于观察,并能及时诊断出错误动作产生的原因,做到有的放矢。在纠正学生的错误动作时,切忌就事论事,只从动作的直观上做文章,即只从技术教学的角度去重新安排练习,而应针对错误产生的原因选择合理的改正方法。

对待错误动作也要对症下药,对于学生中出现的共同性错误,要暂时停止练习,进行集体纠正。对共同练习中出现在个体上的错误动作,要区别对待,在可能的情况下,有目的、有计划、有手段地围绕整体练习的进程中,对其进行纠正。

(三)纠正错误要主次分明,循序渐进

纠正错误动作必须首先抓住主要方面。所谓主要的错误往往总是相对于构成动作的某些环节而言,它在很大程度上直接关系到完成动作的成功与失败,动作掌握的优与劣。在教学过程中,有时改正一个错误动作比学习一个新动作还要困难,因此对于一些主要的错误动作的纠正要及时。

实践表明,学生学习动作时产生的主要错误有时可能不止一个。在这种情况下,要注意纠正错误动作的主次。教师要善于确定顺序,让学生一个一个地去克服,不要同时要求克服几个错误,使学生无所适从。

(四)多种纠错方法综合运用

在运用预防与纠正错误方法的同时,重视和灵活运用其他教学方法,才可能使其具体内涵、手段等得到充实和优化,最终提高实效性。切忌孤立运用预防与纠正错误方法,必须注意在整个教学过程中与其他教学方法结合运用,如可以通过诸如滞留练习、转移练习、程序练习、辅助练习的重复过程等,来达到掌握技术动作之要求。如果动作错误程度轻,一般提示就可以;若动作错误程度严重,则应采取专门的手段来纠正。如果短时间纠正不了,则可让学生暂停练习,防止过多重复错误动作,当头脑中有较明确的动作意识后再进行练习。

(五)教师对待学生要耐心细致,循循善诱

教师在纠正学生的错误动作时,一定要耐心细致,循循善诱,给学生讲清

道理,分析原因。尤其对那些基础较差的学生不仅要严格要求,更需要热情帮助,使学生进而在反复的练习中逐步改进动作。

二、诊断纠正错误技能的注意事项

1.要注意纠正错误动作的主次。诊断纠错时要分清产生错误的原因,抓住主要矛盾,对症下药。主要错误纠正了,很多随之伴生的错误动作也会消失。

2.教师在纠错过程中应注意共性的错误应集体纠正,不具有共性的错误最好进行个别纠正,同时要注意把具有共性的主要错误进行彻底的解决纠正,避免急于求成。

3.教师要注意自己的用词、心态,避免使用过激语言。对学生的错误多次纠正而效果不好时,教师不能急于指责学生或丧失信心,要静下心来考虑是否有其他纠正方法,再去指导学生。

4.引导学生多想多练,自主纠错。避免教师讲得多,学生想得少。

三、诊断纠正错误技能的运用原则

(一)全程性原则

诊断纠正错误是贯穿于整个教学过程中的,错误不是一次纠正即能改正的,教师在学生练习中要自始至终观察学生的动作,并时时指出错误并改正。

(二)及时性原则

对于错误动作的不确定——错误动作出现时间不确定,错误动作出现阶段不确定,教师应时刻注意观察并发现错误动作。

(三)重点强化原则

对于错误动作的纠正需要经过反复的练习,重点强化练习。

(四)相似动作区别对待原则

在教学内容的安排上,对动作结构相似或相近的技能,应避免同时组织教学,防止由于记忆表象的作用而引起动作间的相互干扰。最好在前一个动作技能已经熟练、牢固的基础上再学习另一个动作技能,要通过比较,找出两个动作不同性质的特点,严格地把它们区别开来,防止形成动作技能的相互干扰。

(五)化繁为简,逐个攻破原则

根据教材选择恰当的教法。在教学中可以把复杂动作分解成若干个动作环节,采用递进式教学方法,在各环节的学习过程中让学生分化感知各组成部

分,促使每个细节概念明确化。在实际教学中,如果一开始就进行完整练习,往往出现的动作错误就很多。其原因是学生在独立操作时不容易感知各个动作的特点及其他动作之间的联系,难以形成整个活动方式的完整印象,而且前一个动作环节的质量会影响到后一个动作环节的完成。

第四节 诊断纠正错误技能的训练与评价

一、诊断纠错技能微格训练的教案示例

表 10-1 诊断纠错技能微格训练教案示例

训练技能	诊断纠错技能		授课内容	蹲踞式起跑	授课教师 ××
教学目标	使学生初步学习蹲踞式起跑技术,建立快速跑的概念,并能正确陈述蹲踞式起跑和起跑后加速跑技术的动作概念。在练习中锻炼下肢力量,提高身体素质。					
技能训练目标	1.掌握诊断纠错技能的类型和运用要求 2.能熟练运用诊断纠错技能纠正错误 3.通过实际训练,掌握诊断纠错技能					
时间分配	教师教学行为	运用的技能要素	训练目的	教法	
40″ 1′	1.教师组织学生练习起跑 2.教师在学生练习中观察动作并指出错误动作:抢跑	诊断纠错技能: 观察诊断要素	训练教师的诊断能力,能在学生做出错误动作的瞬间诊断并指出	(1)适当调整起跑"预备"口令时的身体姿势。 (2)加强手指、臂和肩部的力量。 (3)练习起跑时,不断变化(延长或缩短)从"预备"到鸣枪的时间,养成听枪声起动的习惯。	
30″ 1′20″	指出错误动作:前、后腿蹬离起跑器无力 教师分析原因并能针对错误进行改正	诊断纠错技能: 分析错误动作产生的原因	能够分析错误动作产生的原因并针对错误选择合理的纠错方法	(1)调整"预备"姿势,使两腿的膝关节角适当减少些,使"预备"姿势处于最佳用力状态。 (2)反复练习蹬离起跑器的起动动作,如完成胶带辅助起跑的练习和双人的辅助练习,体会蹬离起跑器时的蹬、摆配合。 (3)反复练习后腿蹬离起跑器时的屈膝摆动动作。	

续表

时间分配	教师教学行为	运用的技能要素	训练目的	教法
30″ 1′20″	分析并纠正起跑后错误动作： 起跑后加速跑时上体抬起过早	诊断纠错技能： 选择纠错方法	能够针对错误动作的产生进行纠错	(1) 讲清起跑后加速跑的正确动作要领。 (2) 加强腿部力量练习，提高支撑能力。 (3) 用器材限制起跑后加速时的上体过早抬起。 (4) 调整前后起跑器至起跑线之间的距离。

二、诊断纠错技能的评价与反馈

表 10-2 诊断纠错技能微格训练评价表

授课教师_____ 教学内容_____ 日期_____
请您仔细观察授课教师的教学行为和学生的反应，然后填写评价表，在恰当等级打"√"。

项目	评价内容	权重	赋分值			
			优	良	中	差
1	诊断及时准确	0.15				
2	分析错误准确	0.15				
3	纠错主次分明	0.10				
4	正确动作示范	0.15				
5	纠错方法合理	0.15				
6	组织练习得当	0.15				
7	学生反馈情况	0.15				

您还有什么意见或建议：

◎ 思考与练习

1. 什么是诊断纠正错误技能？其基本功能有哪些？
2. 诊断纠错技能有哪些类型？请结合实际教学举出 2～3 例。
3. 运用诊断纠错时候应该注意的事项有哪些？

第十一章 课堂组织管理技能

1. 了解体育课堂组织管理技能的定义、要素、类型、作用等。
2. 掌握体育课堂教学组织管理的操作方法。
3. 能熟练地运用体育课堂组织管理技能进行片段教学。
4. 能对他人的课堂组织管理技能水平进行评价与分析,并提出改进的措施。

第一节 课堂组织管理技能概述

一、体育课堂组织管理技能的定义

法定的一节体育课是指在法定的时间内,由教师和学生共同参与,在特定的地点进行的双边教育活动。体育课不同于一般课程的特点是需要在特定的教学空间下进行,这个空间较教室更宽敞,学生活动更自由。因此,组织与管理在体育课堂中的作用便显得更加重要。

为了更好地维持体育教学的进行,教师往往采取多种方法与手段来干预学生行为,以达到管理课堂的目的,这些手段便是教学的组织管理技能,这是体育教育专业学生必备的专业技能,也是师范类高校培养教学人才的工作重点。体育课堂组织管理技能包括教学组织技能和课堂管理技能两部分,二者相互作用,共同保证授课的正常进行。

课堂组织管理技能是教师在教学过程中,为不断吸引学生的注意力,完成教学任务而采取的一系列组织管理、调节控制、反馈强化的行为方式,是维持纪律、组织练习、保持队形的主要手段,为教师处理紧急事件,形成和谐教学环

境,引导学生良性发展提供保障。它是保证体育教学活动沿着预定的教学目标前进的重要心智技能。要做一名合格的体育教师,就必须加强学习训练,掌握好组织管理技能,活学活用、灵活多变,以使自己的课堂教学达到预期的效果,保证教学质量。

从体育学科的角度认知组织管理技能,教师应从教学目标出发,设计好各个教学步骤,安排多种教学形式,例如合理地调动队伍,保持最优队形,管理班级纪律,展开教学内容,科学指导学生等。将单一的技能学习通过更多形式表现出来以达到教学目的,避免教学事故等都属于课堂组织管理技能应训练的范畴。究竟怎样才算有效的组织管理呢?就是要做到课堂充满激情,教学氛围严肃而不失活跃,呈现出和谐、民主、平等的教学氛围。这才是组织管理所要达到的最终效果。

总之,简单地说,所谓的体育课堂组织管理技能,就是体育教师在遵循体育教学特性和一般教学规律的基础上,遵照一定的教学原则,有意识、有目标、有根据地对体育教学过程的一种安排、选择与控制,并采用一系列精选的、适合于具体授课条件的课堂教学行为方式,保证顺利完成体育教学任务的行为技巧的总称。主要是克服与教学无关的因素,使学生集中注意力,高效率完成教学目标。

二、体育课堂组织管理技能的功能

课堂组织的好坏,直接关系到教学实践的效果,俗话说"教学有方",就是此理,说的是对课堂的组织与管理要得法。课堂的组织管理实际是对课堂的控制,搞好教学组织是上好一节体育课的关键,课堂教学目标的实现和教学信息的传递都要以此为基本保证。体育教学活动大多在室外进行,学习过程主要是学生在教师指导下进行的各种练习。由于体育课堂教学具有干扰因素多、组织形式多变、学生情绪波动大、学生间的个体素质差异较大等特点,这就对教师的组织管理提出了更高的要求。具体来说,有效的课堂组织管理具有以下积极的功能:

(一)有助于吸引有效注意

体育课堂的组织管理首要功能是吸引学生的有效注意。教师在课堂上对学生的讲解示范不同于普通室内课的提醒注意。体育课一般是在一个更加开放的空间授课,学生也更加自由,相对来说吸引有效注意更加困难,因此,良好的课堂组织是实施有效教学的前提。

(二)有助于合理使用场地器材

体育场地器材是进行体育教学的基本保障,场地器材布置是体育教学特有的组织工作,是实现教学目标的物质保证。合理布置场地器材,不仅能充分利用场地器材,增加学生练习的次数,而且能创建优良的教学环境,有利于保证安全,调动学生的积极性,提高教学效果。对于场地器材的组织工作主要体现在组织器材的安置、使用和收发上。

(三)有助于调节学生情绪、创造良好教学氛围

兴趣是学生从事体育学习的内在动力,课堂组织是一种"激发剂"。通过合理有效的组织过程使学生不断集中注意力,激发学生的好奇心,使学生对所学内容产生兴趣。如耐久跑教学时单一地让学生绕场地跑会使学生越跑越累,如果在组织中设置各种障碍、情境,效果就会不一样。

(四)有助于各教学环节的衔接

体育课堂组织管理是联结体育课各部分的桥梁。其重要性主要体现在体育课教学队伍的调动和运动负荷的调控这两点上。前者是体育课的链条,后者是体育课的支撑。只有合理有效地对体育课进行组织,科学地安排运动负荷,积极有效地调动队伍队形,体育课的开展才能在有把握、有控制、有目的的前提下有效开展。

(五)有助于学生更积极科学地掌握知识技能

体育属于教育的一部分,其主要的特点便是具有教育性。既然是以教育为目的的教学活动,那它首要的任务就是教授学生掌握知识。体育课的知识包括基本知识、基本技能以及相关的技战术方法。因此,科学合理地对体育课进行组织管理,不仅能减少浪费的时间,更能提高学生学习积极性。因此掌握有效的组织管理技能能够达到事半功倍的效果。

三、体育课堂组织管理技能的构成要素

课堂组织管理技能是一种课堂教学的综合性技能,其核心在于对整个教学系统中各个要素的掌控与调节。根据系统的生成理论,体育课堂组织管理技能的构成要素可分为两级。一级系统共包括教学控制、过程组织、引导与纠错、应急处理和鼓励总结五个大项。体育课堂组织管理技能构成系统具体结构如图11-1所示。

(一)教学控制

教学控制在体育课堂教学中占有很重要的位置,它是使课堂教学有条不紊地进行、完成教学任务、实现教学目标的基本保障。一节体育课的好坏,直

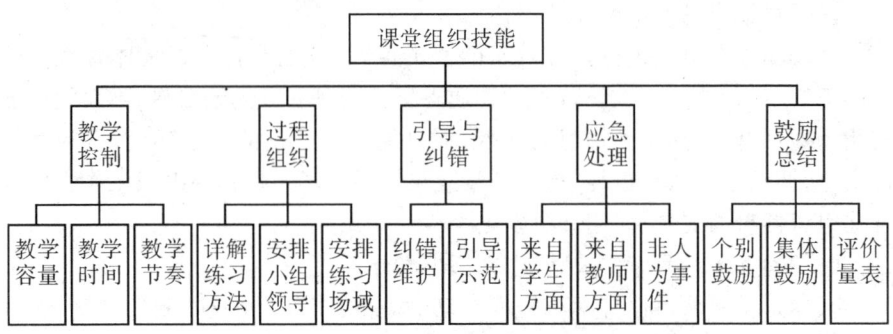

图 11-1　体育课堂教学组织管理技能要素系统图

接评价是学生的学习结果,但是影响结果的主要因素却是对过程的控制。此外,有效的教学控制还可以对保证课堂教学顺利,减少事故的发生等都有重要作用。教学控制的内容包括三部分,分别是教学容量控制、教学时间控制和教学节奏控制。

教学容量控制是基础。只有合理的安排教学内容才能有效地吸引学生学习注意力,更好的接受学习的信息,理解和掌握体育知识技能,是提高教学效果的基本条件,可以说是教学控制的基础。

教学时间控制是教学控制的桥梁。以一堂体育课 45 分钟为例,有效的教学时间控制就是要合理安排分配教师讲解时间、教师纠错时间、组织队伍调动时间及学生练习时间。一般情况下练习时间在 30 分钟左右。如何科学地讲解知识技能,让学生更快地理解,以便增加练习时间,合理地分配时间对体育教学的科学性具有重要作用。一节课的时间分配大体是:

导入阶段(开始部分):5~10 分钟

展开阶段(基本部分):30~35 分钟

总结阶段(结束部分):5~10 分钟

教学节奏控制是手段。体育教学的节奏主要指课堂节奏,恰到好处的课堂节奏让学生产生美的感受是显而易见的。一般情况下,一节体育课的运动负荷为心率 120~140 次/分,而且在课的不同阶段所达到的运动负荷不同。体育课教学节奏的安排,应考虑学生年龄特点、生理发育的成熟程度,科学的教学节奏控制可以有效地发挥体育课堂组织管理技能的功能。

怎样才能使教学节奏处于最佳状态呢?第一,教学内容要详略得当;第二,教学速度要快慢适度;第三,体育教学活动要张弛有节;第四,体育教学形

式要变而有序;第五,体育教学组织要收放交替。

(二)过程组织

体育课堂教学过程的组织决定了教师在整个过程教学中,始终要对学生的注意力加以必要的控制。教学过程控制主要包括详解练习方法、安排小组领导和安排练习场域。

1.合理安排练习小组组长

这就要求教师课前的备课要做到心中有数,在安排小组长时应从多方面考虑,一般是优先选择训练积极、身体素质好、人际关系好、最好有一定技能基础的学生为宜。教师在组织练习时,不可能全盘照顾,只能针对某个区域进行巡回观察。因此,选择一个优秀的小组领导对于老师的盲时、盲区的组织与保护都能起到积极作用。

2.灵活运用教法

由于体育课是以直接的身体练习为基本手段,因此,教师在教授学生体育课时应精讲多练,应使学生的练习密度在课的总密度中占最大的比例(一般学生在体育课中的练习密度在35%~55%较为适宜)。精讲多练的同时还应强调练习方法,注意讲练结合。

3.合理安排练习场地与练习器械

事实上,每个学校的具体情况各不相同,在体育场地上,有的学校还达不到正常标准,这就需要教师开动脑筋,最大限度地提高场地利用率,多采用分组活动和分散活动的方式。如器械不够,则可采用分组轮换型或循环练习型等形式,以加大学生的练习密度。为了加大学生的运动负荷和练习密度,可采用多种练习方法。还可增加学生练习的次数,扩大其活动范围,增加障碍物,提高练习难度。反之,如学生的运动负荷已较大,则应通过缩短其练习的时间和距离,变同时练习为分组轮流练习或相互观摩,改变练习的内容,缩小活动的范围,减少障碍物等手段来降低学生的运动负荷。

(三)引导与纠错

引导与纠错在体育课堂组织管理中占有重要比例,首先体育课的特性决定了体育课堂不像一般课堂那样以教师讲解为主,学生掌握知识的前提是建立理论模型。体育课堂中的主要内容一般为技能学习,而技能学习的特点就是需要长时间的身体练习。教师的主要任务是展示与引导。展示即将要教授的技能内容以直观的形式进行示范,是学生建立直接感官意识,然后通过练习进行强化和巩固。因此需要老师的正确引导,引导不仅仅是在讲解示范过程中,更重要的是在学生练习中。

体育课堂中纠正学生错误的动作是体育教学的一个重要环节,对学生正确掌握动作要领起到关键性作用。首先,体育教学内容的学习不是死记硬背的过程,体育教学技能的学习模式是:练习—体验—发现错误—纠错—再练习,循环进行直到完全掌握动作技能的方法。其次,纠错时要掌握正确的方法,坚持"四字"方法,纠错四字准则是"望、思、辅、评"。

(四)应急处理

体育课堂教学中的偶发事件是指课堂中突发的出乎意料的事件。作为一名合格的体育老师,必须具备教学机智这一素质。体育课堂中经常会发生各类偶发事件,其危害首先是中断教学的过程,使正常的教学不得不停顿下来。

体育偶发事件的产生原因是多种多样的,内容也是各不相同,但一般皆有以下特点:第一,教师难预料;第二,效应上的震荡性;第三,形式上的多样性;第四,处理上的紧迫性。教学情境瞬息万变,错综复杂,有时候表面上很平静,实际上潜伏着危机。

从体育课教学过程来看,体育课中的偶发情况主要来源于三个方面:

第一方面:教师内因。

(1)教学语言方面的失误。要在教学中获得良好的教学效果,就要求体育教师做到语言准确无误,动作要领清晰、易于理解,口令明确简洁。然而,因为语言可能涉及很多方面内容,或一时的疏忽即使是优秀的教师也会出现一些口误。在出现语言表达方面失误的情况下,一般学生都只会和教师会心一笑。假如引起误会,教师就应该声明纠正,并重新强调正确的语言。相信对于这样的处理,学生们都可以接受。

(2)动作技能方面的失误。

案例 11-1:

体操课上,年轻的A教师正在进行肩肘倒立动作示范。A教师在强调夹肘内收的动作重点时,由于不小心重心没有控制住,导致动作未完成,歪倒在垫子上,此时一些调皮的学生们出现起哄、喝倒彩的现象,A教师因为自己动作失误显得很尴尬,这种情况该怎么处理?

处理方式:教师在动作示范出现失误时,首先应保持冷静,不要掩盖失误,亦不要迁怒学生,可主动承认失误,并告知学生失误的原因,反面强化学生动作认知,并再次示范正规动作,将最好的一面展示给学生。

第二方面:学生内因。

(1)学生自律行为不当。

第十一章 课堂组织管理技能

● **案例 11-2：**

某小学体育课，因为班级人数较多，教师在教授队列队形时，将队伍拉得太长，导致部分学生距离老师太远，结果老师在前面管理好学生后，后面几位调皮的学生出现打闹情况，于是教师走到后面管理学生，结果前面学生又出现类似情况，教师十分懊恼，并不断地吼叫，可学生并不理睬。

案例中的情况是因为学生自律性不强导致的，在遇到此类问题时，可考虑换一种思维方式，用一种不同的组织方式影响学生的行为，当学生对新的内容建立起兴趣之后，管理难题也就自然解决了。

（2）学生练习失误致伤。由于一些体育运动项目的教学有一定的危险性，教师在教学中讲解、示范动作要领、练习要求和保护帮助时，个别同学没有认真听讲，造成练习时失误甚至造成身体的伤害。此时，教师应该保持镇静，切不可惊慌失措。首先停止练习，检查受伤同学的伤势情况，有必要时马上送医院救治。处理偶发事件的同时还要继续组织和安排好其余同学，切不可顾了一头，不顾另一头，应妥善地消除或控制意外事态的发生和发展。

第三方面：教学环境因素。

教学环境的突变问题主要分为内因和外因。

（1）内因即教学内部环境的变化。对于体育课教学中内部环境的变化，主要还是运动场地和运动器械的异常情况的发生。

● **案例 11-3：**

某体育课中，学生正在学习跨越式跳高，班级里有 40 人，只有一个跳高架，学生只能排成一队，依次体验动作，导致一节体育课中，学生练习密度极低，并且因为学生个体能力不同，学生在调整跳跃高度时出现了冲突。

教师在上课前应当有充足的备课，备课不仅仅备内容，更要备场地器材，并进行学情分析，遵循因材施教与安全教育原则，合理展开教学，案例中可采用跳皮筋的形式，设置不同的高度，让学生不断地挑战自我，全部都能体验成功的快乐。

（2）外因即教学外部环境的变化。

● **案例 11-4：**

原定为室外的实践课内容，但突然下起了大雨使室外课无法正常进行，这时就要求教师在课前准备好两个教案，一个为主要的实践课内容的教案，另一

个则是雨天备用的理论课教案。最好还备有一些带多媒体内容的教学课件或体育集锦,这样可以激发因没能上室外课而扫兴的同学们对吸收体育理论知识的兴趣和积极性,提高教学的质量和教学效率。

(五)鼓励总结

体育课堂教学的组织还表现在及时合理地做总结,并不断提醒鼓励学生,使学生建立学习的信心和勇气。做好鼓励与总结不仅要体现在课堂的末尾或课后,更应体现在整堂课中。

在体育课中,教师要多使用"加油"、"很好"、"很棒"、"大家给予掌声"等鼓励性语言,提高学生士气,尤其是在做一些难度较高的动作时,信心的建立尤为重要。在鼓励的同时,还要不断提醒学生注意动作要领,并利用口令的形式配合教学,给学生留下深刻的印象。

案例 11-5:

在进行肩肘倒立教学时,当对某同学的动作进行榜样示范时,教师可以说:"某某同学的直膝并腿动作非常标准,让他来给大家做示范好不好?""某某的肩肘与身体呈直角,比老师都标准,老师因为有你而感到骄傲。"

第二节 课堂组织管理技能的分类

绝大多数体育课堂教学是在室外完成的,相对于理论课堂有更大的空间和更强的自主性。对体育课堂中组织管理技能的分类应从宏观和微观两个角度分,从宏观角度可分为:授受型组织管理技能、纠控型组织管理技能、练习型组织管理技能和随机型组织管理技能四类;从微观角度看体育教学组织技能可分为:队列队形维持、队伍调动、课堂秩序组织关系以及应急事件组织管理等方面。

本书中介绍的体育课堂组织管理技能分类从宏观角度出发,因此,课堂组织管理技能课分为授受型、纠控型、练习型和随机型组织管理技能四类。授受型指在教师讲授或示范时用到的组织管理技能;纠控型指老师在学生练习时巡回纠错过程中的组织管理技能;练习型指教师分配练习场地、器材、负荷量等方面的组织管理技能;随机型技能指贯穿于整个教学的调控、提示、指导和应急处理等过程中的组织管理技能。以上四者各有侧重,组织手段与方法交互使用,联系密切,共同维持整个教学过程的实施。

一、授受型组织管理技能

(一)概念界定

授受型体育课堂组织管理技能指在教师讲授或示范时用到的组织管理技能。这种类型的课堂组织管理技能的目的是为了提高授课效果,以此为目的而采用的一种组织管理技能形式。

授受型体育课堂组织管理技能,不同授课内容的组织形式与方法差异不大。授课是一堂体育课的第一任务,教师讲解与示范时的目标位置要求很高,既要保证全体学生都能听得到、看得清,又要能保证教师有足够的空间示范动作,因此授受型体育课堂组织管理技能对于空间的要求很高,讲求授受和谐。

(二)组织形式

授受型体育课堂组织管理技能要充分体现教师与学生的位置关系,充分尊重教师"教"与学生"学"的关系。主要有以下几种组织形式:

1.基本型

(1)横队三角形

横队三角形指教师与学生的位置成三角形,学生以横队面对老师,教师立于学生队伍前。

图示:

图 11-2

要求:教师与第一排学生成等腰三角形,且教师与学生保持一定距离,使老师视线能覆盖队伍两边的学生。

优点:组织方法简单便捷,是学生最熟悉的队形,组织时间短,速度快。

缺点:没有新鲜感,后排学生视线受影响。

使用情景:主要用于课堂常规时或做准备活动的基本队形。

(2)"梯"形

教师通过口令技能,调动第一、二排学生成下蹲姿势,后两排同学不变。如图11-3:

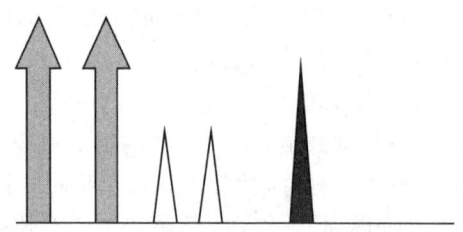

图 11-3

注:箭头为后两排采用站立姿势,三角形为前排采用下蹲姿势,暗三角为教师

优点:这种教学法同横队组织效果一样,但后排与老师之间视野开阔,更有利于全班同学的观察学习,是讲解示范时的常用队形之一。

缺点:前排同学成蹲踞姿势,无法跟随老师的讲解示范进行模仿练习。

使用情景:在组织练习中段的临时集合,进行技能展示时,常用这种队形。

2.两边形

(1)"H"形

这种队形的组织方法,是由横队转变而来的,前两排的学生向前单数步走(如三步或五步),然后转身,两组同学面对面,老师来到队伍中间,进行讲解示范的组织形式(如图11-4)。

图 11-4

优点:这种组织队形,是教师讲解示范时使用较多的一种队形,组织示范角度较好,学生也易于学习模仿,同时也便于分组。

缺点:需要教师有较好的组织队伍能力及口令能力。

使用情景:在球类项目教学中,较多采用这种队列队形。

(2)"V"、"U"形

学生成字母"V"形站队,教师立于开口处,面向开口方向做示范。

图示:

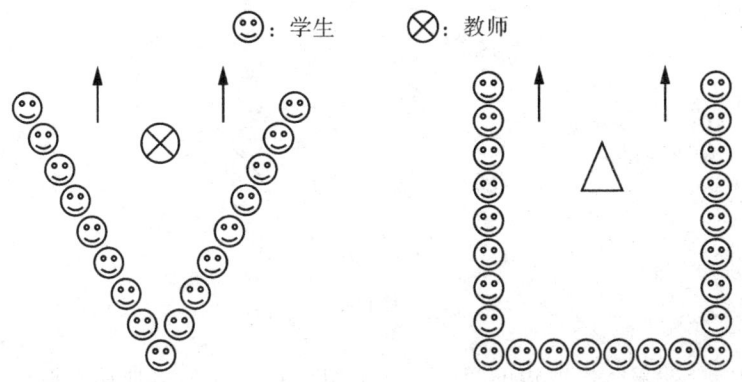

图 11-5

优点:学生观察角度较好,同时学生位于教师后方,在教师技能展示时比较安全。

缺点:使用的教学项目有限制。

使用情景:田径投掷类项目中一般采用这种组织形式。

二、练习型组织管理技能

(一)概念界定

练习型体育课堂组织管理技能指教师分配练习场地、器材、负荷量等方面的组织管理技能。这类组织管理技能在体育课堂中是最常见的,也是教学衔接的主体。好的练习方式,不但有助于学生快速掌握技术技能,同时还能活跃课堂气氛,增加学生学习的兴趣,使学生不断地保持好奇心。

(二)组织形式

练习型组织管理的组织性形式多种多样,有集体练习、分组练习等不同形式,不同的教学内容其练习的组织形式也不相同。本文选取的组织队形有限,实际训练时,在遵循体育课堂组织技能应用要点的基础上,教师应因地制宜、因时制宜、因人制宜,制定最适合教学内容的练习组织形式。

1.基本队形

(1)纵队

要求:教师与第一排学生成等腰三角形,且教师与学生保持一定距离,使

图 11-6

教师视线能覆盖队伍两边的学生。这类组织形式比较多地用在队伍移动方面,例如朝某一方向整体行进,或者朝某一方向做四人一组的循环练习时,如跳远的踏跳练习。在这样的练习情境中,使用纵队队形不但组织简便,学生更易于理解。

使用情景:队列行进、第一动作冲突练习时经常采用。

(2)"环"、"圆"形

这两种组织队形,在准备活动练习时经常使用,学生成圆形移动逆时针方向练习。教师在队伍中间喊口令。准备活动结束后,学生还可以就地坐下,组织游戏或是进行柔韧性练习等(如图11-7)。

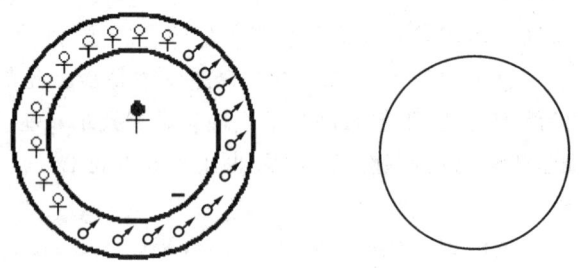

图 11-7

使用情景:这种队形一般应用于游戏或者准备活动练习。

(3)广播体操队形

广播体操队形是组织练习的基本形式,尤其是在准备活动阶段使用较多(如图11-8)。

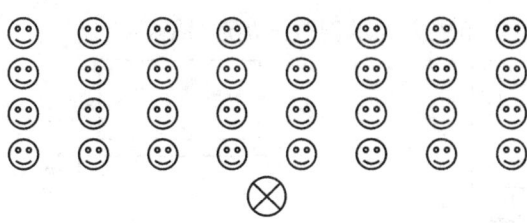

图 11-8

使用情景:这类队形的组织较容易,适用于需要一定的个体练习空间,同时又具有整体性的运动项目,如体操类的广播操、健美操等。

2.各种教学内容的基本组织形式

练习的组织队形受教学内容的影响,不同的教学内容采用的练习形式不同,如:

(1)慢跑练习组织方式示例——蛇形跑、对角线跑

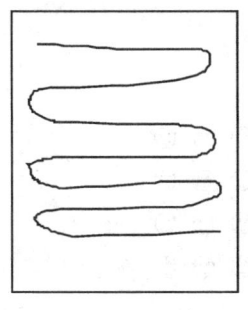 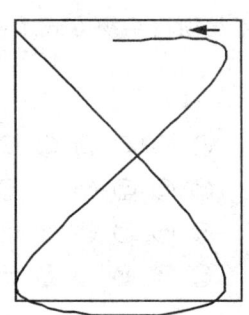

图 11-9

(2)球类项目组织方式示例

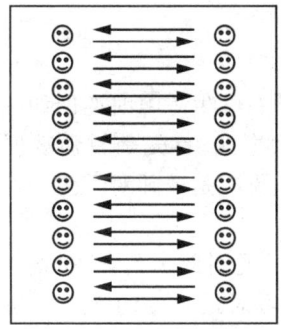 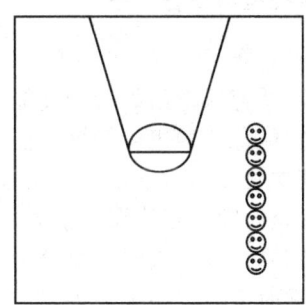

图 11-10

(3)跳跃类项目组织方式示例——跳远、跳高

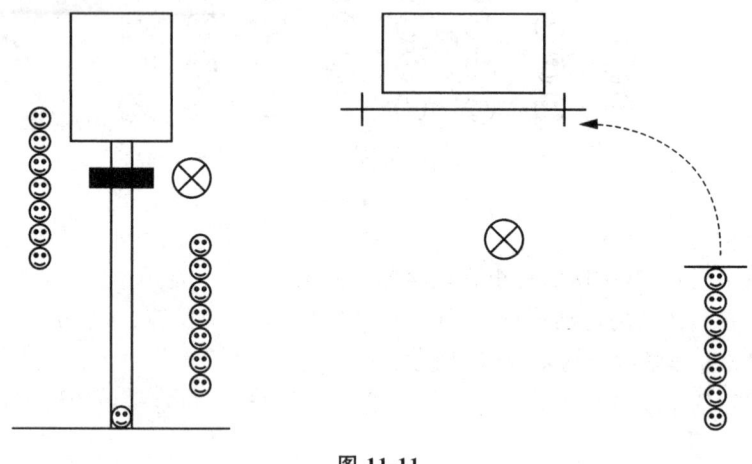

图 11-11

(4)武术类项目组织方式示例

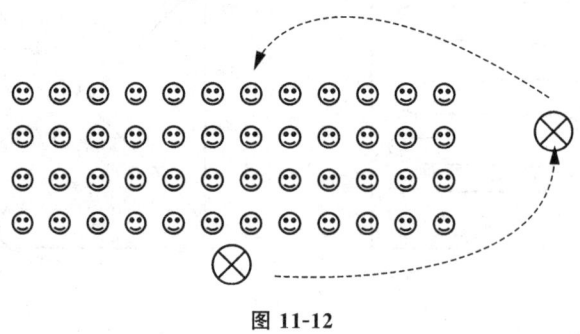

图 11-12

三、纠控型组织管理技能

(一)概念界定

纠控型体育课堂组织管理技能是指老师在学生练习时巡回纠错过程中的组织管理技能。这种组织管理技能受多方面影响,首先是教师掌握技能的熟练程度;其次是教师对学生练习出错的预测;再次是教师对学生练习时的保护安排;最后是教师纠正错误的能力。

体育课堂内容的教授主要分为两部分:一是讲解示范,二是纠错保护。学生整体学习时主要采用第一种,但在学生练习时最主要的教授方法便是纠错保护法。教师在教学过程中通过不断地纠错指导,使学生掌握正确的技术动作。体育课堂中的纠错技能主要包括两个方面:集体纠错和个体纠错。

(二)组织形式

1. 集体纠错

(1)散点型

散点型的组织方法,在纠错时经常用到,尤其是群体纠错,教师在巡回指导时,有目的地要求某部分人或全部人停止正在进行的练习,将注意力集中到教师身上,然后教师指出在学生练习中发现的错误动作,并再次进行示范。在这个过程中学生都是散落在各自的练习场域,不做大规模移动。

图示:

图 11-13

优点:不用做大规模队伍调动,减少浪费的时间,同时听完老师讲解后可以继续在原练习区域练习。

缺点:假如各组练习分布区域距离很大,那么老师会较难分配与学生的距离,影响讲解效果。

使用情景:较安静的教学空间,教师讲解声音能到达任何练习区域。适用于小场地教学项目。

(2)"弧"形

弧形教学组织形式在教学的各个环节中都可以使用,这种教学法比较自然,能拉近老师与学生之间的距离,使学生没有束缚感,能充分体验自由平等的课堂气氛。弧形即以老师为圆心,以 2～3 米为半径弧形松散站队。

图示:

图 11-14

优点:教学氛围较轻松,学生能充分感受平等的教学场。使学生增加对老师的信任,认真听讲。这种队形的组织也比较容易,不会浪费太多练习时间,教师示范面角度好,学生易于观察。因此,集体纠错一般都采用这种队伍组织形式。

缺点:由于气氛太放松,可能会使学生过度放肆,出现违反课堂纪律现象。

使用情景:这类组织形式适用于任何教学内容的纠错组织管理。

2.个别纠错

个别纠错不同于集体纠错,实施时不需要队伍的调动,只需要针对纠错个体做一对一的指导,纠错时多采用讲解及保护等辅助手段。

四、随机型组织管理技能

(一)概念界定

随机型体育课堂组织管理技能指贯穿于整个教学的调控、提示、指导和应急处理等过程中的组织管理技能。这类技能在体育课堂中使用较少,但是体育课堂中会发生各种突发事件,需要教师合理地处理。假如处理不当,可能产生恶劣的影响。

(二)组织过程

随机型组织技能没有固定的组织形式,教师在体育课堂中要有预判能力,要充分考虑到体育教学中可能存在的隐患,但是,有些事件是无法预防的,那就需要教师有较强的应急组织管理能力。体育课堂中发生突发事件时可按如下步骤进行组织和管理:

(1)不断强调体育练习保护的重要性及可能存在的隐患。

(2)及时发现体育课堂中的突发事件。

(3)安抚学生情绪,请小组长及班委组织好各队伍。

(4)迅速到事故地点,察看事故危害程度。

(5)如事态不严重,可进行一些简单的应急处理,然后安排事故人(群)休息,并组织几位同学进行照顾。

(6)教师迅速将学生思绪拉回现实,并安抚学生情绪,组织新的练习形式使学生继续练习,提醒学生注意保护。

(7)假如事态严重,应组织干部迅速救援,必要时拨打救援电话。其他同学下课,有秩序地回教室。

第三节 课堂组织管理技能的运用

教师在应用体育课堂组织管理技能时,除了要了解组织内容、掌握管理方

式外,还应懂得应用课堂组织管理技能的要点。主要归结为下列几点:

一、组织对象要熟悉

(一)教学组织与管理的对象是教学的主体

不同的教学对象在教学中采用的组织管理方法不同。在课堂开始前,教师一定要了解学生。切实了解学生的基本信息,明确了解学生的性别、身体状况、人数、年龄等基本信息,还要了解学生的适宜运动强度。假如教学对象是小学,那么应根据小学生的心理特点设计一些游戏让学生在"玩"中学,因此设计一些竞赛性的游戏也是队列队形训练的有效载体。

例如:在小学体育课"集合—解散"的训练中,教师可以把全班分成几个小队,围成几个简单的图形。在解散状态下,听到集合哨声时,比一比哪个小队集合的速度快、队列整齐;看一看哪一队的队员精神饱满;听一听哪队队员报数的声音响亮有力,并予以表扬。(队列的游戏还有:一切行动听指挥;挑战应战;穿城门;春种秋收等,体育游戏可以激发学生的学习兴趣)。

同样的教学内容,假如教学对象是高中学生,那么教学组织时就不应该使用太儿化的话语与行为,比如:真聪明、真可爱、老师觉得你们好棒啊等话语,使学生产生异样感。

(二)根据学生年龄特点,切合实际因材施教

体育教学必须突出它的教育性、人文性,在传授体育知识、技术、技能的同时也注意锻炼学生的身体,促进学生身心的全面发展。因为体育教学对象差异较大,不能一味地以一种标准衡量全体学生,要做到因材施教。

例如:在队列队形课中有许多军事化的内容,然而在实际教学中,这种军事化的要求对小学生来说是不切实际的。我们不要一味地以高标准去要求他们,否则只会使他们的生理、心理都承受巨大的压力。在教学原地踏步和齐步走的练习中,教材中对于摆臂的角度与幅度有很高的要求,对部分小学生来说是较难达到的。而且对动作刻意地强调,会使学生的注意力分散,进而影响整个动作的准确性,容易产生排斥抵触的情绪。

在教学中,面对这些难点,需要教师降低动作难度,使学生易于做到。如练习摆臂,只要学生能够做到双臂自然摆动、动作协调、姿态优美,就可以视作达到要求。学生在训练中有了兴趣和自信,才能使以后的教学得以顺利进行。

二、必要的应急调控手段

课堂中的偶发事件是很多的,尤其是体育课堂在更开放、更自由的空间

内,发生突发事件的可能性较高。体育课堂偶发事件具有不可预料性、影响广泛性、种类多样性和处理紧迫性。面对这些特点,体育教师应掌握哪些必要的应急调控手段呢?

(一)要有对可能存在隐患的事件的预知能力

如有些学生向老师提出一些与练习内容无关的问题,实则是恶作剧;或有些学生在比赛中别人跳起时故意推他一把,实则只是开个玩笑;或有些学生在投掷练习时,表现欲过强,在同学捡器械时,私自投掷,实则只是想表现一下自己。这些案例在体育课堂中经常发生,所隐藏的危险也是较高的。因此,体育教师要有对隐患时间的预知能力,有针对性地向同学指明可能存在的危险,并运用组织手段合理地安排练习与场地,达到课堂调控的目的。

(二)要有控制突发事件扩散的能力

课堂上的偶发事件,常常使学生个人产生较为强烈的情绪体验,对学生以后的学习、品德及个性的发展都会带来巨大的影响,甚至会产生负面影响。课堂上发生的突发事件,尤其是冲突类事件,假如教师不能合理地控制事态发展,那这类突发事件可能会产生更严重的后果,对于教师和学生都是沉重的打击。课堂发生突发事件并不可怕,只要老师沉着冷静,能够及时合理地处理,即可防止事态的恶化。因此,体育教师应具有控制事态扩散的能力。

(三)要有处理紧急突发事故的能力

体育课堂教学与一般课堂不同,其课堂中包含许多危险性因素,如:体育课经常发生各类意外伤害事故。因此,教师应急管理手段中还应包括必要的急救手段。由于突然发生的事故,往往使正常的教学进程被迫中止,引起整个班级的混乱,这类事件必须立即处理,既保证学生安全,又保证教学活动顺利进行,尽快恢复秩序的正常进行。

案例 11-6:

某中学体育课,A 与 B 两位同学因为争夺器材产生矛盾,恶语相向,直至发生肢体冲突,老师看到后,仅仅把二者拉开后,简单批评了一下,未查清冲突缘由,结果课后,A 学生因为怀恨在心,纠集几名社会青年,将 B 学生打致重伤,造成法律冲突,严重影响了学校形象。

案例 11-7:

某体育课,一名男生跳起摸篮筐,手指被球网缠住,落地后摔成手臂骨折。教师要能够根据要求做出应急处理。

第十一章 课堂组织管理技能

此类案例在全国各地都有出现,体育课堂中的突发事件一般都是非功利性的,但造成的结果却可能是危险的。如案例中展示的两次事故,就冲突本身而言并无利害,但造成的结果却是严重的,这就要求体育教师在教学过程中要始终保持清醒的头脑及必要的应急处理能力,科学地安排训练,减少或避免高危性突发事件的出现。

三、适宜的外部环境

适宜的外部环境是实施体育课堂组织的基础。体育课堂教学受环境因素影响较大,在教师的课前准备中,教师除了备课本、备学生以外还要备环境。因为体育课堂的教学环境是特殊的,独一无二的。因此,周围环境的好坏直接影响到体育课堂的开展情况。体育课堂组织管理的外部环境主要包括哪几部分呢?

首先,教学空间要充足。体育课堂属于室外实践课,其活动空间相对室内课要大很多,组织管理难度也较高,因此,足够的教学空间,对于实施体育教学和学生练习有直接的影响。现在许多学校存在体育场地短缺的现象,造成的后果就是体育课变成室外席坐课,多数学生整节课都蹲在角落里耗时间,只有少数积极参与体育活动者在拥挤的场地上进行练习。

其次,教师要经常更换练习场地。在教室内,学生都很喜欢换座位,这是由于学生对于新事物的好奇心。体育课作为室外课有足够的时间做队伍调动,而每次队伍调动都会引起学生学习的兴趣。利用学生的好奇心和爱新鲜的心理倾向,激发他们的锻炼热情。

例如:小学队列课中练习齐步走、四面转法、正步走、立正、稍息、踏步等,我们可以利用室内多媒体展示阅兵场面,让学生感受练好队列队形的重要性,以此激发他们内心涌动的激情,使学生受到感官的刺激,产生跃跃欲试的心理。

四、教学队伍的安排与调动要合理

队伍调动是体育课堂教学各环节的衔接。从课的开始到结束都离不开队伍的安排与调动,课开始时的组织讲解队形,课中练习区域调换、集中讲解以及纠错的组织形式,课后的快速集合及放松队形,不仅能严密教学组织,而且有利于师生的课堂交流,为学生学习创造有利条件,直接影响体育教学的效果和质量。

(一)合理利用场地

队伍组织与调动要在一定的场地中进行。场地大小应根据人数多少而定。一般而言,一个教学班至少要有相当于一个篮球场地大小的活动面积。为了方便队伍的整体调动,可将场地假定标出一定的标记。

线:有上、下、左、右边线。

点:有上中点、下中点、左中点、右中点、中点。

角:有左上角、右上角、左下角、右下角。

学生集合时,应按要求,排在适当位置(如图 11-15)。

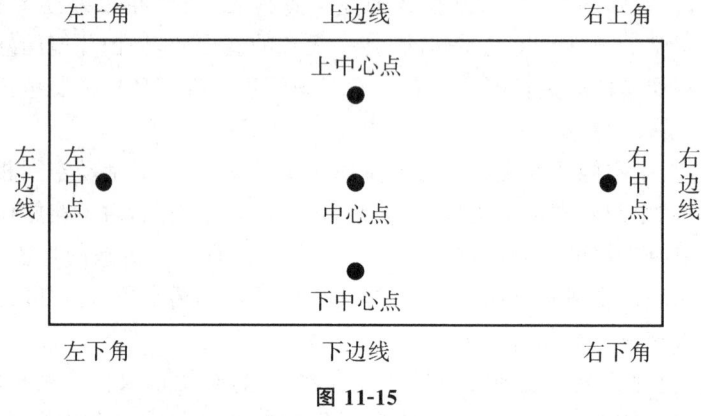

图 11-15

教师对场地有如图 11-15 规划后,在组织安排队伍时便不会出差错。如:课开始时教师可以在上中心点或下中心点处集合,并面向场地内区域,有利于教师讲解示范。教师实施口令时也比较明确,如:一组到左上角集合,二组到右上角集合等指示性口令的发出便不会令学生产生位置矛盾。

(二)教师的站位方式

在组织队伍调动时,教师的站位也是有要求的。现在教学中教师采用最多的站位方式是三角形站位、圆心站位、多列平行队伍中间站位、队伍调动过程中的随队站位、学生练习场域外指导站位及纠错保护站位等多种。无论采用哪种站位形式,最终目的就是要有利于教学实施。如图 11-16 中队伍调动时,教师应先走,然后再下达口令。

(三)教师队伍调动方法

在体育教学中最常见的队伍调动方法是口令法。准确的口令发放能对学生快速理解有较大的帮助,这主要表现在口令的唯一性上,不能对学生产生误导或者是口令下达产生歧义。如:在横队转为纵队时,老师可以下达"向右

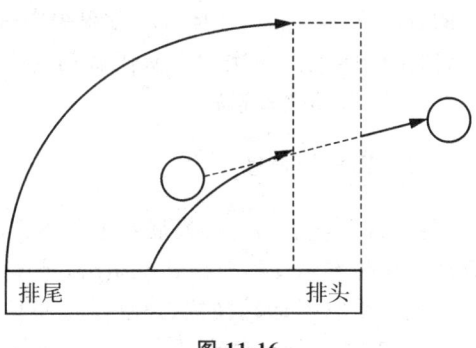

图 11-16

转——右转弯,齐步走——踏步走——立定——向后转"一系列口令来实现,假如场地允许,也可以直接下达向右转的口令,然后老师移动到队伍前面就可以了。

除口令调动法之外,在体育课堂中用的比较多的是标志物辅助调动队伍法和游戏音乐队伍调动法。前者指教师可以在场地上画标志线或放标志物,表明行动方向,使学生行进时能一目了然,迅速移动。例如:一路纵队蛇形行进时,教师站在排头位置,即可引导学生完成;也可以事先演示一遍,让学生明确方向、路线和要求,然后指挥学生进行队伍调动;后者是在队伍移动时采用游戏的形式,或者是配合音乐的节奏来完成队伍调动的方法。

在实践过程中,采用多样的队伍调动方式,不仅能够达到队伍调动的目的,还可以提高学生的积极性,达到最佳教学效果。

(四)体育课堂教学队伍调动的基本要求

首先,体育课堂教学队伍的调动有利于学生练习。构成体育课堂教学队伍组织的因素包括队形、学生的站位、老师的站位、队伍的方向以及队伍调动路线。例如:初学健美操主要由老师领做,可采用半弧形学生交错站队形式;学习跨栏时学生应面对栏架站立,以提高观察效果;活动性游戏较多采用圆形队伍等。

其次,队伍调动时机要适合,动作要迅速。虽然体育课堂中的队伍调动是必不可少的,但是队伍调动与练习时间存在反比关系,队伍调动越频繁,花费时间越多,那学生练习的时间越少。体育课主要是一门以学生练习为主的课程。体育课的目的就是让学生参加体育锻炼,队伍调动过多会影响练习的时间与连贯性,所以体育课堂队伍调动一定要适时,且不能重复调动。如:教师讲解完后要求学生分散练习,之后又发现学生练习错误,结果又全部集合整队再讲解,这样就是一种练习时间的浪费,是不合理的队伍调动。

总之,教学队伍的合理安排与调动在体育课堂组织中占有重要比重,是课堂组织管理技能强弱的重要体现。一次课中队伍调动的次数不宜太多,时间也不宜太长,做到步调一致,调动合理迅速。

五、运动负荷的安排与调控要合理

体育课的运动负荷要符合学生的身心发展水平。体育课是以身体练习为主的一门课程,体育课上学生要承受一定的运动负荷,是体育课区别于其他一般课程的主要标志,也是学生掌握运动技能、发展学生身体素质、体验运动乐趣及实现体育教学目的的基本前提。体育课堂中的运动负荷的调控也是课堂组织管理技能应注意的要点之一,因为一节体育课的好坏最直观的评价就是运动负荷的变化。

一般是以运动后的即刻心率作为运动时的心率。通常认为心率达到180次/分时为大强度运动,达到150次/分时为中强度运动,120次左右/分时为小强度运动。医疗体育中常用的运动负荷衡量标准是:正常人运动后最大负荷的心率=120-足龄数(次/分)。

检查体育课运动负荷:将测试者在安静时、准备活动时、课内的基本教材练习时、整理活动时和课后5~10分钟内所测得的心率变化情况,绘制成曲线图表。根据曲线所示的变化,分析评估体育课的运动负荷是否合适。一般来说大学生体育课的运动强度,平均心率达到男130~150次/分,女130~140次/分是较为适宜的。

体育课堂组织调控运动负荷的方法有多种,调控的时间包含课前、课的开始、课的基本部分、课的结束。调控方法一般可采用以下几种:

(一)练习密度的合理变化

学生在体育课堂中的技能练习,是体育课的主体部分。增加或减少练习次数或者是同一练习项目的重复练习次数,不仅可以保证学生实际从事练习的时间,还可以保证适宜的体育课练习密度与运动负荷。现在的教学大纲要求老师在课堂中要精讲多练,保证学生的练习密度。充分的练习强度是练习密度的基础。

(二)练习内容的合理安排

首先,体育教学内容的选择与再加工是体育教学的前提,许多练习项目都具有限制性,合理地改变运动形式及规则不仅能够使教学内容适合教学对象,而且更易于实施教学。如在中学投掷类项目的教学中,掷标枪的内容可以改为掷垒球,既增加趣味,又达到了教学目的。同时还能减少教学内容的危险性,实现练习内容的合理组合。

其次，适当改变练习的顺序，增加练习次数。体育课各个练习之间不同的间隔与联系会产生不同的运动负荷的累积效应，其中影响较大的是调整练习间歇时间。如延长或缩短练习之间的间隔时间等。增加练习的重复次数，可以改变学生实际练习的时间，保证适宜的体育课练习密度与运动负荷。

除以上两点外，适宜的练习密度的调控方法还有热身练习的调控、组织教法的变化等，具体的方法应视具体情况而定。

六、组织方法选择要多样

组织方法的选择要多样，避免单调与乏味。教学组织形式要具有艺术性。教学组织形式的艺术性表现在组织形式的创新上，即课的组织形式要有新意，单一的组织形式教一种教材，没有艺术可言；单一的组织形式教几种教材更没有艺术可言；所有的老师在教所有的教材时都采用相同的组织形式，就更与艺术无缘了。因此，艺术性源于创造。

○ **案例 11-8：两种耐久跑的教学实例对比**

第一种：耐久跑教学中，教师 A 安排学生绕操场跑 5 圈，之后间隔 5 分钟又练习了一次。结果教学过程枯燥乏味。

第二种则采用了如下的组织教学步骤：

在体育课跑的教学中，教师 B 从"一带一路"理念中设计了两条路线，一条是陆上丝绸之路，一条是海上丝绸之路，学生在跑过相对应的城市中需要完成不同的任务，整个跑步时间在 8～10 分钟，同时在跑的时候播放跑步操的音乐，让学生跟着音乐有节奏地跑，结果学生跑了 3 趟，并且学习热情高涨。

上述两种方法在组织教学方面有较大差别，在练习的机会方面，第二种设计的教法机会要多得多。在采用的方法方面，第二种设计包括游戏、竞赛等，方法更为灵活。在教技术动作方面，第二种通过学生的实践，发现技术要求，在比赛中体会，在此基础上进行较为完整的技术教学，最后通过追逐跑巩固技术，学生学得主动、积极。

在小学体育教学中，往往过于强调运动技术，采用一些像训练运动员那样的枯燥的教学步骤，一步一步地教动作，一个一个地纠正，但忽视的往往就是怎样才能使学生学得有趣，怎样才能使学生增加练习的机会，真正地使学生的身心得到全面有效的发展。当然，上述第二种教法实例在教起跑的技术方面没第一种具体仔细，但是，要知道体育教学的目标不只是掌握技术，更重要的是促进学生身心的全面发展。

第四节 课堂组织管理技能的训练及评价

一、体育课堂组织管理技能微格训练教案示例

表11-17 课堂组织管理技能微格训练教案示例

| 训练技能 | 课堂组织管理技能 | 授课内容 | 蹲踞式跳远 | 授课教师 | ×× |

教学目标	1.使学生能正确说出蹲踞式跳远的动作要领，并能说出重难点； 2.使70%的学生能完成助跑与起跳动作，30%的学生能够做到助跑加速有力； 3.使学生学会相互学习，互帮互助，培养克服困难的勇气。
技能训练目标	1.教学队伍组织形式多变，及时有效，学生执行力较高； 2.教师站位准确，讲解示范与保护合理； 3.学生学习气氛高，练习运动负荷适中； 4.能够很好地处理课堂中的突发事件。

教师组织行为	学生行为	应用技能	组织教法	用时	
				计划	实际
一、准备部分 课堂常规组织 1.教师鸣哨，提示全体学生集合，并作出队列手势。 2.待学生站好后，向学生问好，并询问本次课的人数。 3.仔细询问学生的身体情况，安排见习生。	未集合前学生自由活动，并逐次到指定教学场域。听到哨音后，快速反应，向老师方向集合。体委报告人数，并师生问好。个别女生向老师请见习假。	1.口令技能 2.课堂组织技能之课堂常规组织	组织方式——基本型 教师与学生第一排成等边三角形。如图： ☺☺☺☺☺☺☺☺☺☺ ☺☺☺☺☺☺☺☺☺☺ ☺☺☺☺☺☺☺☺☺☺ ☺☺☺☺☺☺☺☺☺☺ ⊗	30″	
游戏导入 1.教师提示："在刚才的游戏中，有一组同学在跨越鸿沟时用时最短，大家说一下他们过鸿沟的方法。" 2.讲解一组学生过鸿沟方法的优势，邀请学生再体验一次。 3.鼓励同学们，在刚才的体验中非常投入，导入本次课的内容——蹲踞式跳远。	1.学生积极做游戏，以小组为单位，对游戏的方法进行讨论，获得最后的最优方案。 2.认真听老师分析胜败原因，积极思考落后一组的原因，并在二次体验中认真感受跳远的魅力。	1.游戏导入法 2.讲解法 3.组织法	组织方式——游戏 ⊗ □　□　□　□ ↑　↑　↑　↑ ☺　☺　☺　☺ ☺　☺　☺　☺ ☺　☺　☺　☺ 教师采用提示性的语言，鼓励学生自己探索游戏的最优方法	1′	

续表

教师组织行为	学生行为	应用技能	组织教法	用时	
				计划	实际
一、基本部分 讲解动作要领： "嘟嘟"，大家在老师面前成四列横队快速集合； 通过上节的游戏我们了解到了跳远的精要，那老师现在要告诉你们的是蹲踞式跳远动作要领。 提示动作要领，并指出其中的重、难点，宣布第一个教学内容——原地踏步起跳。 口令"向右转"面向跑道，四人一组，向前方做一步一跳练习，做完8次后返回。 练习过程中个别指导，来回算一组，每位同学完成至少三组。	听到哨音后，快速集合，并成四列横队排好，前两排向前3步走，向后转。 认真听老师在队伍中间的讲解与示范。 根据老师提示组织练习。 遇到问题时主动向老师咨询，在老师个别纠错时认真听讲。 至少每人完成三组。	口令技能 授受型、纠错型和练习型组织管理技能 讲解技能 纠错技能	1.快速集合队形 当学生听到哨音时，迅速向老师靠拢，根据老师要求排好队伍，组织图形如下： 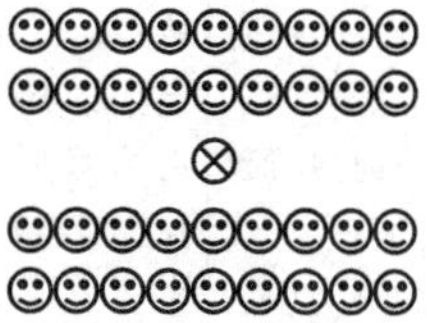 （队形图） 2.一步一跳方式如下图： （箭头与队形图） 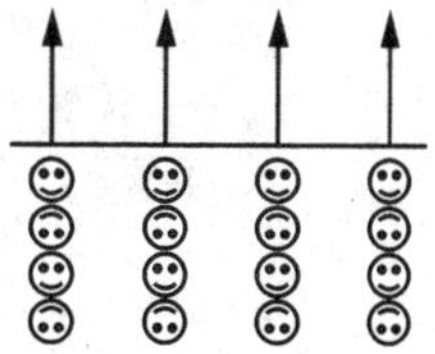 学生自由练习，教师巡回指导，一般以个别指导为主，主要解决学生练习时的错误。	5′	
二、集体纠错 教师鸣哨，示意学生快速集合，然后口令"以我为中心，两米为半径，松散站队"。 教师集中讲解练习中出现的错误动作，并再次示范； 老师示范完后，找两个动作较好的同学出来展示； 对两位同学的表现要先鼓励，然后点评，请学生找出与老师示范的不同点，然后鼓励性询问有没有信心做好；	学生听到教师集合口令后，迅速反应。采用弧形或者散点形的站位方式，围绕老师站位。 认真听老师讲解练习中出现的错误。 自己模仿体验老师的示范动作。	讲解示范技能 组织管理技能 口令技能	集中纠错组织形式： 此类组织形式的目的只是引起学生注意，提示教师即将要讲解，让大家凑在一起，便于倾听，如下图： 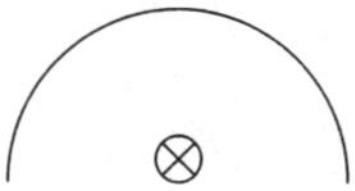 （弧形队形图） 还有一种形式为散点图：  （散点图）	3′	

243

续表

教师组织行为	学生行为	应用技能	组织教法	用时	
				计划	实际
1.形成性评价 老师在学生练习过程中不断地巡回观察,及时发现错误动作,次数较多的错误,组织集体讲解,个别同学错误则就地解决。 2.难度练习,练习助跑与起跳的结合,首先是6步,然后是22步,告诉学生步点丈量方法;然后带领学生到沙坑处,实际体验。 3.动作展示,从四队中分别选出两位较好的同学给大家展示。	听老师点评,并自我评价,进行强度练习时,快速移动到练习场域,每人自己量自己的步点。 在练习时,会出现很多错误,学生要么咨询,要么自己感悟。 有组织地练习助跑与起跳的结合,认真体会动作要领。	讲解组织示范口令	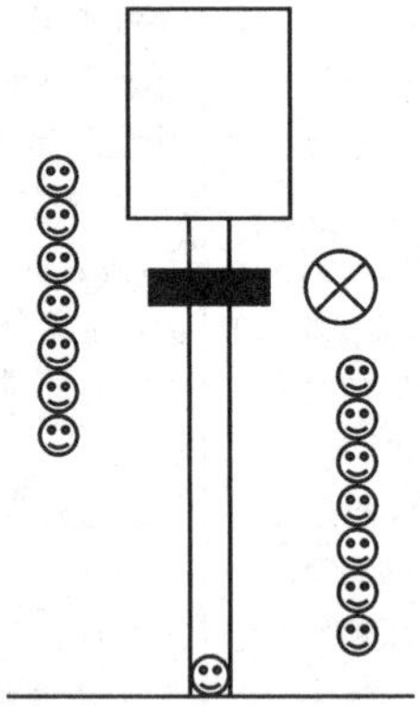 组织形式如上图:踩踏板起跳,每人自己量步点。不许腾空,只练习助跑与起跳。	4′	
三、结束部分 教师鸣哨,集合整队,总结本次课的内容,鼓励大家——相信在课后一定会加倍练习。 带领大家做放松操,让学生自由站成一圈,教师根据音乐领做。	学生听到哨声,迅速反应集合,并认真听老师的点评,少数同学主动要求再给大家示范一下。	结束技能 组织管理技能	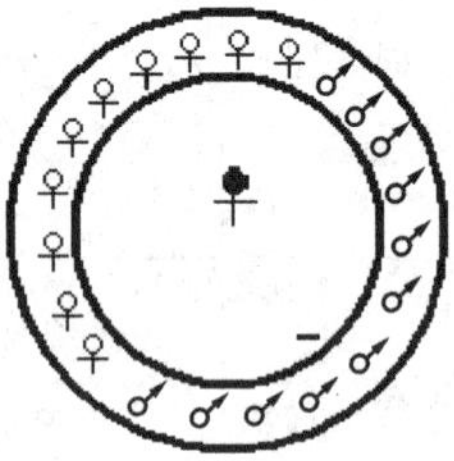	45″	
课后小结 指导教师意见:					

二、课堂组织管理技能的评价与反馈

表 11-18 课堂组织管理技能微格训练评价表

授课教师_____ 教学内容_____ 日期_____

请您仔细观察授课教师的教学行为和学生的反应,然后填写评价表,在恰当等级打"√"。

教学技能的微格实训目标和评价标准	评价等级记录				权重
	优	良	中	差	
1.组织要求明确、严谨,教学过程有条不紊					0.25
2.教师站位准确,便于讲解示范和保护					0.2
3.教学内容安排合理,练习方式及负荷合理					0.15
4.能够引起学生的兴趣,课堂气氛融洽					0.1
5.教学时间和节奏合理,密度适中					0.1
6.教学环境和器材控制合理,队伍调动及时有效					0.1
7.教学突发事件的应急控制及时有效					0.1
您的意见或建议:					

* 注:优秀:90~100 分;良好:75~89 分;中等:60~74 分;较差:0~59 分。

思考与练习

1.请简述体育课堂组织管理技能的定义及其基本功能。

2.简要分析体育课堂组织管理技能的构成要素。

3.请联系教学实际,举例说明体育课堂组织管理技能的应用要点。

4.请至少说出 5 种体育课堂队列队形的组织形式,并分析该队形适用于哪些体育教学内容。

5.编写一份体育课堂组织管理技能微格教案,并应用评价表进行评定。

第十二章 结课技能

本章目标

1. 知道结课技能的作用、方法、要求和操作过程。
2. 掌握体育课结课的设计、实施以及评价的技能。
3. 能够广泛收集体育课结课的资料,并在结课技能的观摩、设计、展示、探究、评价中加以运用,学会学习、学会反思、学会创造。

第一节　结课技能概述

一节体育课的成功不仅依赖于良好的课堂开端和讲课过程的有声有色,课堂结束是否合理和恰到好处,同样是衡量教学任务是否圆满完成以及教师教学水平的重要标志之一,是保证教学成功的重要环节。如果说引人入胜的开头是成功的一半,那么,画龙点睛的结束则会使教学效果得以巩固、保持。体育课恰当地结课可以消除机体疲劳,使身心得到放松;统揽课的知识点,使知识条理化和系统化;加深理解和提炼,使技能得到巩固和应用;延伸和拓展,使课内外一体化;反馈评价,使学生得到激励和改进。艺术化的结课可收到曲终意长、言近旨远、课停思涌的效果。因此,结课技能是课堂教学艺术的重要组成部分,是教师进行课堂教学必备的一项教学基本技能。教师应对结束部分予以足够重视,精心设计,科学组织,合理安排,圆满达成课的目标。

一、什么是结课技能

一节体育课一般由准备部分、基本部分和结束部分组成。结束部分是在课结束前的 3～5 分钟进行的教学,它的任务是通过放松活动使学生运动后身

第十二章 结课技能

心逐渐恢复到相对安静的状态;系统地归纳本单元或本节的教学内容,使所学知识纳入学生原有的知识结构,或形成新的知识结构;强化巩固知识,进一步使学生加深对所学知识、技能的重点、难点、关键的理解,防止和减少学生运用知识、技能时产生错误;检查学生的学习效果,为教师改进下节课的教学活动提供依据;结合课堂学习情况,进行积极的思想教育,促进学生养成良好的行为习惯;布置作业,对所学的知识及时复习巩固。因此,课的结束是学生身体活动和学习过程中的必要环节,是体育教师必须熟练掌握的一个环节。结课技能是指体育课结束时,使学生消除疲劳、恢复身心功能,进一步领会所学知识、技能,形成正确的评价,养成良好的行为习惯等所采取的一系列教学行为方式。作为教师应精心设计,合理安排课堂教学的结束部分,确保课堂教学善始善终,给整堂课画上一个圆满的句号。

二、结课技能的功能

(一)恢复身心功能

体育课的性质决定了学生课中必须承担一定的运动负荷和心理负荷,从而使学生身心得到锻炼。负荷引起一系列生理变化和心理变化,并不能随着运动的停止而立即消失,运动中,新陈代谢急剧加速,脉搏、呼吸频率比安静状态下成倍增加,以使人体在运动时有充足的氧和营养物质提供,运动停止后,机体为了偿还运动时欠下的氧债,各器官系统仍处于一个较高的活动水平,需要科学手段逐渐恢复到安静状态。而运动时学生心理所表现出的兴奋状态也需要调整到相对安静的状态。体育课结课时,教师通过有计划、有目的、有针对性的整理活动,促使学生身心的紧张状态逐渐放松下来,缓解机体的疲劳,顺利过渡到其他课程的学习。

(二)巩固强化功能

艾宾浩斯遗忘曲线表明,遗忘是"先多后少,先快后慢",也就是说,在学习刚结束时,遗忘最容易发生,遗忘率最高,随着时间的推移,保持率下降的速率逐渐趋缓。为了阻止遗忘大规模地发展,最有效的策略是在学习刚结束时,迅速进行复习。结课时教师对本节课所学知识、技能的概括总结,是一种"及时回忆",是知识、技能的再次重复、深化,加深学生对新知识和新技能的理解记忆。

(三)构建知识体系功能

每一个学习阶段都有各自的特点和任务,都有主次之分,且后面的教学活动往往冲淡了前面的学习内容,学生一时难以形成完善的知识结构。结课时通过归纳、分析、比较等手段,帮助学生进行简要的回忆和整理,理清知识脉络,便于学生把握教学重点,使学生容易从复杂的教学内容中简化储存信息,把本节课的知识点"同化"到学生已有的"认知结构"中去,形成一个"点、线、面"结合,纵横交错的知识体系,促进新旧知识的融会贯通。

(四)承上启下功能

体育学习是一个系统的过程,每一节课虽独立成章,但相互又紧密联系在一起,而结束部分是上下衔接的关键。在结课时,教师不仅总结概括所学的知识、技能体系,还要提出新课题或主要内容,设置悬念,为教授下一个新课题创设教学意境埋下伏笔,激发学生探求新知识的兴趣和欲望,起到"课断思不断,言虽尽而意无穷"的作用,在课与课之间架起一座知识的桥梁。

(五)教书育人功能

任何一个体育教学环节都有知识、技能和价值三个层面,结课时通过教师或师生共同对学生的学习情况、完成教学目标的情况、存在的问题等进行正确的评价,帮助学生领悟所学内容的主题,激发学习的兴趣,培养正确的价值观、人生观,做到情与理的统一,使这些知识、体验转化为指导学生思想、行为的准则,陶冶学生的情操,促进学生的全面发展。

(六)拓展延伸功能

在课结束时,教师通过布置课外作业,向学生提出更高的期望,激发学生进一步学习的愿望,把学生引向教材之外、课堂之外、学校之外广阔无边的知识海洋,使学生的学习、锻炼活动不因为课堂结束而结束,而是延伸至课后、课外,从而养成终身体育锻炼的习惯。

三、结课技能的构成要素

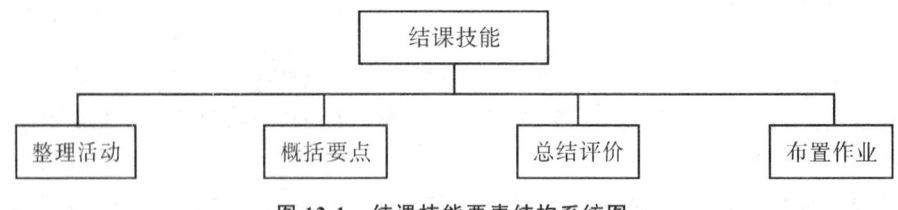

图 12-1 结课技能要素结构系统图

(一)整理活动

整理活动是在正式练习后所做的一些加速机体功能恢复的较轻松的身体练习。它是体育课结束部分最常用的形式,通过整理活动,可减少肌肉的延迟性酸疼,有助于消除疲劳;使肌肉血流量增加,减少乳酸堆积;预防剧烈活动骤然停止可能引起的机体功能失调等。教师应根据课的教学内容、身体各部分所承受的生理负荷以及心理负荷，有目的、有意识、有计划、有针对性地选择一些放松性活动练习，如游戏、舞蹈、放松操、局部按摩以及一些激励性的语言、一段小幽默、故事或笑话来调节身体，使学生的生理机能得到恢复，情绪恢复平静，从而在下课后五分钟能基本恢复安静时的心率。

体育课常用的整理活动方法有如下几种：

1. 体育手段放松

（1）走或慢跑

让学生进行自然放松的大步走或慢跑，调整呼吸，通过肢体运动促进血液回流，缓解运动后导致的体内缺氧、脑部缺血等现象，降低血乳酸浓度，消除运动疲劳。

（2）体操类放松

根据学生的心理、生理特点，创编动作优美、节奏舒缓、幅度较大的徒手体操、舞蹈、韵律体操、瑜伽动作等，在音乐的伴奏或教师的口令下，师生同做、同舞，以降低运动后肌肉的僵硬状态和紧张度，使体育课既能在轻松愉快的气氛中结束，又能使学生在心理、生理上获得积极性放松，达到运动生理曲线自然下降的要求。

（3）游戏放松

体育游戏生动活泼、内容丰富多彩，深受学生的喜爱。在课结束时，教师采用趣味性、新颖性、合作性、针对性强、运动量小的游戏让学生进行放松，如抓手指、击鼓传花等，转移学生的注意力，调节学生的紧张程度，从而达到消除身心疲劳的目的。

（4）拉长韧带和抖动放松法

拉长韧带和抖动放松是体育活动中常用的、简单的放松方法。拉长韧带是通过伸展运动中用力的肌肉使肌肉和韧带松弛的方法，抖动放松是通过身体各部分的抖动来放松肌肉和韧带的方法。可采用自我拉长韧带、抖动放松，也可采用两人互相拉长韧带和放松的形式。

2. 心理手段放松

（1）调整呼吸放松

学生在教师的语言提示下排除杂念，将注意力集中在调整呼吸上，让自己的呼吸放慢、拉长，使疲劳、紧张状态得到适当的调整。做法是：A.吸气—憋气—呼气；B.自然呼吸；C.注意身体爽快感觉；D.默念鼓励自己的暗示语；E.听呼吸声音；F.吸气—憋气—呼气（重复多次）；G.体会放松。

(2)意念性放松

所谓意念放松就是在促进消除疲劳的暗示性语言下,通过自我意识的引导和自我心理调节,使兴奋情绪安静下来,使紧张的机体松弛下来,达到心静身舒的目的。教师提示语有"我感到放松了""我的呼吸平稳了""我的肌肉放松了"等。

(3)入静放松法

所谓入静放松法是指一种稳定的安静状态放松法。让学生眼嘴微闭,缓慢呼吸,摒除杂念,身体自然放松,使兴奋紧张的大脑运动中枢神经加强抑制得到休息;使处于抑制休息状态的大脑皮层机能得到调整,恢复各种内脏器官的控制与调节功能。

3.其他放松手段

(1)按摩手段放松

运动按摩是运动后使人体神经、肌肉、韧带得到放松和恢复,较快地消除疲劳,从运动状态较快地过渡到安静状态的有效手段。主要按摩手法有揉、捏、按、压、推、拍等,可采用自我按摩和相互按摩的方法。

(2)逗趣放松

老师自己或组织学生讲笑话或表演滑稽、幽默、夸张的动作,引起学生的欢笑,使大脑皮层出现兴奋状态,及时消除因运动而导致的神经紧张,恢复正常的肌肉工作能力,改善血液循环,使学生在情不自禁的笑声中调节和放松紧张的精神和身体。

(3)音乐放松

通过音乐缓解学生精神和机体的疲劳。不同的音乐可产生不同的效果,为了达到放松目的,选择音乐要挑选平静、缓慢、柔和、婉转、流畅的乐曲,乐曲速度应是广板、慢板、柔板,这样的音乐可促进精神和机体尽快放松。

(二)概括要点

体育课结束时,教师通过各种方式对所教的内容进行简单的梳理和回顾,高度概括出所教知识、技能的要点和重点,使知识简明扼要、重点突出,以强化学生记忆,巩固所学知识,实现学生认识的整体化和认知结构的系统化。如学习推铅球动作,课后教师通过对动作的回顾、归纳,最后用力地"蹬、转、撑、送、挺、推、拨"的动作要领,帮助学生理解动作,加深印象,巩固所学的知识。

(三)总结评价

教师用精辟的语言就该课教材的学习情况等进行总结性的归纳论述,以加深学生对教学内容的理解,进一步明确教材的要领、关键、存在的主要问题

及一些练习方法、手段等,以利于正确概念的巩固和课外进行练习。总结要与开头呼应,开头设立的悬念、问题、困难、假设等,若是悬念则释消,是问题则解决,是困难则克服,是假设则证实或证伪。这样的表现手法具有逻辑的力量,可使学生豁然开朗,还能产生一种"思路遥遥"惊回始点的喜悦。

(四)布置作业

体育课堂教学的时间有限,布置课外作业能弥补体育课堂教学中学生练习时间的不足,开发新的学习领域,扩大学生的体育知识面等。学生通过完成教师布置的课外作业,加深对课堂所学的知识、技能的理解和掌握,有助于培养学生对体育的兴趣,促进学生的生长发育,养成体育习惯,有助于培养学生独立思考、独立完成任务的能力。此外,教师还可以通过宣布下节课的内容,布置学生提前做好技能、素质、心理、服装等方面的准备,为下节课的顺利进行创造条件。

第二节　结课技能的类型

体育课无论采用何种形式、教授什么内容,课结束时教师都要对课上学生的学习情况(掌握知识、技术、技能等)和学习表现(学习的态度、兴趣、动机、意志等)进行评价,或是肯定,或是表扬,或是帮助,或是批评。根据教学内容、教学目标以及学生的年龄,体育课的结课技能大致可归纳为总结式结课、趣味式结课、悬念式结课、评价式结课等几种不同的类型。

(一)总结式结课

这是一种较为常见的结课方式。它是体育教师将一节课的主要内容经过梳理后的概括,具有突出重点、难点,简明扼要的显著特点。这种结课方式一般用于新知识密度大的课型,或某一单元教学的最后一次新授课。

这种类型的结课侧重于帮助并引导学生用准确精练的语言或简单明了的图表等方法,对课堂教学的内容进行归纳、概括,突出重点,消化难点,以加深学生对知识和技能的理解与运用,起到突出主题的作用。采用这种方法可以是当堂课,也可以是有联系的几堂课。如在头手倒立教学结束部分,教师可对其动作要领再进一步地归纳概括,也可用口诀将头手倒立动作要领归纳为:"两手前额同时撑,组成等边三角形,含胸提臀腿慢起,髋腿伸直挺如松。"这样归纳概括,有利于学生掌握完整动作要领,便于记忆、巩固和运用。

(二)趣味式结课

趣味式结课是体育教师根据教学内容、学生的年龄,在教学最后阶段以故

事、音乐、录像、游戏等有趣的形式结束授课。通过在课的结束部分安排与该课教学内容有关的游戏,学生可以在游戏中进一步巩固课堂里所学的知识和技能,还可以帮助他们从单调、厌倦的学习情绪中解放出来,唤起他们主动参与练习的激情,并从中体验成功的喜悦,收到事半功倍的效果。这种结课形式比较适用于较低年级的学生。

(三)悬念式结课

悬念式结课是教师在结束授课时,结合教学内容,巧妙地设置必要的悬念,使学生在"欲知后事如何"时戛然而止,从而给学生留下一个有待探索的未知数,激起学生学习新知识的强烈欲望,使"且听下回分解"成为学生的学习期待,让学生对富有启发性的问题在课后主动去思考、探索,对学习新知识与新技能产生强烈的欲望,从而使该节课的结束成为下节课的开端,架起沟通新课的"桥梁"。这种方法多用在前后两节课在教学内容和形式上有密切联系的课中。

如在学完双杠的杠端跳起成分腿坐之后,下节课将学习双杠的杠端跳起成外侧坐,在结课时,教师可运用巧设悬念法,向学生提出"悬念",我们已经学习了双杠的杠端跳起成分腿坐的动作技术,那么,双杠的杠端跳起成外侧坐应怎么做?有哪些动作要领?这时,学生往往会产生跃跃欲试、积极探究的心理。教师还可进一步点拨:外侧坐的动作技术必须在这一节课的基础上进行,等下节课我们再一起学习。这样,通过"悬念",学生上完这节课,还盼望下节课。这无疑对活跃学生的思维,训练他们分析、解决问题的能力都是有很大帮助的。

(四)评价式结课

教师依据教学效果,选择少数有代表性的教学对象(好、中、差)进行演练,并引导全体学生对各个练习结果进行单一的或综合的评论,用以集中学生的注意力,活跃学习气氛,培养其观察问题和分析问题的能力。评价式结课可以采用学生自评、学生互评和教师点评三种方式。

1.学生自评

课结束时,教师请部分学生对自己在课堂上的表现以及学习情况进行自我评价,帮助学生及时了解自己的学习效果,自我反省,以便及时调整学习策略,同时也有利于教师把握学生的学习动态。

2.学生互评

通过学生对同学的学习情况、合作情况、进步情况、存在不足等进行评价,帮助学生提高观察能力和评价他人的能力,有助于学生之间的交往与交流,增

强学生的团队意识。

3.教师点评

教师通过对整个课的观察,在体育教学活动即将结束时,对学生的学习目标达成、参与程度、拼搏精神和学习效果进行总结评价,以帮助学生了解自己,反馈学生的学习进步,认清学习中的困难和症结,获得更佳的教学效果。评价的主要方法有表扬、批评、抑制、激励等。教师充满激情,且又意味深长的总结点评,往往能打开学生的心扉,激励学生更积极地参与体育学习,对学生的正确的世界观、人生观的形成有积极作用。

第三节 结课技能的运用

一、运用结课技能的原则

(一)主体性原则

在导入时,考虑学生尚未学习新知识和新技能,教师对学生不肯放手还情有可原的话,那么,在结束时,在学生已经掌握了新知识和新技能的情况下,教师仍然越俎代庖,就不可原谅。主体性原则要求教师在结束时,最大限度地发挥学生的作用,能够让学生做的尽可能让学生去做,能够被学生替代的尽可能被学生替代。如让学生口头总结,让学生来提问,让学生来展示,提高学生学习的积极性、主动性,加深学生对所学内容的印象。

(二)连续性原则

结构完整的课堂教学应包括准备、基本、结束三部分,其中准备部分是课堂教学的起点,基本部分是课堂教学的核心,结束部分是课堂教学的终点。结束部分应与准备部分首尾一致,遥相呼应,使准备部分导入时提出的学习目标在结束时达成,结束部分应是基本部分的自然延伸,与基本部分保持一致。

(三)简洁性原则

结束部分一般占时5分钟左右,由于内容是学生刚学过的,教师不可能也没必要像上新课那样把内容原样重复一遍,而是应该用浓缩的形式概括、归纳本堂课的要点,做到评议简明扼要,正如白居易所说:"篇终语清省。"结束应是点睛之笔,不应画蛇添足。

(四)多样性原则

每一种结束方式都有其自身的优势和不足,因此,在结束时,教师应尽可能地将多种结束方式结合起来使用,形成各种组合,实现各种结束方式的优势互补,取长补短,提高结束的有效性。

(五)针对性原则

体育课结束时必须根据教学目标、教材内容和学生的年龄特点,有针对性地选择结课方式。如整理活动时根据课堂负荷大小、练习的部分,有针对性地放松负荷比较大的部位,选择适合学生年龄特点的整理活动,从而真正达到放松身心的目的。

二、运用结课技能的注意事项

(一)精心设计,追求实效

体育课结课时内容多、时间短,因此体育教师要精心设计课的结束环节,切不可认为结束部分只是简单的过渡,而忽视对结束部分的设计。结束部分设计包括整理活动设计、概括要点设计、总结点评设计、组织队形设计等,教师应根据教学内容的性质和要求、学生的认知特点和理解情况、具体的课堂教学情景、教学规律及教学原则与教学方法的要求,使学生在尽量短的时间内达到放松身心、领会要点、接受思想道德教育等目标,结课方式做到科学选用、高效突出、力求创新。

(二)语言简练,紧扣主题

结束时对要点的概括是为了让学生更快、更好地理解记忆,教师要抓住动作的重点、难点,采用准确简练的语言加以总结归纳,给学生以深刻的印象,不要把概括要点与动作讲解混为一谈。对学生的点评不要"胡子眉毛一把抓",要紧紧抓住学生的闪光点、出现的最主要问题,言简意赅地进行表扬和批评,达到教育学生的目的。

(三)师生共评,激励为主

结束阶段教师要对课堂教学进行全面的、综合的分析评价,要给学生留有发表自己意见和建议的机会,使教师及时获得最佳的信息反馈,培养学生自我评价、相互评价的能力,评价必须正确、公正、全面、客观,方法要恰当,应以表扬、鼓励为主。

(四)组织严密,按时下课

教师要准确把握课堂教学的进程和时间,合理安排结束部分的内容,教学组织严密,避免因整队、讲解而造成时间上的浪费。此外,教师还应尽量做到按时下课。是否能按时结束课是反映教师教学计划、组织工作是否得当的标志之一。体育课既不能虎头蛇尾草率收场,也不能前紧后松,为拖延时间而随

心所欲地生拉硬扯一些与教学内容不相关的活动来应付,等着下课。

(五)作业布置,系统科学

课外作业是培养学生终身体育锻炼的意识和行为的重要途径,教师要根据学生年龄、身体素质发展的敏感期、教学内容、季节特点等,有计划、有目的地布置课外作业,做到科学、系统、全面地发展学生的体能和技能,使学生养成良好的体育锻炼习惯。

第四节 结课技能的训练与评价

一、结课技能微格训练教案示例

表 12-1 结课技能微格训练教案示例

训练技能 __结课技能__   授课对象 __八年级学生__   授课内容 __排球垫球__
授课教师 _____   日期 _____

技能训练目标	能够合理安排结束部分的内容,正确运用结课技能,提高结课的技巧。			
教学目标	1.通过整理活动使学生身心放松; 2.通过归纳总结、口诀,加深对排球垫球动作的理解; 3.通过点评,营造良好的学习氛围。			
20‴	"嘟",停止练习,把排球放进球筐,成两列横队集合,以排头为基准,成广播体操队形散开。	口令技能 收拾器材	听到口令后停止练习,迅速集合	☺☺☺☺☺☺ ☺☺☺☺☺☺ △
2′	下面我们在欢快的《阿细跳月》音乐中进行放松舞练习 1~3 左脚开始向左三步,两臂随身体左右摆动。 4~5 右腿提起,斜伸在左小腿前,用脚跟下踹两次,右腿屈伸两次,上体稍右倾,在右肩侧拍手两次。 6~10 同 1~5,方向相反。	直接导入 示范技能、提示技能、组织技能	在教师的带领下边学边做	☺ ☺ ☺ ☺ ☺ ☺ ☺ ☺ △

续表

时间分配	教师教学行为	运用技能	学生学习行为	组织教法
2′	好,向右看齐,向前看,稍息。 同学们,这节课我们学习了排球垫球动作,怎么样才能把球垫好? 很好,大家不仅掌握了动作,而且对动作的关键也能理解,下面我把排球动作总结成一句口诀"看准来球成半蹲,两臂靠拢插球下,伸直手臂要夹紧,蹬地抬臂把球垫。" 今天大家在课堂上收获了什么?有哪些不足? 这几位同学都说得很好,今天课堂上大家都很认真地学习,掌握了两人对垫技术,特别是第一组的同学能互相帮助,互相纠正,值得我们学习,希望下节课其他同学也能像他们一样互相学习。	口令技能 开放式提问 概括要点口诀法 学生评价 教师点评	听口令迅速完成动作 同学积极回答 认真听讲,复述口诀 个别学生代表点评 认真听讲	☺☺☺☺☺ ☺☺☺☺☺ △
20″	课外,请同学们利用课外活动时间巩固今天所学的技术,练习前做好准备活动。	布置作业		
10″	好,这节课就到此,值日生归还器材。 下课,同学们再见。	布置任务宣布下课	学生解散,值日生归还器材	

二、结课技能的评价与反馈

表12-2 结课技能微格训练评价表

授课教师＿＿＿＿＿＿ 教学内容＿＿＿＿＿＿ 日期＿＿＿＿＿＿

请您仔细观察授课教师的教学行为和学生的反应,然后填写评价表,在恰当等级打"√"。

项目	评价内容	权重	赋分值			
			优	良	中	差
1	结束方式恰当,与本课教学目标联系密切	0.15				
2	整理活动内容和组织合理,学生身心逐步恢复	0.20				
3	教学内容概括重点突出,系统性强,有利于学生深化理解	0.20				
4	师生互动,点评到位	0.20				
5	时间恰当、组织合理、紧凑	0.20				
6	布置作业、收拾器材安排得当	0.10				
7	学生反馈情况	0.10				
您的意见或建议:						

思考与练习

1.简述体育课结课技能及其重要性。

2.阐述体育课结课的要素及其作用。

3.根据不同的教学内容,列举2~3种结课技能。

4.编写一份5分钟左右的结课技能微格训练教案,分组试讲,然后进行评议、总结、修改。

第十三章 评课技能

1. 了解评课技能的基本知识、基本类型。
2. 掌握听课评课的步骤及体育课的密度和运动负荷的合理要求。
3. 能够对同伴的片段教学或教学录像进行客观、全面的评价。

第一节 评课技能的概述

一、什么是评课技能

评课是一项常规的教学研究活动,是课堂听课活动结束之后的教学延伸,一般是以教学目标为基准,运用科学的手段对教学过程及其结果进行的价值判断并为教学决策服务的活动。具体地说,评课就是评课者对照课堂教学目标,对教师和学生在课堂教学中的活动以及由此所引起的变化进行价值的判断。

评课作为一种特殊形式的教学交流与评价活动,是提高教师从教能力,促进教学反思,提高课程教学质量的有效途径,也是衡量教师教学水平的重要方式。科学、系统、客观、公平的评课活动,可以促进教师对课堂教学更深入的认识,帮助教师改进教学工作,促进教师自身的发展和教学水平的不断提高。因此,评课技能是每一位体育教师必须掌握的基本技能。

二、评课技能的特征

依据教育评价本身具备的特点,我们可以看到,评课作为学校教育评价的

一个重要环节,具备如下特点:

(一)综合性

评课是一门艺术,也是一门学问。评课的综合性主要体现在评课广泛涉及许多相关学科的基本原理和方法,涵盖面广、综合性强,特别要求评课者在评课中要综合运用新"三论"(课程论、教学论、学习论)的主要观点,对教师课堂教学行为和结果做出恰当的科学评价。依据课程论剖析教师处理教材的能力,依据教学论评价教师如何教,依据学习论评价教师如何导学。

(二)实践性

评课是一种理论性很强的教育实践活动,评课的实践性突出表现在评课教师的主导性、评课对象的能动性、评课内容的真实性、评课标准的科学性和评课方案的可行性等方面。要求评课者要抓住课堂教学这一实践环节,紧紧围绕"如何教",着重评价教师在教学过程中所进行的教学设计、教法选择和教学效果的合理性。

(三)科学性

评课是对教师课堂教学活动的综合评价,是一种学术性很强的教研活动,也是一门理论性很强的科学。评课的科学性突出表现在评课者对教学规律的认知理解的深度和掌握运用的程度上。然而,教学规律隐含在教学过程中,体现在授课者对教学方法选择应用的灵活性,因此,从教学方法上剖析,教材只不过是经过了教学法加工的知识载体而已,教学过程是教师综合运用各种教学方法施教的过程,因此,评课的科学性还要求评课者要着重评价教师在教学过程中所选用的各种教学方法的理论依据和实际效果。

(四)发展性

随着社会的不断进步,教育的快速发展,尤其是教育科技的日新月异,教材教法的不断更新,都会使评课内容更加丰富,评课理论更加完善。因此,评课理论必须与时俱进,不断创新和发展,必须以发展的眼光审视评课在现代教学工作中的重要地位和作用,把评课作为提高教师从教能力的有效途径和衡量教师教学水平的重要尺度。

三、评课技能的功能

新课程背景下,评课作为一种特殊形式的教学交流与评价活动,是为了更好地改进教师的课堂教学,使之能更好地顺应当今学生的学习需要和教师的个人专业发展需求。评课,从认识论看,是对以往的认识——"反思";从管理学看,是对系统进行控制——"反馈"。它具有以下功能:

（一）鉴定功能

评课能鉴定课堂教学的效果，对授课者的教学行为、学生的学习行为和教学结果进行价值判断。通过评课来比较、区分授课者的教学能力和学生的学习效果，为改进课堂教学质量提供决策性的依据，优化教师队伍，以便制订周密的计划，有利于今后的指导和培养。

（二）导向功能

评课具有引导评课对象朝着理想目标前进的导向作用。评课能够有效地保证教学目标的落实，纠正或防止那些只顾认知目标而忽视情感、技能目标的错误做法，以确保课堂教学朝着科学、有效的方向发展。

（三）发现功能

实践证明，依靠教师自身发现课堂教学中的问题并判断其原因是比较困难的。很多教师难以明确自己教学中的问题所在。更多的教师即使了解了问题所在却苦于没有解决它的有效办法。而通过评课，可以使教师发现教学过程中存在的各种问题或缺陷及其原因，并找出改进的途径和方法。

（四）调控功能

评课的调控功能主要体现在对授课者的"教"与学习者的"学"活动中的调节与控制上，使课堂教学过程能够成为一个及时反馈调节的可控系统。运用评课获得的信息，可以调节影响课堂教学的各种因素，使之恰当地互相配合，优化教学过程。

（五）激励功能

评课是对教师的课堂教学水平进行客观公正的评定。它既能给教师带来满足与自信，也会让教师产生压力和动力，从而提高教师主动参与教学改革的热情，激励教师以更多的精力投入到教学活动中。

（六）促进功能

评课活动对课堂教学的价值判断和价值取向，能够促进教师遵从教学要求、规范的自觉性和学习大纲、钻研教材的积极性，增强教师了解学生、进行教改的主动性；能够促进教师加强对多媒体教学以及各种现代化教学手段的学习和运用。

（七）交流功能

评课的过程是一个交换意见、互相学习的过程，有利于教师教学经验的交流、推广和教学资源的共享。

（八）创新功能

通过评课，进行质量分析、检查教学效果、总结成功经验、吸取失败教训、提出改进意见,是一种积累经验、开拓创新的有效手段。它能促使教师不断提高教育理论修养和教学基本功,认真落实素质教育的各项要求,活跃教研气氛;能促进教学方法的改革和教学思路的探索。

总之,评课是基础教育实践中一项最常规的活动,授课者与评课者在教学活动结束后,共同对教师在钻研教材、处理教材、了解学生、选择教法、教学程序设计诸方面进行透视,分析产生问题的原因,最后提出具体改进的意见。评课是一个"诊—断—治"的过程,通过评课,可以加深教师对课堂教学的认识和增强对课堂教学的悟性,从而提升教师的课堂教学能力。

四、评课技能的要素

评课是以一节体育课作为研究的对象,依据一定的评课指标体系及方法,对教与学两个方面进行科学的评价,从而得出一定结论。它主要由以下五个要素构成(如图13-1):

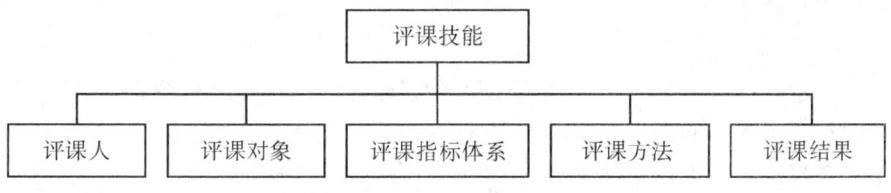

图13-1　评课技能的要素结构系统图

(一)评课人

评课人是随着课的类型不同而定的,日常课的评课人只有体育教师;检查课的评课人主要是领导;研究课的评课人有专家、体育教师、学者等;公开课的评课人有领导、各学科教师、学者等,人数最多。

(二)评课对象

评课对象是针对一节体育课(有时也可以是几节课)的教学状况、过程、结果等进行评价。

(三)评课指标体系

评课指标体系是根据教育测量与评价的理论要求,结合授课的基本内容、教学模式及应该遵循的一般原则,确定评课指标及其权重的集合。评课指标是评课对象内在本质的外在表现,通常分为一级指标(评课项目)和二级指标(评课要点)。二级指标是一级指标的分解,权重是指各评课指标所占的分数比例。

(四)评课方法

评课方法有定性、定量、定性与定量相结合等,一般采用融权重与评分为一体、定性与定量相结合的"等级分数制"。

(五)评课结果

通常用等级、分数、评语等形式来表述和解释教学效果。

第二节　评课技能的类型

评课的类型很多,依据评课的目的,可分为对教学经验丰富的优秀教师所展示的示范性课堂教学进行的观摩性评课;旨在诊断课堂教学存在的问题和不足,提高教师教学水平的提高性评课;旨在发挥集体优势,取长补短,共同提高教师的教研水平的研究性评课;旨在衡量课堂教学水平,评价教师教学素质的检测性评课。

(一)观摩性评课

观摩性评课通常是指选择教学经验丰富的优秀教师进行授课,因为这类教师经历了多年的探索与实践,积累了大量宝贵的教学经验,有各自的教学风格。在授课者结束教学活动后,组织专家或其他教师对授课教师的示范性课堂教学作点评、交流、总结其教学经验,使授课者和听课者明确这堂课好在哪里,哪里需要完善,引导教师关注闪光点,以介绍新思想、新思路为主,优点讲够,缺点讲透,引领教师从源头去认识、理解问题,真正推动教师的专业发展。

(二)提高性评课

提高性评课一般是以年级组或教研组为单位,因为同年龄段学生的年龄特征、知识结构、教材内容基本相同,所遇到的问题也就比较相近,由骨干教师与青年教师共同参与评课活动。在随堂听课的基础上,可先由授课教师自我评课,再由青年教师充分评课,最后由骨干教师进行有针对性的总结评课。提高性评课旨在诊断课堂教学存在的问题和不足,提高授课教师和青年教师的教学和评课水平。

(三)研究性评课

研究性评课一般是在有一个确定的主题的前提下开设的课,要带着明确的研究课题去听课和评课,以课题组或学科组为单位。通常采取集体备课的形式,相互切磋,共同探讨,写出教案,然后指定几位教师分别授课,课后逐一进行集体评课,不断完善教学方案。在评议时要允许有不同见解,但在方向

性、关键性问题上要达成共识，不断完善教学方案。研究性评课的目的不是去判定课的好、中、差，而是旨在发挥集体优势，取长补短，帮助教师改进教学实践，共同提高教师的教研水平。其实，在教学改革的尝试阶段通常也采用这种评课形式。

(四)检测性评课

检查性评课一般由学校行政领导牵头，组成评课专家组，在随堂听课的基础上，对授课教师的课堂教学行为和结果做出一系列综合性评价，侧重对授课教师的教学质量进行专项测评。检测性评课旨在衡量授课教学水平，评价授课教师的教学素质。促进教师课堂教学的科学化、规范化，帮助提高教师的教学业务水平。对这一类型的评议，一定要实事求是，尽可能将优点说够，缺点说透。

(五)指导性评课

指导性评课主要是针对新教师。骨干教师听这一类型的课，不仅要了解新教师课前的准备情况，还要注意对授课者在课堂上的知识、能力落实是否到位，学习方法、习惯是否养成，教学策略是否得当，教师与学生的关系处理是否妥帖，作业布置是否到位等方面进行全面摸底了解。交流时，先听听他们说课，了解他们的教学目标、教学思路，然后对照他们的授课过程提出意见或建议，主要是从他们原有的教学现状出发，肯定优点，指出发展方向。

当然，无论听什么课，评什么课，最根本的是要看教师有没有把知识讲正确，示范动作是否规范，有没有充分调动学生学习的积极性，师生的精神是否饱满，学生的思维是否紧张、活跃，学生的自学能力好不好；教学过程中出现的情况处理得是否妥善、巧妙，是否因材施教，教学任务是否真正完成等等。

第三节　评课的内容

评课包括全面评议和专题评议两种，全面评议是对课的质量进行全面的分析评定。专题评议是为了深入研究课中的某些问题，有针对性地选定一两个专题，在课中进行专门的观察和记录，在课后加以评议和分析。

一、全面评议

全面评议是对课的质量进行全面的分析评定，是围绕教学目标对体育课的各个组成因素进行分析，通常是从课前准备工作、课的内容与组织教法、教师的教学和教育素养、学生的学习态度和情绪、师生关系、全面完成教学任务

的实效等方面来分析。

全面评议,基本上是按课的结构逐次进行评价,它要求围绕教学目的、教师教授情况、学生学习情况、结合教学条件、教学对象的具体情况,全面地评价一节课的质量。

在进行全面评议时,可以从教师备课情况和教学任务的制定;课中教授情况(包括课的组织、教学、教法措施、练习密度、运动负荷、工作能力和教态);课中发展学生体能的效果;学生学习体育知识、技术、技能的效果;课中学生的学习行为的情况;运动负荷的调节,心理负荷的调动情况等方面来进行。

根据课的结构进行评价,具体可以从以下几个方面着手:

1. 课前准备和教学任务的制定

(1)教师是否了解学生的情况;(2)教材安排得如何;(3)场地器材布置如何;(4)教案写得怎样;(5)任务制定是否符合要求;(6)课的任务能否在课堂上完成。

2. 课的进行

(1)开始部分:开始上课时的组织工作如何;值日生报告如何;学生准备工作;服装、鞋子等是否便于练习;教师是否注意检查学生携带物品;迟到学生如何教育;见习生如何安排;教师对本课任务是否讲得简明扼要;队形操练是否整齐;学生注意力是否集中。

(2)准备部分:准备活动是否达到了暖体的目的,动作是否灵活;准备活动是否全面;一般性准备活动后,教师是否安排专门性的准备活动。

(3)基本部分:教材安排是否合理,教师讲解是否扼要,示范动作是否正确;队形排列是否便于教学;分组轮换教学形式是否符合教材、学生人数、体育器材的具体情况;学生活动与等待的时间比例;课中有无不必要的讲解;示范和队形调动;课中有无现画场地、搬器材的情况;采取安排措施如何,是否注意了教育工作;教师是否善于及时发现学生技术上和情绪上存在的问题,并重点改进和引导;教师的站位是否照顾到全面;运动负荷的曲线波动是否合理(逐渐上升,高峰在课的中后部),有无过大或过小的现象;学生的积极性、主动性调动如何。

(4)结束部分:课的任务完成如何,学生是否基本掌握新教材;是否有计划、有组织地结束了教学活动;学生是否恢复到相对平静状态;教师总结性讲话如何,对课的评价是否合理。

二、专题评议

进行专题分析与评价,要在一系列课中针对选定的问题进行系统的观察

和分析,最后将所取得的材料归纳整理,做出适当的评价。如专门分析体育课的目标、运动负荷、心理负荷等问题。专题评议的题目可根据需要来进行拟定,现提出部分专题以供参考:

1.课的目标

(1)是否体现出学生参与体育学习和锻炼的积极性以及从中体验到运动的乐趣与成功,即运动参与的目标制定如何。

(2)是否能够让学生主动学习体育运动知识,较好地掌握运动技能和方法,以及增强学生的安全意识和防范能力,即运动技能的目标制定如何。

(3)是否能够让学生掌握基本保健知识和方法、塑造良好体形和身体姿态、全面发展体能与健身能力以及提高适应自然环境的能力,即身体健康的目标制定如何。

(4)是否能够让学生培养坚强的意志品质、学会调控情绪的方法、形成合作意识与能力、具有良好的体育道德,即心理健康与社会适应的目标制定如何。

2.课的内容

(1)是否符合学生心理特点、生理特点及场地设备、气候等具体条件;

(2)教材与练习手段的安排是否符合学生全面锻炼身体的要求;

(3)课的各部分之间衔接如何,准备部分能否为基本部分做好充分准备;

(4)结束部分的内容是否正确。

3.学生的学习行为

(1)学生的学习态度:学生参与课堂学习活动的积极性如何,是否认真接受教师的指导。

(2)学生的情意表现和合作精神:学生是否乐于助人;是否敢于展示和挑战自我,克服困难;是否坚持不懈,能为团队的胜利积极配合同伴。

(3)学生的健康行为:学生是否穿合适的服装、鞋子;是否积极参与准备活动、放松活动。

4.教学方法

(1)课的各部分分配是否正确,各部分之间的联系是否密切。

(2)教师在教学过程中是否善于运用各种教学方法。

(3)讲解示范的水平如何,调动学生队形的能力如何。

(4)教法措施是否符合学生年龄特征和不同水平的特点。

(5)教师纠正学生错误动作的能力如何。

(6)教学中对学生提出要求和运用教法,是否注意区别对待。

5.体育课的密度

体育课的密度是指课中各项活动合理使用的时间的总和与课的总时间的比例,又称为一般密度。

一堂体育课中有各种活动:教师的指导(如讲解、示范、纠正错误动作等);学生做练习;学生相互帮助与观察;练习间的等待和休息;组织措施(如整队、调动队伍)等五种。

这几种活动中,某项活动合理运用的时间与课的总时间的比,算该项活动的密度。如讲解密度、练习密度等。由于练习密度的测定方法简单易行,又最能反映体育课的特点,对提高体育课的质量影响较大,所以,目前大多用练习密度来评定和检查体育课的教学质量。

为了提高练习密度,教师应积极采取各种教学手段,缩短练习的间隔时间,严密课的组织工作,尽可能地提高体育教学中合理运用的时间,减少不合理运用的时间。

测定、分析课的密度是为了运用测定的客观材料对课进行分析。在分析时应根据课的任务、教材特点、学生情况、场地器材以及气候等因素,研究各部分内容所占时间的比例是否合理,直接练习时间有多少,浪费的时间有多少,原因在哪里,分析各部分的练习密度和课的练习密度是否恰当,从中找出经验和问题,改进课的质量。一般一节体育课的练习密度应在30%～40%之间,有些课的练习密度会超过40%,有些课会低于30%。这由教材性质来决定。例如,篮球课练习的密度比田径项目的投掷课高,体操项目器械练习的密度低于其他教材内容的要求,但运动负荷强度高于其他项目。通过对课的练习密度的统计,分析一节课各部分的练习密度是否适当,以此作为提出改进教学方法和组织形式的依据之一。

6.体育课的运动负荷

体育课的运动负荷是指一次课中,学生做练习时所承受的生理负荷量。

(1)体育课运动负荷的安排,应根据人体生理机能活动变换的规律,循序渐进,从小到大,有节奏地逐步加大运动负荷。对低年级学生,在教学开始阶段,运动负荷要适当小些,以后随体质的增强和训练水平的提高再逐步加大。在一次课中,合理的运动负荷曲线(即脉搏变化曲线)应由低到高逐渐上升,到基本部分后半部达到最高峰,然后逐渐下降,到课结束时恢复到接近课前水平。对整个教学过程来说,要根据适应—提高—再适应—再提高的规律,波浪式地增大运动负荷。

(2)体育课运动负荷的检查和评定。一堂体育课运动负荷的安排是否合适,要通过实践来检验和评定。通常采用观察法、自我感觉法、生理测定法来

检验。

①观察法。教师在课中通过对学生外部表现进行观察,主要从学生的脸色、呼吸、汗量以及完成动作的质量、控制身体的能力、注意力、练习的积极性等方面判断生理负荷的大小。

②自我感觉法。以学生自述主观感觉来判断生理负荷的大小。如自我感觉对练习的兴趣、课后饮食、睡眠等。

③生理测定法。包括测定心率、血压、呼吸频率、肺活量、吸氧量、尿蛋白等生理生化指标。最常用的是心率测定法。

④体育课生理负荷的分析与评价

分析与评价一节课的生理负荷安排是否合理,主要是从课的平均心率和生理负荷变化过程两个方面进行的,据我国学者研究,不同学段学生体育课平均心率参照标准为:小学(125 ± 5)次/分,初中(130 ± 10)次/分,高中女生(135 ± 5)次/分,高中男生(140 ± 10)次/分。

最理想的是在基本部分的后半部分出现高峰。对体育课生理负荷进行分析与评价时,一般从下面几方面来进行:整堂课心率变化的趋势是否合理;生理负荷的一般水平和最高点出现的时间和次数是否合理;每分钟平均心率是多少;各部分每分钟平均心率及每个主教材每分钟的平均心率是否合理;每次练习前后心率变化范围的大小,每次练习的间歇时间以及心率的变化是否合理;课后心率恢复情况如何;对课的生理负荷安排总的看法、评价和建议;等等。

第四节 评课的程序与方法

一、准备阶段

(一)熟悉课标,掌握教材

在评课中获得发言权,关键在于精通业务,掌握课标精神,熟悉教材。因此,我们平时要善于学习,使自己具有较厚实的教学理论,了解教学改革的最新形势,吃透课标精神,这是其一。其二,还应在听课前认真阅读教材,了解这一课的教学目的,教学重点、难点、练习内容等,同时自己设想一下,假如让我教这样的课,准备怎样教,以便听课时有个对比。如果听课不作准备,匆忙走进教室,不理解上课教师的教学意图,不熟悉教材,就不会有较大的收获。只有做到听课前有准备,才能在听课中看到教师的经验并找出闪光点,才能在评

课中意见提得准确且具有指导意义。

(二)了解执教者的基本情况

上好一节课的决定因素在于教师,教师的教学水平取决于教师的素养、能力。我们应对授课者的基本情况有所了解,这样才能根据教师的具体情况进行具体分析,对不同层次的教师的课作出有针对性的评价。如:对教学能力差的教师,如果用骨干教师评课标准去评议他,对其要求过高,这会挫伤他的积极性和自尊心;对教学能力较强的教师,你用低水平的标准评议,会发现没问题,但对其教学质量的提高没有帮助。

(三)确定听课重点

教学评价的内容广泛,如果要对课堂教学的方方面面进行观察和评价,不仅对评课者而言不太现实,而且容易使评价流于宽泛,缺乏针对性,无论是对听课者还是对授课者而言,帮助都不大。因此,教师在听课前必须确定观察的重点,以便听课时能有目的、有重点地观察记录,而不是不分主次地观察所有的教学活动。只有这样,评课时才能以详尽的事实作为依据,有重点地进行评价。一般每次听课最多确定两到三个听课重点,因为无论评价者的经验有多丰富,要求他注意太多的听课重点都是不现实的。例如,可以侧重于听组织教法,或对课的重难点授课者是采取什么教学方法,或在教学中是否体现出教学目标,等等。

(四)设计观察记录表和评价表

听课前如果能够根据听课重点设计一份记录表,会提醒自己观察的方向、注意的要点,并能防止记录不全或记录混乱。一般的课堂记录表的表头包括学校、班级、教师姓名、课题、听课时间等。如以下表格在听课前是必须准备好的,也要对其熟悉,便于听课时的使用。

表 13-1 听课记录表

课题:_____ 年级:_____ 班级:_____ 人数:_____
任课教师:_____ 时间:_____

时间	课的内容	课的进行	教师活动	学生练习及表现	队形

表13-2、表13-3是在课的密度测定时所必备的记录表,在听课的时候根据表格中的内容进行记录,便于课后整理、计算、分析。

表13-2　教学活动内容和时间使用情况记录表

顺序	教学活动内容	测定五项名称					活动结束时间	不合理使用时间	合理使用时间	备注
		指导	练习	互助	休息	组织措施				
1	整队、清点报告人数					√	2′50″	50″	2′	16:00 上课
2	宣布课的教学目标	√					3′50″	30″	30′	
⋮							⋮	⋮	⋮	
57	讲评、下课	√					46′	3′5″	42′55″	16:46 下课

课后将测得的数据资料进行整理,分项登记在体育课密度整理表中(表13-3)。

表13-3　体育课密度整理表

	学生练习	教师指导		组织措施		观察帮助		休息	
		合理	不合理	合理	不合理	合理	不合理	合理	不合理
准备部分									
基本部分									
结束部分									
合　计									
百分比									

表13-4是运用于心率的测定,便于记录每次的脉搏次数。

表 13-4　体育课运动心率测定登记表

测定顺序	测定时间	测定的练习内容	脉搏次数（次/分）	备注
课前安静时				
开始部分				
准备部分				
基本部分				
结束部分				
课后3~5分钟				

二、听课阶段

(一)听课的方法与步骤

1.进入课堂

评课人员应该在上课开始前进入课堂，注意选择好位置，室外课既不要坐着不动，也不要频繁走动而影响课堂秩序，不要离练习场地过近或过远，要避免影响学生练习，分散师生的注意力。

2.听课记录

听课过程中应边听边记录，即全面又突出重点，按课堂教学过程顺序记下个人所听到的每一项活动，重点的内容详细记录；边记、边想、边分析归纳；课后及时同授课者交换意见，为评议交流做好准备，养成虚心好学和慎思慎行的听课习惯。

(二)体育课密度与运动负荷的测定与计算

在听课阶段，课的密度与运动负荷的测量，对授课者的评价起着关键作用。想要有质量地进行课的评价，此测量是必不可少的。

1.体育课密度测定与计算

(1)从上课开始到下课为止，记下学生实际练习时间，并按部分作记录(见表 13-2)。

(2)将测得的数据资料(见表 13-2)进行整理，分项登记在体育课密度整理表中(表 13-3)。

(3)练习密度以一个学生为准，如单个练习时，一般以开始姿势到结束姿势为一次练习时间。如是集体练习项目，篮、足、排、手球等，整个过程都算作练习时间。

第十三章 评课技能

(4) 归总统计,绘制图表。

① 各部分练习密度

(课的某部分练习时间之和/课的某部分总时间)×100%＝课的该部分的练习密度

如基本部分共进行 30 分钟,学生实际练习时间之和为 12 分钟,则基本部分的练习密度为:

$$(12/30)\times 100\% = 40\%$$

② 统计全课的练习密度

(课的各部分练习时间之和/课的总时间)×100%＝课的练习密度

如准备部分共 10 分钟,练习时间 7 分钟;基本部分共 30 分钟,练习时间 13 分钟;结束部分 5 分钟,练习时间 2.5 分钟,课的练习密度为:

$$[(7+13+2.5)/(10+30+5)]\times 100\% = (22.5/45)\times 100\% = 50\%$$

2. 体育课密度中各项活动所用时间的算法

(1) 练习时间。凡在课中有目的地用于学习、巩固和提高技术技能、发展身体和增强体质的练习时间均算作练习时间。其计算方法应根据不同项目的特点具体掌握。

基本体操:包括徒手操、棍棒(绳)操、武术操、一般性发展练习等。若教师先讲解、示范,学生后练习,学生做动作算练习时间。跳绳、攀登、爬越、负重搬运和角力,从动作开始到结束全部时间都可算练习时间,终端等待的时间不能计算在内。

技巧、支撑跳跃、单杠和双杠:从开始姿势起到动作结束,所用的时间都可算练习时间,如用跑步、正步出入队列,所用时间也算练习时间。

跑:从预备姿势(各种起跑姿势)开始,到终点缓冲过程结束,所用时间都算练习时间;由终点回队,如要求跑回或走跑交替,其所用时间也算练习时间。

跳跃:从开始姿势到离开沙坑全部过程所用时间都算练习时间,归队的算法同"跑"的教材,如在平地上跳(无沙坑),应酌情计算。

投掷:从开始姿势到投出器材后身体恢复到正常姿势所用时间为练习时间,出入队同"跑"的教材,拾回投掷器材时,如要求跑步也算练习时间。

球类、游戏、比赛:单个动作教学,一般只把从动作开始到结束的时间算作练习时间。集体活动、游戏比赛,原则上整个过程所用时间都算练习时间;若发生因犯规而中断比赛,或学生不积极,站着不动等情况时,应扣除练习时间。接力游戏和接力比赛时,等待接力的时间不能算练习时间。

武术:从动作开始到结束所用时间都可算练习时间。

各种静止用力的动作所用时间均算练习时间,如基本体操中的静止用力动作、单、双杠的悬垂支撑动作、武术中的静止用力动作所用时间都应算练习时间。

采用循环练习法时,原则上整个过程所用时间都算练习时间,但如发生中间停顿或中断等待等情况,应酌情扣除。

(2)指导时间。即教师有目的地运用讲解、示范、纠正错误动作、演示、分析、个别指导等方式,指导学生学习和掌握体育知识、技术、技能的时间。

(3)分析与帮助保护。凡是学生用于相互观察,分析讨论,互相帮助保护的时间,均为这类所用时间。

(4)组织措施。课中调整队伍、交换场地、搬运、安装、分发和回收器材等,一般算作组织措施时间。

(5)休息时间。凡是练习后教师有意识地安排学生休息,或做完一次练习后等待下次练习的时间,均为休息时间。

(6)不合理时间。凡是在教学活动中与教学和教辅活动无关的时间,以及在教学活动中浪费的时间,如讲解过多等,都算不合理时间。

3.体育课运动负荷的测定与计算

心率测定法,是通过一次课中多次测定学生的心率,了解和掌握一次课心率变化情况,分析生理负荷安排是否合理。其具体的测定步骤如下:

(1)准备工作。了解课的教学目标、教学内容和组织教法,确定测试手段(手测或遥测)和测试人员的分工(一般是一人测试,一人记录),记录表见表13-3。测定对象应选择班上中等体质水平的学生。如果是男、女生混合班,则男、女生各一人为宜。

(2)实际测定。以手测脉搏为例。课前测定受测者相对安静,并对其说明情况,消除顾虑和紧张,以保证测试结果准确可靠。课中选择好测定时机,通常采用的是练习前后测与定时测(2分钟左右)相结合的方法。每次课测定次数不少于20次,每次以10秒计,课后再换算为1分钟脉搏。测试时应尽量不要影响正常的教学活动,最好将受测者排在队尾,以便测试。每次测定后,应及时将测定时间、内容、心率记录在表格中。课后3~5分钟时分别再测定受测者心率,以了解恢复情况(见表13-4)。

(3)统计与计算

绘图:在坐标纸上以时间为横轴,脉搏每分钟跳动次数为纵轴建立坐标系,以相应时间所测得的脉搏次数为坐标,在所建立坐标体系中描出对应的点,然后用线段连接各点,所连成的折线,就是脉搏变化曲线(如图13-2)。它能反映学生课中脉搏变化状况,以利于分析课的运动负荷。

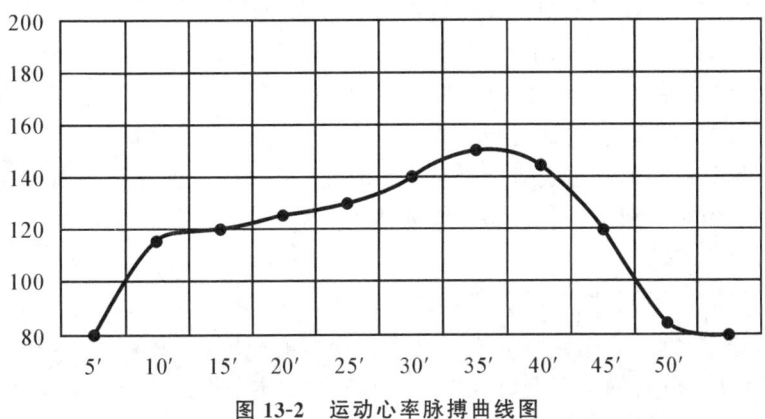

图 13-2　运动心率脉搏曲线图

课的脉搏平均数(平均心率)的计算为：

$$\frac{全课心率的总和}{课的时间}=每分钟平均脉搏数$$

三、课后调研、整理阶段

(一)收集学生信息

课堂教学效果如何,学生是最有发言权的。因此要评价一节课,除了听取教师讲课的过程和观察学生在课堂上的反应外,还应该重视学生课后的反馈。听课教师在课后可选择几名不同层次的学生进行调研,了解他们的体验和感受,这样,教师在评课时就会更加客观、科学。一是在课后发放问卷和调查表让学生填写,也可以借助于测试手段,也就是当上完课时,评课者出题对学生的知识掌握情况当场做测试,而后通过统计分析,对课堂效果做出评价。在大样本的比较研究中用这种方法的比较多。二是课后与一些学生个别交谈,了解他们对所教内容的掌握程度,以及对教师教学方法的意见,例如可以将教师所教的内容问学生,或者针对学生课堂上的练习内容进行反问:你觉得今天所学的动作会难吗？你觉得老师这样安排练习,是否能让你更好地掌握技术动作呢？等等。

(二)整理听课记录

整理听课记录的主要任务有两个:一是理清课堂教学的结构和思路。听课记录也是评价者领会教师的设计思路和教学活动安排的过程,听课结束后,虽然作为评价人员,说出课堂教学的基本结构和基本思路不成问题,但是重新看一遍课堂记录,对课堂教学的过程和思路进行再次梳理仍然是必要的,有利于对教师的教学设计和结构安排做出统筹考虑和评价。二是把重要的细节补充完整。听课时,由于来不及把细节记录下来,只是大概地记一两个提示性的关键词,所以听课结束后要及时整理,时间一长就回忆不起来了,就会损失很多有意义的内容。三是针对听课重点对课堂记录表进行整理分类统计,得出结论。例如教师的队伍安排是否合理,听课者可以把听课过程中对授课教师所有画的组织队形进行整理、归纳,看授课教师在某练习阶段,对队伍的调动是否合理,等等。

(三)拟好提纲,确定评价重点

写提纲之前,应先对所听的课进行较全面的回顾,再看看教材,翻翻听课笔记,在认真分析的基础上,拟出评课的提纲,如本节课的优点或经验、主要特点、不足和需要探讨的问题、建议等。

四、评课阶段

在评课阶段有全面评议和专题评议,可根据评课的目的进行选择。

全面评议的主要方法:(1)自我评议法。即对自己的听课记录或讲课通过自我分析归纳,进行评议的方法,主要找出成功与失败之处、优缺点及原因,讲出自我看法及收获和体会。(2)他人评议法。听课人通过听课观察记录,对授课情况进行分析归纳并加以评议的方法。

全面评议的步骤,第一,做好评课前准备和人员分工,各自做好记录和统计。第二,整理好听课记录和评议提纲。第三,在全面分析基础上对授课情况做出总的评价。总结出本次课总的优缺点及原因等,并提出改进意见和建议,同评课者一起写好评议小结、课后小结或教学后记,妥善处理有关问题。参加评议者整理好听课和评议记录与汇报材料。

专题评议的方法步骤:(1)授课教师先介绍自己课的准备和实施情况。(2)专家提出有关问题。(3)介绍测定情况(测定统计表格可参见有关教材)。(4)听课人深入进行专题分析评议。(5)主持人总结。(6)整理专题评议的总结材料。

此外,也可根据需要,将全面评议和专题评议综合使用,这样既全面又有重点,能更好地提高教学质量。

第五节 评课技能的运用

一、评课技能的运用原则

评课要以提高教师的业务素质和课堂教学能力为目的,倡导交流研讨式评课。在评课时,教师要掌握一定的评课原则,根据新课程改革的精神,教师评课技能的运用应遵循以下原则:

(一)导向性原则

评价的目的不是鉴定,而是为了发展和提高。评课者一方面要关注授课者的操作层面,另一方面要从教育思想、教学理念、教学原则等潜隐层面去发现、点拨和引领,要挖掘其中先进的教育思想和教学理念,鼓励教学创新、提倡教学个性,使教师向先进的教育思想和教学理念发展。

(二)客观性原则

评课只是一种学术范围内的评价、讨论和交流活动,不涉及人情世故等其他外在因素,评课者要有责任意识,不能因为顾及面子、情绪等其他因素而该说的不说、该点的不点,要坚持实事求是,公平评价。只有本着客观公正、实事求是的精神,评课才有实在的意义。

(三)激励性原则

没有教学自信的教学是难以想象的。评课者在评课过程中不仅要时刻维护教师的教学自信,还要通过评课来帮助教师寻找自信、培养自信、树立自信、强化自信。评课时要"优点谈足,缺点抓准",要评出特色、点出创新,即使对于优点很少的课,也不要轻易下"成功课"或"失败课"的评语,要以肯定为主,多表扬,少批评。

(四)全面性原则

在评课时,要考虑教学内容的前后关系,不要单纯、孤立地评议一节课,要把这节课放到本教学单元乃至整个学期教学背景下进行评议,只有这样,才能真正理解授课教师的教学设计意图、思路和方法,才能在评议时做到有的放矢、有理有据。

(五)艺术性原则

评课也要讲求艺术,给授课教师提出意见时还应注意场合,尤其是评不太成功的课,更要考虑教师的心理压力。讲话要留有余地,点到为止,不要在大

275

庭广众之下,使教师难堪,对不宜在公开场合提出的意见可以和授课教师私下交流。在评课时要注意评议的尺度,多从帮助、教育、促进的角度进行评课。

二、评课时应注意的事项

(一)评议应本着实事求是的态度,一分为二,防止评议"一边倒"

要注意本节课教学特点、内容、课的类型和教学难易程度以及学生基础、学风和班纪。应注重实际表现、主观努力和客观因素,不要单纯地从教学好坏来评议优劣。无论是个别评议还是共同评议,都应注意措辞适当,既不要用"特别好"、"特别差",也不要不负责任地客套恭维。做到少用"很好"、"很差",多用"好"、"较好"、"一般"、"较差"等评语。更要防止评议时不提优点,尽挑缺点,吹毛求疵。应本着对授课者负责、诚恳的态度,恰如其分地肯定其优点,有侧重地指出不足,同时提出改进的意见和建议,使评议达到应有的效果。

(二)既要全面、细致、涉及细节,又要突出重点

共同进行全面评议时,为了使评议更全面、细致,可事先进行商定,分头准备。另外还要注意事先分工,一个人或几个人听某一专题,评议内容的重点,要由代表作专题发言,不到之处,其他人补充,力求使评议既全面、有重点,又集中而不重复。但在一次课中,为了具体分析某些问题,也可采用专题的方法。另外,根据需要和可能,还可将专题评议与全面评议结合使用,这样有利于提高教学质量。

第六节　评课案例与评价

一、评课案例

案例 13-1:纵箱分腿腾越——第四届全国中小学体育课堂教学观摩活动

上海市复兴高级中学　　张俊

专家对本课的点评:

纵箱分腿腾越是高中《体育与健身》基本内容Ⅰ中"跳"的教材。这个教材无论是对上课教师,还是对十年级男生来说,都是极大的挑战。挑战之一:教材难度大;挑战之二:学生对教材比较陌生。张俊老师虽然已到不惑之年而且

是一名排球专项的体育老师,但是他本着在挑战中探寻,在探寻中突破的宗旨,大胆选用了此教材。通过对教材的仔细分析、反复研讨,并且精心备课,倾心上课。这节课主要有以下几个亮点:

(一)教学目标清晰可控,学练内容分层递进

根据不同学生掌握动作技能的情况,将学练内容进行分层,让学生在已有经验的基础上,分别选择纵放山羊、纵放增加长度的山羊(自制教具)、六格纵箱、七格纵箱、斜面纵箱的分腿腾越。使每个学生在挑战自我的分层递进中,都能体会到学习和成功的乐趣,从而使绝大部分学生都能达到目标,以满足自我发展的需求。

(二)教学手段针对性强,教学效果显著有效

教师采用增加山羊长度(自制教具)、利用沙袋来调整踏跳板与器械之间的距离、器械两侧适当设置可调节高度的橡筋带、手撑位置画标志线等多种有效教学手段,解决学生在练习中所产生的问题,为进一步改进、提高动作技能起到积极的促进作用。

(三)教师驾驭课堂能力较强,"两纲"、德育有机渗透

教师教态亲切自然,激励语言用得恰到好处。整节课教师除了经常鼓励学生,克服恐惧胆怯心理,增强自信心之外,还始终强调帮助和保护,不仅让学生学会自我保护,而且要教会学生如何正确合理地保护同伴,培养了学生的责任意识,真正体现了生命的意义在于运动。

(四)体能练习强度适中,具有合理的生理负荷

这节课在传授运动知识、技能的同时,又在体能练习中强调了上肢和腰腹力量的锻炼,将学习技术与发展体能有机结合起来,充分体现了(体育与健身)学科的特点。

(五)需改进的问题

1.教师自身的动作示范需加强。在纵箱分腿腾越的示范中,教师的第一、二腾空不明显,影响了动作质量。

2.教师语言的运用也有待提高。教师有时在指导学生练习中,语言缺乏针对性与准确性。

3.讲解示范队形采用圆形不是最合理。

体育微格教学

案例 13-2：技巧—仰卧推起成桥（水平一） 第四届全国中小学体育课堂教学观摩活动优秀展示课

辽宁省抚顺市实验小学　李丽丽

专家对本课的点评：

辽宁省抚顺市实验小学李丽丽老师上的"仰卧推起成桥"一课，贯彻落实了《体育与健康课程标准》的精神，充分体现出了体育新课程的基本理念。教师在本课教学中依据儿童的心理、生理特点以及认知规律和动作技能的形成规律，突出学生主体地位，坚持使学生的学习内容、学习活动与学生的生活实际相结合。创设主题的教学情境，引导主动参与学习活动，不仅让学生掌握了运动技能，而且促进学生的学习与创新能力的提高，从而培养学生的终身体育意识和能力，实现学生身心全面发展，具体体现以下特点：

一、教学目标制定明确具体。即运动参与目标、知识与技能目标、身体及心理健康目标明确，符合课程标准的要求，符合教材和学生的实际，可操作性强。

二、教师学科教学基本功扎实。本课中教师不仅做出标准的动作示范，而且在教学组织的实施、教学方法应用、教学氛围的创设、和谐师生关系的构建上，体现出李老师的教学睿智，也展现出李老师的教育教学能力。

三、凸显技能教学主线，实现教与学的统一。在教学过程中，李老师以"走进春天"创设主题教学情境，激发了学生的学习兴趣，把学生引入到如诗如画的春天里，在体育活动中去实践、感悟，让每一个学生去享受体育的快乐。在仰卧推起成桥教学中，教师准确把握教学重难点，遵循循序渐进的教学原则，合理采用"情境设疑""启智引导""示范模仿""评价激励"的方法，抓住重点，突破难点，围绕技能教学这一主线，引导学生从直观认识到身体感知，从对动作方法了解到实践感悟。进行自主学习，合作探究，由浅入深，由易到难地学习与掌握技巧动作，实现教与学的统一，促进了学生技能的掌握，提高学生体育能力。

四、关注学生主体地位，突出学生自主意识。教师注重学生主体意识的培养，在学生学习实践活动中，教师作为引领者，在和谐、民主、愉悦的教学氛围中，引导学生自主学习，合作探究，有效地培养了学生的主体意识。

五、注重思想品德教育和安全教育。在本节课教师把思想品德教育和安全教育有机地渗透到教学中，充分地体现了体育教学健体育心和养成教育作用。

不足之处：在学生练习过程中，教师应加强对学生有针对性地进行个别指导。

案例 13-3：足球——脚内侧扣球技术 第五届全国中小学体育课堂教学观摩活动教案集

福建省厦门市双十中学 方睿

专家对本课的点评：

由厦门双十中学方睿老师上的"足球——脚内侧扣球技术"课，是一堂关注个体差异，重视学生合作学习的体育课。在课前，方老师能依据《体育与健康课程标准》水平五的精神，结合学校场地条件及学生体育素质的情况，从学生的发展考虑，设计这堂课。本课教学具有以下几个特点：

1. 在场地设计方面，为了便于组织教学与课堂管理，该师在足球场设计了一个大圆，再由这个大圆变四个小方形的练习场地。利用这场地设置了准备活动的慢跑、肌肉的拉伸及球性练习；基本部分设置了往返运球扣球练习、分小组配合练习、运球躲避练习以及4对4的教学赛等练习以及结束部分的放松练习。这种设计既有利于教师全面调控教学进程，又能增加练习密度，保证了学生的学习；这种设计能充分利用场地，为一些场地较缺乏的学校提供了可参考的价值。

2. 在知识传授方面，该师能抓住"脚内侧扣球变向技术"的重难点，结合学生的情况，利用挂板中"脚内侧扣球变向技术"的完整图解，给学生讲解技术动作，同时结合示范，给学生直观印象并建立完整的动作概念，使学生能够明确"脚内侧扣球变向技术"的学习方法，为接下来的练习做好准备。

3. 在教学方面，方老师能根据学生的实际情况，选择了具有针对性、趣味性的教学手段；学练中，该师注重"脚内侧扣球变向动作要点"的提示，关注学生不同水平的学习要求。从准备活动的"熟悉球性"开始就为这节课做了很好的铺垫，然后"脚内侧扣球"复习，分小组进行"脚内侧扣球变向动作"的学习，待动作熟练后再提高难度，进行了"运球躲避"练习，通过一系列的教学安排使不同程度的学生均能掌握脚内侧扣球变向的技能。为提高技术动作，该师通过组织展示交流，引导学生正确认识脚内侧扣球变向的技术，最后通过"4对4的教学比赛"使学生了解技术动作如何应用到实战中，并通过比赛来检验学习效果，使学生能了解自己的学习情况，找出不足，同时教师通过布置课外作业让学生明白如何利用课余时间进行改进与提高。

本课是一堂比较成功的课，但如果该师能在组织教学过程中，教师的教态做到更轻松、自如、富有激情，那么这堂课就更加完美。

二、评课评价表

表 13-5 评课技能微格训练评价表

授课教师_____ 教学内容_____ 日期_____

请您仔细观察授课教师的教学行为和学生的反应,然后填写评价表,在恰当等级打"√"。

要素	序号	评价项目	权重	赋分值			
				优	良	中	差
课前准备	1	备课"五备"、教案熟悉和执行情况	0.04				
	2	思想准备、场地器材准备情况	0.04				
教学态度	3	师德表现、教书育人情况	0.04				
	4	认真负责、关心和严格要求学生情况	0.04				
教学目的、任务和内容	5	教学目的、任务明确具体、把握全面和重点情况	0.1				
	6	教学内容的科学性、理论联系实际和针对性情况	0.05				
	7	授课基本内容、概念、要点准确明了,条理连贯情况	0.1				
教学方法和能力	8	启发性、诱导性和培养学生能力情况	0.05				
	9	符合学生身心和年龄特点、抓住重点、分散难点、解决关键、选用各种教法情况	0.1				
	10	教学技巧的运用、独特风格和创新以及示范时机、位置方向等情况	0.1				
组织教学措施	11	教学组织、措施和课堂常规执行和实施情况	0.1				
	12	课的结构、合理选择安排情况	0.1				
教学效果	13	学生对课的主要任务、内容掌握与满意情况	0.05				
	14	学生练习密度、运动负荷、区别对待以及课堂纪律、学风情况	0.05				
	15	培养能力、个性发展和骨干作用以及"差后生"表现情况	0.04				

您的意见或建议:

第十三章 评课技能

表 13-6 评课技能评价表

评价指标		评价等级			
一级指标	二级指标	A	B	C	D
评课原则的掌握	导向性原则				
	客观性原则				
	激励性原则				
	全面性原则				
	艺术性原则				
评价表的设计	指标体现评价目的				
	指标明确具体				
	分数权重分配合理				
合计					

注：每级赋值分别为 A 级：90～100 分；B 级：80～89 分；C 级：60～79 分；D 级：0 分～59 分。

○ **思考与练习**

1. 什么是评课技能，有哪些特点？
2. 什么是全面评议，应该从哪几个方面入手？
3. 什么是专题评议，有哪几个方面可以进行专题评议？
4. 如何测定和计算运动负荷和密度？
5. 运用评课技能的时候应该注意的事项有哪些？

体育微格教学

第十四章

说课技能

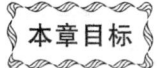

1. 了解说课的特点、功能与类型。
2. 掌握体育说课的内容方法、运用基本原则与基本要求。
3. 能熟练地说好一节体育课。
4. 能评价同伴说课的效果,并提出合理的建议。

第一节 说课技能概述

一、什么是说课

"说课"是一种在中学各学科教研中均受到普遍运用的教学研究形式。最早是由河南省新乡市红旗区教研室首先推出,其原始形式是集体备课。1987年年底,该区要选人参加市里的"教坛新秀"评比时采用的方法,并创新了"说课"一词。

20世纪90年代,"说课"活动向深度、广度发展的成果令人欣喜。随着素质教育的升温和教学改革的层层深入,"说课"逐渐形成规模并得到进一步实践、充实、完善、提高,已成为具有中国特色的教研活动。由于"说课"操作性强、功效独特、实效明显,受到各级教育行政部门的重视和支持,引起了教育界专家、学者、科研人员,特别是教师的普遍关注。

近年来,各高等师范院校将这一形式运用到师范生教育实习的准备环节之中,找到了教育理论与教育实践的结合点,感受到了教育理论的有效性和教育价值。"说课"这种源自于基层、具有中国特色、原创性的教学研究活动,不

第十四章 说课技能

仅推动了基础教育研究的发展,同时,也成为促进教师素质提高的重要教学技能研究形式。

在当前全国各中小学校的教师招聘考核中,"说课"已经普遍成为师范毕业生竞聘上岗的重要依据。因此,说课是教师教育学生必须掌握的一项基本技能。

说课是教师在精心备课的基础上,以教育教学理论为指导,以口头表述为主,运用有关辅助手段向领导、同行或评委阐述某一具体课题的教学设计,并与听课者共同就课程目标的达成、教学程序的安排、重点难点的把握及教学效果与教学质量的评价等方面进行预测或反思,共同研究探讨如何进一步改进和优化教学设计的教学研究活动。说课不仅是督促教师业务文化学习和进行课堂教学研究、提高业务水平的重要途径,还是评估教学水平的有效手段。

二、说课的特点

(一)机动灵活

说课不受时间、地点、教学设备的限制,可随时随地进行,也不受教学对象和参加人数的制约,只要两个人以上即可进行。

(二)短时高效

单纯的说课一般时间较短,15~20分钟即可完成,但内容却十分丰富,既包括教师对教材的理解掌握和分析处理,又包括教法设计;既要说清怎么教,又要讲出为什么。

(三)运用广泛

说课的运用很广,领导检查教师备课、教师间研究教学、评价教师的教学水平、开展教学技能竞赛等均可采用说课的方法。

(四)理论性强

说课的理论因素很浓,能充分体现教师的教育教学思想。如果教师没有一定的理论水平,是说不好课的。

三、说课的功能

(一)有效地提高课堂教学效率

说课可以说未上过的课,也可以说已上过的课。即可以是"说课—上课—评课",也可以是"上课—说课—评课"。无论是课前说课还是课后说课,说课者都要接受听课者的集体评议,这种评议可以直接地帮助说课教师发现其教学设计中存在的问题,及时对教学方案进行修改,进一步明确教学的重点、难点,理清教学的思路,从而使课堂教学更加科学、合理、有效,提高课堂教学效率。

(二)有效地提高教师的教学能力

说课要求说教学目标、说教学内容、说教法、说学法、说教程、说练习设计、说理论依据等,这要求说课者除了要熟练掌握本学科的课程性质、课程理念、设计思路、课程目标和课程内容等外,还必须认真、系统地钻研教材,提出合理可行的教学方法、组织、场地器材,通过经常性说课,必然能促进教师教育教学能力的提高。

(三)有利于促进教师教学理论水平(素养)的提高

教师说课不仅要说"怎样教",还要说明"为什么这样教"的理论依据和实践需求。把课说清、说透需要教师积极主动地学习教育教学理论,认真反思教学实践活动,确立运用理论指导教学实践的意识,将教学理论和教学实践有机结合,这必将促进教师不断地提高自身的教育教学理论水平。

(四)有助于促进教师教学交流与合作

说课是教师相互交流教学经验、共同提高教学水平的一种有效的教研活动。说课活动不是说课教师个人的独立表演,而是听者与说者共同参与的、内容具体的、贴近教学实际的教研活动。说课活动把"说"与"评"紧紧结合起来,让说课教师把静态的个人备课转化为一定范围内动态的集体讨论,形成一种教学研讨的气氛,促进教学与研究结合、理论与实践结合。通过"说",发挥了说课教师的作用;通过"评",又使教师群体的智慧得以充分发挥。"说"与"评"双方围绕着同一课题,各抒己见、交流互动、相互启发、形成共识,达到取长补短、优势互补的效果,营造了较好的教研氛围,起到以"虚"带"实",共同提高的作用。说课所阐述的教学设计往往带有创新的研究成果,可供其他教师参考借鉴。说课为教师提供了教育教学交流的平台,使教师之间能进行充分的信息交流、相互切磋,形成资源共享的教风学风。

四、说课的类型

(一)依据说课与上课的时间先后关系划分

1.课前说课

课前说课是一次预测性和预设性说课活动。课前说课是教师在认真研读教材、领会编写意图、分析教学资源、初步完成教学设计基础上的一种说课形式,是实习教师个体深层次备课后的一种教学预演活动。从其对课堂教学的影响来看,通过课前说课活动,可以借助集体的智慧来预测课堂教学的实际效果,最终达到改进和优化教学设计的目的,因而,课前说课也是一次预测性和预设性说课活动。课前说课是教师较常接触到的一种说课形式。

2. 课后说课

课后说课被认为是一种反思性和检验性的说课。它是教师按照既定的教学设计进行上课，并在上课后向所有听课教师或指导教师阐述自己教学得失的一种说课形式。课后说课是建立在教师个体教学活动基础上的一种集体反思与研讨活动。正是在这种集体的反思与研讨中，使说课者个体和参与研讨的教师对教学的成败得失有了更加清醒的认识，也为进一步改进和优化教学设计提供了可能，因而课后说课也可被认为是一种反思性和验证性说课活动。

（二）依据说课活动的目的不同划分

1. 评比型说课

评比型说课是把说课作为教师教学业务评比的内容或一个项目，对教师运用教育教学理论的能力、理解课程标准和教材的实际水平、教学流程设计的科学性和合理性等做出客观公正的评判的活动方式。评比型说课可以是课前说课（预测性说课），也可以是课后说课（反思性说课）。评比型说课可以发现优秀教师，是带动教师队伍建设、促进教师专业发展的有效途径。

2. 主题型说课

主题型说课是教师在教学实践的基础上，把实践工作中遇到的重点、难点或热点问题作为研究主题进行探索，以说课的形式向同行、专家和领导汇报研究成果的教育教学研究活动。主题型说课是一种更深入的问题研究活动，更有助于教育教学重点、难点的解决，有利于新的教学模式、教学理念等在教学中的应用。

3. 示范型说课

示范型说课是在教学能手和学科带头人等优秀教师做示范说课的基础上，按照说课内容进行上课，然后组织教师对该课进行评议的教学研究方式。示范型说课也是培养教学骨干的有效方式和重要途径。听课教师在这种形式的教研活动中，可以从听说课、看上课、参评课中增长见识，开阔视野，不断提高自己的教学实践能力。

五、说课与备课、授课的关系

（一）说课与备课的关系

说课与备课都是教学前的准备工作，其最终目的都是为体育课堂服务。从所涉及的内容来看，由于说课是一种深层次备课后的展示活动，所以二者的主要内容基本相同；从活动的过程来看，二者都需要教师深入研究体育课程标准、分析具体教材、选择教法和学法、设计教学程序等，都要接受体育课堂教学实践的检验。

说课与备课的不同之处在于：

1.内涵不同。说课属于教研活动,要比备课研究问题更深入;备课是教学任务如何完成的方法步骤,是知识结构如何转化为学生认知结构的实施方案,属于教学活动。

2.目的不同。说课的目的在于帮助教师认识备课规律,提高备课能力,实现教学资源在教师间的共享共用。而备课则是以面向学生为目的的,它促进教师搞好教学设计,优化教学过程,提高课堂教与学的效益。

3.对象不同。备课是要把结果展示给学生,在备课过程中,教师一般独立进行教学设计,不直接面对学生或教师,而说课是说课者直接面对其他教师,说明自己备课及备课的依据。

4.要求不同。说课教师不仅要说出每一具体内容的教学设计、做什么、怎么做,而且还要说出为什么要这样做,即说出设计的依据是什么;备课的特点在于实用,强调教学活动的安排,只需要写出做什么、怎么做就行了。

(二)说课与授课的关系

说课与授课既有相同点,又有不同处,其相同点在于二者都是围绕同一节课的教材内容,其不同之处在于:

1.目的不同。授课的目的是传授给学生体育知识、运动技能,培养能力,进行思想教育;说课的目的则是向听者介绍一节课的教学设想,使听者听懂。

2.内容不同。授课的主要内容在于教哪些知识,怎么教;说课则不仅要讲清上述的主要内容,而且要讲清为什么这样做。

3.对象不同。授课的对象是学生;说课的对象则是领导、同行或专家、评委。

4.方法不同。授课是教师与学生的双边活动,在教师的指导下,通过身体练习等形式完成;说课则是以教师自己的解说为主。

第二节　说课的内容

一、说教学理念

理念是行为的先导,是活动的灵魂。课程与教学理念是教学经验的升华,是教学行为的先导与灵魂,是教学实践和教学价值观的体现,也是教学活动所能达到的状态与水平的精神前提。因此,说课不可忽视述说教学理念。

新一轮基础教育课程改革同以往课程与教学改革的不同就在于课程教学理念的改革,并在新的课程与教学理念的统领、指导下,对课程与教学进行全方位的改革。新修订的普通高中体育与健康课程贯彻和落实"立德树人"的根本任务,以"健康第一"为指导思想,强调健身育人功能,高度重视培养学生的运动能力、健康行为、体育品德三个方面的学科核心素养,努力构建知识与技能、过程与方法、情感态度与价值观有机结合的课程目标和课程结构;在强调体能、运动技能和体育文化学习的同时,融合与学生成长相关的健康教育知识和方法,注重学生健康与安全意识的培养以及良好生活方式的形成,重视培养学生积极进取、不怕困难、挑战自我、顽强拼搏、追求卓越、团结合作、公平竞争和遵守规则等体育品德,促进学生体魄强健、身心健康,获得全面发展。新的课程与教学理念内容丰富,说课者必须高度重视这些新的教育教学理念。

案例14-1:高二篮球二打一战术

辽宁师范大学附属中学　赵磊

指导思想:

在普通高中《体育与健康课程标准》(2017版)精神及"健康第一"课程理念的指导下,依托中国健康体育课程模式的理念,围绕运动负荷、体能练习、运动技能等关键点展开教学设计。采用"以'赛'代学"的方式,避免单个技术传授,在比赛和游戏中体验完整的技术动作,享受篮球带来的运动乐趣,设计充分创造合作学习和自主探究的机会,注重以学生的发展为中心,充分发挥学生主体作用,激发学生对运动的喜爱,提高学生的体能和运动技能水平,培养学生的健康意识和行为,促进学生身心健康、体魄健康,注重学生健康与安全意识的培养以及良好生活方式的形成,促进学生全面发展。

二、说教材

教材是实施课堂教学的最基本依据,也是说课的基本依据。说教材,就是说课者在认真研读课程标准和教材的基础上,系统地阐述所选定的教学内容在教学单元乃至整个教材中的地位和作用。对体育教材的分析有利于最大限度地发挥体育教材内容在实现体育教学目标中的载体作用;有利于体育教学资源的充分挖掘和利用;有利于激发和保存学生的体育学习兴趣和满足学生的发展需要;有利于提高体育教师根据实践选择、改进和创编体育教材内容的能力;有利于体育教学效率和教学质量的提高。一般说课者对体育教材的分析应包括以下几个方面:

1.简介教材地位,即所说的课是哪个年级的哪节课,在教材中处何地位,有何作用。说清教材的性质与特点。

2. 教材处理的指导思想和方法。
3. 重点、难点及确定的依据。

案例 14-2：水平四 山羊分腿腾越

福建师范大学体育科学学院　刘洋

教材分析：

支撑跳跃是技巧性、柔韧性较强的一项重要教材内容。山羊分腿腾跃是由助跑、踏跳、支撑、落地四个环节组成的。通过助跑后双脚短促而有力地踏跳和手臂推撑器械，采用分腿动作，借助两臂的支撑，迅速、安全、省力地腾跃山羊的一项运动。山羊分腿腾跃可以发展学生上肢、肩带、下肢肌肉群的爆发力，增强肩臂、腰腹及关节韧带的力量，并对发展速度、灵敏、协调性、控制力和平衡能力等有积极作用。同时也可以培养学生勇敢、果断、战胜自我的自信心。

重点：单跳双落的上板起跳以及助跑踏跳与支撑提臀动作。

难点：助跑踏跳与支撑提臀动作的衔接。

案例 14-3：排球正面双手垫球

福建师范大学体育科学学院　李海兰

教材分析：

本节内容选自人教版《体育与健康》七年级全一册第七章第三节的第四个内容——排球正面双手垫球。排球运动具有全面性、技巧性、对抗性和集体性的特点，通过排球运动能够全面发展学生的身心健康，促进生长发育，有效发展学生的力量、灵敏、协调等身体素质及空间感知能力；并且在学练中提高与人交往的能力；培养体育学习的兴趣和团结协作、乐于助人的合作意识以及勇于战胜困难的优良品质。本节课学习的正面双手垫球是排球运动中最主要的基本技术，是接发球和防守常用的主要技术。本课是学习排球运动的第一次课，其重点在于让学生正确掌握正面双手垫球的技术动作及击球点位置。

三、说目标

分析教材后，就可以确定教学目标。教学目标是教学设计的出发点和归宿，也是检查教学效果的标准和尺度，它对教学活动具有很好的导向和监控作用。因此，说课者在描述教学目标时应从以下三个方面着手：

目标的完整性。说明本次课目标与课程目标及单元目标的关系，体现说课者对教学目标的理解程度。

目标的可操作性。即目标要求要明确、具体,能直接用来指导、评价和检查该课的教学工作。

目标的可行性。即教学目标要符合课程标准的要求,符合学生实际和教学条件。

◉ 案例 14-4:水平四 山羊分腿腾越

福建师范大学体育科学学院 刘洋

教学目标:

1.认知目标:通过学习,能够建立山羊分腿腾越中双脚踏跳过山羊的动作概念,让学生了解山羊分腿腾跃的基本知识、作用、意义和保护与帮助的重要性。

2.技能目标:通过学习,95%的学生初步掌握山羊分腿腾跃踏跳环节中的"单起双落"技术,85%以上的学生初步掌握双脚踏跳过山羊的动作要领。

3.体能目标:通过素质练习,发展学生上肢力量。

4.情感目标:通过练习、体验,树立学生自信心,培养学生勇敢精神,克服胆怯心理,增强团结协作,互帮互助的精神以及安全进行体育运动的意识。

四、说学情

所谓学情,是指学生的年龄特征、认知规律、学习方法以及已有知识和技能基础等的总和。它是教师组织教学活动的依据,是学生学习新知识的基础。教学总是从一定的起点上开始进行的。不同的学生学习起点不一样,学习个性、风格也不尽相同。说学情,就是要全面客观地阐述学生已有的学业情况和已经掌握的学习方法等,预先判断学生对学习新知识的关注和接受程度,为优化教学设计提供参考。说学情应重点关注以下两方面的内容:

1.要分析学生的一般特征,即对学生的生理特点、心理特点以及社会特点的分析。

2.要分析学生的体育学习起点能力,即学生在从事体育与健康课程的学习前已具备的相关知识、体能、技能的基础,健康状况以及对体育学习内容的认识和态度。

◉ 案例 14-5:水平四 山羊分腿腾越

福建师范大学体育科学学院 刘洋

学情分析:

本次课的授课对象是七年级学生,共有 30 人,其中男生 16 人,女生 14

人。对于活泼、好动、模仿能力较强的七年级学生来说，我们可以很好地利用学生的身心特点来激发学生的学习兴趣，调动他们学习的主动性和积极性，提高教学效果。本班学生男生模仿能力强、好动，女生较安静，协调性以及节奏感较强，但都处于青春期，学习积极性不高，安全意识较强，根据以上情况及结合教学重难点，本课我将通过游戏、保护帮助、分层练习，激发和鼓励学生练习，使其能较好地掌握动作，克服恐惧心理，提高学生的全面身体素质。在技能练习、学习积极性方面要加强教育，为以后的学习做好铺垫。

○ **案例14-6：初二年级"自编棍术组合"**

江苏省江阴高级中学初中部　王建伟

初中学生是生理和心理发生巨大变化的转折时期，也是个性发展的关键时期。此时身体发育迅速，力量素质却相对较差，对新事物有着强烈的学习欲望，但情绪及心理素质极不稳定。棍术学习不仅能有效发展学生力量等身体素质，同时能磨炼意志、培养坚忍不拔的意志品质。本课"自编棍术组合"是学生在对单个棍术动作已经掌握的基础上进行的棍术结合，学生对此类运动技能充满好奇，有急于尝试的欲望。故在教学策略上我采用启发探究为主，自主学习和合作学习为辅的教学手段，遵循由易到难、由浅入深的教学原则，注重对学生的创新能力和迁移转化能力的培养。在学习方法上多以学生体验、尝试、练习为主，加以教师的鼓励和引导，让学生逐渐建立自信，勇敢面对挑战，渐渐地忘记恐惧和胆怯，体验学习过程的艰辛和成功后的喜悦！

五、说教学方法

说教学方法主要是说明"怎样教"和"为什么这样教"的道理。在确定教学目标、要求后，恰当地选择先进的教学方法是至关重要的。具体地说教学方法要做到以下几个方面：

1.根据教材（学科特点、教学内容）的特点、教学目标、学生的情况以及施教的条件，说出所要选用的教学方法和教学手段，以及选用这些教学方法的理论依据；

2.说清选用哪些媒体作为教学的辅助手段；

3.说清运用哪些教学方法解决教学重点、突破难点以及采用哪些途径创设课堂情景、加强课堂练习氛围、激发兴趣、启发思维、调动学生主动参与学习的积极性。

案例 14-7：水平四 山羊分腿腾越

福建师范大学体育科学学院　刘洋

教学目标：

本节课的主要教学内容为初中体操支撑跳跃山羊分腿腾越，本课的教学目标是：

(1)认知目标：通过学习，能够建立山羊分腿腾越中双脚踏跳过山羊的动作概念，让学生了解山羊分腿腾跃的基本知识、作用、意义和保护与帮助的重要性。(2)技能目标：通过学习，95%的学生初步掌握山羊分腿腾跃踏跳环节中的"单起双落"技术，85%以上的学生初步掌握双脚踏跳过山羊的动作要领。(3)体能目标：通过素质练习，发展学生上肢力量。(4)情感目标：通过练习、体验，树立学生自信心，培养学生勇敢精神，克服胆怯心理，增强团结协作，互帮互助的精神以及安全进行体育运动的意识。

根据学生的基本情况和所设置的教学目标，本课采用了以下教学方法：

(1)讲解示范法：通过教师的讲解示范，使学生了解动作要领，大脑形成完整的动作结构，在中间示范可以使学生从不同层面观察到动作。

(2)分解法：通过分解教学，使学生较快掌握复杂的动作，为完整动作的学习做铺垫。

(3)保护帮助法：通过体验保护与帮助，增加同学之间的相互信任，提升班级凝聚力，使学生减少恐惧感，体验成功的乐趣。

(4)榜样法：通过表扬先进、树立典型，对学生进行鼓励教育。

(5)分组练习法：通过分组提高学生练习密度，有利于教师进行巡视纠错。

六、说教学流程(过程)

说教学流程是说课中的中心内容，能否说清楚教学流程是能否说好课的关键。教学流程是教学活动的系统展开过程，它表现为教学随时间推移的活动序列，描述了教学活动是如何发起、怎样展开、最终又是怎样结束的。说教学流程要求层次清楚，过渡自然，环环紧扣，结构严谨。

1.说清如何进行教学内容编排、导入新课方法、教学组织形式、教学主要环节及媒体运用等实践性环节的设计。

2.说清如何处理教师主导与学生主体的互动作用，如何处理教师的讲解与学生的练习比例问题。

3.说清如何引导学生将所学知识应用于实践、转化为能力，如何精心设计好课内外练习作业与课堂效果反馈方法等课堂教学的各环节程序。

案例14-8：教材：(1)原地双手胸前传接球
(2)单手肩上投篮

福建师范大学体育科学学院　戴火灿

教学过程：

(一)引起注意阶段

1.课堂常规

体委整队，报数

师生问好

2.本课的教学内容目标及要求

让学生了解本节课的内容，对学生提出要求

3.安排见习生

(二)激发兴趣阶段

1.游戏："喊数抱团"

为了使学生注意力集中，精神振奋，同时达到热身效果，安排了游戏"喊数抱团"。

2.熟悉球性

教师先进行各种方法练习和讲解，然后学生自由模仿创新练习。组织形式为散点。

学生通过各种练习，培养学生的球感和对球的兴趣，改善手对球的控制和掌握能力，进一步热身，同时活跃课堂气氛，为基本部分作充分的准备。

(三)接受新知识阶段

1.原地两人一组双手胸前传接球

要求：前臂发力前伸，手腕急速向外翻转，肩、肘、腕关节放松，全身协调。

2.原地两人一组运球双手胸前传接球

要求：运、传、接运用协调，且要迅速转换衔接。

1、2的练习主要为了进一步建立双手胸前传接球动作概念，掌握传接球的手法、上下肢协调配合，加强运球和传接球的衔接。

3.要求：运球和传球，接球和运球要相互衔接好，顺、逆方向都要练习。目的是利用运球和传接球动作有机紧密衔接，快而连贯，更进一步提高传接球和支配球的能力，使学生全面发展身体素质和技术水平。

4.连续传接球(接龙)比赛

通过比赛,进一步巩固和提高双手胸前传接球技术,提高传接球的准确性、熟练性以及快速传接的能力。同时培养学生机智果断、胜不骄、败不馁的优良品质和团结一致、密切配合的集体主义精神。

5.练习单手肩上投篮

将学生分成三组(男生一组、女生两组),分别在三个篮下进行练习,教师在学生练习过程中进行指导。

通过本节课的练习,让学生进一步巩固了投篮技术,提高了投篮的准确性和熟练性。现代女子篮球技术发展的趋势是技术特点男子化,女子也采用单手肩上投篮,这对女生来说是学习新知识和掌握新技术的重要过程。通过练习也能培养学生的运动能力,提高学生的心理素质。

(四)全面发展素质阶段

主要是一些身体素质的练习,弹跳、体力、耐力的练习。

(五)恢复整理阶段

1.伸展放松操

在教师带领下学生通过模仿练习,促使学生消除肌肉的疲劳,身心得到恢复。

2.对本课进行小结,布置收回器材。

案例14-9:足球直传斜插"二过一"战术配合

莆田南门学校　陈素烟
指导教师　陈少华

教学流程:

一、开始热身部分(9分钟)

1.课堂常规

(1)体育委员整理队伍,检查人数并向教师报告。

(2)师生问好。

(3)教师检查人数并登记出勤情况。

(4)教师宣布本节课的内容,教学目标及要求。

(5)检查着装并安排见习生。

2.准备活动

(1)听信号慢跑:沿着篮球场边线进行慢跑热身。

教师运用加减乘除的方法让学生得出答案并做出快速反应。如,答案是奇数顺时针慢跑,偶数反方向慢跑。

(2)动态拉伸。

通过口令的变化沿着篮球场边线进行慢跑，以及动态韧带拉伸练习，让学生充分活动身体各关节，为足球直传斜插"二过一"练习做好充分的身体和心理准备。

二、学习提高部分(32分钟)

1.直插斜传"二过一"练习

战术配合方法：进攻队员甲把球直传，然后乙斜插防守队员背后，接进攻队员甲传来的球，从而完成"二过一"配合。

要求：(1)配合默契，注意传球力度和准确性。

(2)防守队员须消极防守。

通过观看挂图，采用提问方式自然导入，引入足球"二过一"的动作要领，激发学生掌握技战术的兴趣，采用循序渐进的教学形式开展教学活动。

2.拓展练习

采用"看谁配合好"比赛。设置不同比赛条件和要求，组织男、女生同场竞技，进一步提高"二过一"战术配合实战水平，展现"巾帼不让须眉"的拼搏精神。

要求：(1)跟进接应时要注意时机，传球时要注意传球力度。

(2)注意比赛安全。

(3)体能练习：超级弹力带。

每生一条弹力带，四列横队成体操队形，进行体能练习。

三、恢复整理部分(4分钟)

1.学生围成两个同心圆在教师引导下做放松练习，让学生的身体逐步得以放松恢复。

2.通过学生自己谈课堂学习体会、练习感受的方法，自评互评学习情况和效果，进一步明确所学技术重点，增强自评和互评意识。

3.安排值日生收拾并归还器材，宣布下课。

第三节　说课技能的运用

一、说课的基本原则

(一)科学性原则

科学性原则是教学应遵循的基本原则，也是说课应遵循的基本原则，它是保证说课质量的前提和基础。

(二)理论联系实际原则

在说课活动中,说课人不仅要说清其教学构想,还要说清其构想的理论与实际两个方面的依据,将教育教学理论与课堂教学时间有机结合起来,做到理论与实践的高度统一。

(三)实效性原则

说课的目的就是要通过"说课"这一简易、速成的形式或手段,在短时间内集思广益,检验和提高教师的教学能力、教研能力,从而优化课堂教学过程,提高课堂教学效率。因此,"实效性"是说课活动的核心。

(四)创新性原则

说课活动中,说课人一方面要立足自己的教学特长、教学风格。另一方面更要借助有同行、专家参与评说,众人共同研究的良好机会,树立创新的意识和勇气,大胆假设,认真求证,探索出新的教学思路和方法,从而不断提高自己的业务水平,进而不断提高教学质量。

二、说课的基本要求

(一)突出"说"字,把握"说"的方法

说课不等于备课,不能照教案读;说课不等于讲课,不能视听课对象为学生去说;说课不等于背课,不能按教案只字不漏地背;说课不等于读课,不能拿事先写好的说课稿去读。说课时,要抓住一节课的基本环节去说,说思路、说内容、说学生、说目标、说方法、说过程,紧紧围绕一个"说"字,突出说课特点,完成说课进程。

说课的方法很多,应该因人而异,因材施教。可以正面说,也可以反面说,但一定要沿着教学思路这一主线说,以防跑题。

说课可以针对某一节课的内容进行,也可以围绕某一单元展开;可以同时说出目标的确定、教法的选择、学法的指导、教学的程序等全部内容,也可以只说其中的一项内容;可以说课的某一部分(如基础部分)是如何设计的,也可以只说某一动作技术点的如何导入,或某一项运动负荷的如何设计等等。

(二)突出理论性,说理精辟

说课的核心在于说理,在于说清"为什么这样教"。因为没有理论指导的教学实践,只知道做什么,不了解为什么这样做,永远是经验型的教学,只能是高耗低效的。因此,说课者必须认真学习教育教学理论,主动接受教育教学改革的新信息、新成果,并应用到课堂教学之中。

(三)突出重点,主次分明

说课的重点应放在实施教学过程、完成教学任务、反馈信息、提高教学效率上。用极有限的时间完成说课内容不容易,必须做到详略得当、简繁适宜、准确把握说课的"度"。说得太详太繁,时间不允许,也没必要;说得过略过简,说不出基本内容,听众无法明白。说课应注意避免重技能轻健康、重生理轻心理、重教法轻学法指导的倾向。

要做到说主不说次,说大不说小,说精不说粗,说难不说易;要坚持有话则长、无话则短、不拘形式、自由研讨的原则,防止囿于成规的教条式的倾向。同时,在说课中要体现教学设计的特色,展示自己的教学特长。

(四)客观再现,具有可操作性

说课的内容必须客观真实,科学合理,不能故弄玄虚,故作艰深,生搬硬套一些教育教学理论的专业术语。要真实地反映自己是怎样做的,为什么这样做。哪怕是并非科学、完整的做法和想法,也要如实地说出来,引起听者的思考,通过相互切磋,形成共识,进而完善说者的教学设计。说课是为课堂教学实践服务的,说课中的一招一式、每一环节都应具有可操作性,如果说课仅仅是为说而说,不能在实际的教学中落实,那就成了纸上谈兵、夸夸其谈的"花架子",使说课流于形式。

说课者应针对体育教学目标和内容,将体育课各个部分的教学时间安排、组织形式、教学手段、课的运动负荷安排、教学用具和场地布置及本课教学中的实践性和可操作性的特点表述清楚。

(五)语气得体,冷静应对提问

听说课的对象是同行、是评委、是领导,都是成年人,说的语气、称呼要得体。虽然听课者是成年人,但他们会努力站在学生的角度去听说课,去审视说课者的一字一句、一举一动,包括组织过程、参与过程、教法的采用。因此说课时既要真实体现教学设计的理性思路、教学的过程、方法的选择,又要注意说课时的语气、称呼、表情,面对同行、评委或领导的提问时,要有自信心、沉着冷静,在弄清所提问题的确切含义后,在较短的时间内做出反应,以简练的语言把自己的想法讲述出来。

第四节 说课的案例和评价

一、说课案例

⚪ 案例 14-10：山羊分腿腾越说课稿

福建师范大学体育科学学院　　汤阿兰

一、指导思想

本节课以新体育课程标准为依据。坚持"健康第一"的指导思想，始终贯彻"以学生发展为中心"，重视学生的主体地位，关注学生个体差异，让每个学生都能在愉快的氛围中积极主动地参与各种游戏活动，并从中学到简单的技术动作和基本技能。学生通过练习逐步进行学习，一步步获得成功，逐渐提高学生对腾越器械的勇气。提高学生与他人合作交往的能力，强化安全意识，懂得自我保护与相互保护的方法。

二、教学内容

山羊分腿腾越

三、教材分析

支撑跳跃是技巧性、柔韧性较强的一项重要教材内容。山羊分腿腾越是由助跑、踏跳、支撑、落地四个环节组成的。通过助跑后双脚短促而有力的踏跳和手臂推撑器械，采用分腿动作，借助两臂的支撑，迅速、安全、省力地腾越（山羊）的一项运动。为学生在以后进一步学习掌握分腿腾越技术奠定基础。之所以选择此项教材，是因为它对发展学生上肢、肩带、下肢肌肉群的爆发力，增强肩臂、腰腹及关节韧带的力量有十分重要的作用，并对发展速度、灵敏、协调性、控制力和平衡能力等有积极作用，同时在学习的过程中也可以培养学生勇敢、顽强、果断、战胜自我、完成挑战的自信心。分腿腾越（山羊）的要点是：自然助跑、单跳双踏、顶肩推手、展髋挺身、缓冲落地。

本教材单元教学设计为4次课，本节课是第一次课。主要发展学生的支撑跳跃练习，重点学习助跑踏跳与支撑提臀动作的衔接。

四、学情分析

本次课的授课对象为初中八年级的学生，总共有50人：女生23人，男生27人。学生普遍具有一点健美操的水平，协调性、柔韧性、节奏感比较强，所以接受能力相对比较好。另外，本班学生正处于青春发育时期，好动且参与学习的积极性高,但安全意识较淡薄,本次课的学习在组织有序、安全练习方面要加强教育,为以后的学习做好铺垫。

五、教学目标

1.认知目标:使学生了解山羊分腿腾越的基本知识及作用和意义,以及保护与帮助的重要性。

2.技能目标:大多数同学能初步掌握山羊分腿腾越的技术动作、能掌握保护与帮助的要领。通过发展学生柔韧、协调、灵活等身体素质,增强学生的协调性。

3.情感目标:培养学生自尊、自信、克服困难的精神和相互信任、互帮互助、团结协作的优良品质。

六、教学重、难点分析

教学重点:助跑踏跳与支撑提臀动作的衔接,踏跳时机准确,推手有力。

教学难点:动作协调,踏跳推手动作快速有力。

七、教学方法

讲解示范法:通过教师的讲解示范,使学生了解动作要领,大脑形成完整的技术动作,在中间示范可以使学生从不同层面观察到动作。

分解法:通过分解教学,使学生较快掌握复杂的动作,为完整动作做铺垫。

分组练习法:通过分组提高学生练习密度,解决大班的问题和学生难以调动的困难,将山羊分摆四边,不仅有助于老师进行巡视纠错,而且不同组之间也可以从不同方向观察其他组同学的动作,有助于改进自己的动作。

保护帮助法:通过体验保护帮助,增加同学之间的相互信任,提升班级凝聚力,使学生减少恐惧感,体验成功的乐趣。

游戏法:通过游戏将学生从单一枯燥的器械练习转移到带有辅助性的游戏中,提高学生兴趣。拓展游戏提升学生适应能力和自我保护意识。

八、教学过程

(一)开始部分(2分钟)

体育委员整队,报告人数,师生问好。教师导入本次课的内容并明确学习目标。要求学生大胆实践,积极参与,同时提高学生的安全意识。

(二)准备部分(5分钟)

绕器材慢跑,遇到呼啦圈单脚起跳双脚落下(既可以熟悉场地又可以为山羊的踏板起跳做铺垫。)

(三)基本部分(33分钟)

1.山羊分腿腾越的教授

(1)教师提出问题

"山羊分腿腾越"在你们的脑海中是什么样的动作呢?(学生回答)

(2)教师完整示范并讲解：

支撑跳跃——山羊分腿腾越由四个环节组成：助跑、踏跳、支撑、落地。让学生产生这个动作的整体表象。

(3)保护与帮助

本课由于是支撑跳跃内容，具有一定的危险性，因此教学中，一定要强调组织纪律，提醒学生注意动作要领，注意上课中的自律能力培养，同时教学中注意保持同学之间的间隔距离，特别是强调保护与帮助的位置和方法以及各关节准备活动要做充分，提醒学生落地时注意缓冲，避免受伤。

保护的方法为：(1)保护者站在练习者的正前方，双手扶其上臂、顶其肩、并顺势上提，迅速后退一步。(2)保护者站在练习者落地点一侧，落地时一手托其腹，另一手扶其背。

2.动作练习

(1)单踩双踏

学生分组助跑踏板练习。要求保护者站在踏板旁边进行保护，强调单脚上板双脚起跳，注意落地安全。（为完整动作做铺垫。）

①原地模仿练习：学生原地模仿教师动作，进行单踩双踏练习。

②三步上板练习

③全程助跑踏跳练习

(2)踏跳支撑直腿提臀练习

①双人推手练习。两人一组。教师讲解方法，并强调安全。（目的是为学习技巧做好准备，提高学生学习兴趣。）

②辅助练习——原地练习：学生手推地板练习直腿提臀

③踏跳支撑直腿提臀练习

(3)踏跳支撑分腿提臀练习

分并腿跳和踏跳支撑分腿提臀练习。分组练习，保护帮助。

①辅助练习——分并腿跳

②踏跳支撑分腿提臀练习

3.素质练习

(1)俯卧撑练习

(2)仰卧撑练习

提高学生的素质，不仅可以增强学生体质，增进健康，而且为教学内容做铺垫。

(四)结束部分(5分钟左右)

1.结合音乐放松

2.课堂小结：总结本课学生的优缺点

3.送还器材,师生再见

场地器材:山羊4个,海绵垫子8块,踏跳板4个,呼啦圈若干个

预计密度:40%～45%

体育课教案

| 班级 | 初二(1)班 | 人数 | 50 | 课次 | 第1课次 | 教师 | 汤阿兰 |

教材	山羊分腿腾越						
课的目标	1.认知目标:让学生了解山羊分腿腾越的基本知识、作用、意义和保护与帮助的要领; 2.技能目标:大多数学生能初步掌握山羊分腿腾越的助跑踏跳与支撑提臀技术、能掌握保护与帮助的技术;通过发展学生柔韧、协调、灵敏等身体素质练习,增强学生的协调性。 3.情感目标:培养学生自尊自信、克服困难的精神和相互信任、互帮互助、团结协作的优良品质。						

课的结构	课的内容	组织教法与要求	运动量	
			次数	时间
开始部分	课堂常规: 1.集合整队,报告人数。 2.检查服装。 3.师生问好。 4.教师宣布本课内容。 5.安排见习生。	组织队形: AAAAAAA AAAAAAA AAAAAAA AAAAAAA △ △:教师 A:学生 教学教法: 教师集合整队,宣布本节课的内容,学生认真听从指挥。 要求: 快、静、齐,队列整齐,精神饱满	1次	2分钟
准备部分	一、慢跑 学生在体操馆内按教师指定的路线绕器材跑,当遇到呼啦圈单脚起跳双脚落下(既可以熟悉场地又可以为山羊的踏板起跳做铺垫。) 二、热身操	组织队形: AAAAAAA A A A A AAAAAAA 教法: 1.教师讲解绕器材跑的路线,并提出要求。 2.带领学生慢跑,提示学生跑起来。 要求: 学生按规定路线与动作完成。 学生要认真做好准备动作,各个关节活动开。	1次	5分钟

续表

课的结构	课的内容	组织教法与要求	运动量次数	运动量时间
基本部分	山羊分腿腾越 1.动作要领： 助跑，双脚踏跳，双手支撑器械，提臀，两腿伸直向侧分开，迅速推离器械，使身体向前上方腾跃过器械，两腿向前制动挺身，两臂斜上举；接着用前脚掌落地，屈膝成半蹲。 2.保护与帮助 (1)保护者站在练习者的正前方，双手扶其上臂，顶其肩，并顺势上提，迅速后退一步。 (2)保护者站在练习者落地点一侧，落地时一手托其腹，另一手扶其背。	组织队形： 　　　　　A A　　　　A A 　　　　　A A　　　　A A 　　　　　A A　　　　A A 　　　　　A A　　　　A A 　　　　　　　　△ 教法： 1.提出问题： "山羊分腿腾越"在你们的脑海中是什么样的动作呢？（学生回答） 2.教师完整示范并讲解： 支撑跳跃——山羊分腿腾越由四个环节组成：助跑、踏跳、支撑、落地。让学生产生这个动作的整体表象。 3.教师强调保护与帮助及其重要性 要求： 教师示范规范，讲解清晰 学生要认真观察，注意讲解 (1)徒手练习		2分钟
	分组练习 一、单踩双踏 1.原地模仿练习 学生原地模仿教师动作，进行单踩双踏练习	组织队形：　　　　△:教师 　　　　　　　　　　A:学生 　　　　A A　　　　A A 　　　　A A　　　　A A 　　　　A A　　△　　A A 　　　　A A　　　　A A 　　　　A A　　　　A A 教法： 1.教师讲解示范单踩双踏。 2.组织学生练习 3.巡回指导，及时纠正错误动作。		5分钟

续表

课的结构	课的内容	组织教法与要求	运动量	
			次数	时间
	2.三步上板练习 学生上三步踏板起跳	要求： 认真看老师示范单踩双踏。 集中注意力听老师讲解动作要领。 对老师所指出的错误动作及时改正。 学生练习时要按照老师的节奏。 (2)三步上板练习 组织队形： 　　□　　□　　□　　□ 　　A　　A　　A　　A 　　A　　A　　A　　A 　　A　　A　　A　　A 　　A　　A　　A　　A 　　A　　A　　A　　A 教法： 1.教师示范三步上板的动作。 2.教师讲解三步上板的动作要领。 3.巡回指导，及时改正学生的动作。		6分钟
	3.全程助跑踏跳练习	要求： 认真看老师示范动作。 集中注意力听老师讲解动作。 及时改正老师纠正的错误动作。 (3)全程助跑踏跳练习 组织队形： 　　□　　□　　□　　□ 　　A　　A　　A　　A 　　A　　A　　A　　A 　　A　　A　　A　　A 　　A　　A　　A　　A 　　A　　A　　A　　A 教法： 1.教师示范讲解全程助跑踏跳。 2.组织学生练习。 3.巡回观察与指导学生动作，集合总结效果。		3分钟

续表

课的结构	课的内容	组织教法与要求	运动量	
			次数	时间
	二、踏跳支撑直腿提臀练习 1.双人推手练习 2.原地练习 学生手推地板练习直腿提臀	要求： 认真观察老师示范动作。 助跑要自然放松。 踏跳时手臂自然前举。 (1)双人推手练习 　　A A A A A A A 　　　　↓↑ 　　A A A A A A A (2)原地练习 组织队形： 　　　　A 　　A　　　A 　A　　△　　A 　　A　　　A 　　　　A 教法： 1.教师示范讲解支撑直腿提臀辅助练习动作。 2.组织学生进行练习。 3.教师巡回观察与指导学生动作练习，集合总结，叫同学演示。 要求： 集中注意看老师示范动作。 学生认真练习体会动作。 听老师总结，看学生演示动作。		3分钟
	3.踏跳支撑直腿提臀练习 重点：助跑踏跳与支撑提臀动作的衔接 难点：动作协调、踏跳推手动作快速有力	(3)踏跳支撑直腿提臀练习 组织队形： 　□　　□　　□　　□ 　A　　A　　A　　A 　A　　A　　A　　A 　A　　A　　A　　A 　A　　A　　A　　A 　A　　A　　A　　A 教法： 1.教师示范讲解支撑直腿提臀练习动作。		3分钟

续表

课的结构	课的内容	组织教法与要求	运动量	
			次数	时间
	三、踏跳支撑分腿提臀练习 1.辅助练习——分并腿跳 2.踏跳支撑分腿提臀练习	2.教师讲解示范保护与帮助的动作要领。 3.组织学生进行练习。 4.教师巡回观察与指导学生动作练习，集合总结，叫同学演示。 要求： 集中注意看老师示范动作。 学生认真练习体会动作。 保护者做好保护与帮助。 听老师总结，看学生演示动作。 组织队形： 　　AA　　　　AA 　　AA　　　　AA 　　AA　　△　AA 　　AA　　　　AA 　　AA　　　　AA 　　AA　　　　AA 教法： ①教师示范讲解分并腿跳辅助练习动作。 ②组织学生进行练习。 ③教师巡回观察与指导，集合总结，叫同学演示。 要求： 集中注意看老师示范动作。 学生认真练习体会动作 听老师总结，看学生演示动作。 组织队形： 　□　□　□　□ 　A　A　A　A 　A　A　A　A 　A　A　A　A 　A　A　A　A 　A　A　A　A		5分钟

续表

课的结构	课的内容	组织教法与要求	运动量	
			次数	时间
	素质练习 (1)俯卧撑练习 (2)仰卧撑练习	教法： 1.教师示范讲解支撑分腿提臀练习动作。 2.教师讲解示范保护与帮助的动作要领。 3.组织学生进行练习。 4.教师巡回观察与指导，集合总结，叫同学演示。 要求： 集中注意看老师示范动作。 学生认真练习体会动作。 保护者做好保护与帮助。 听老师总结，看学生演示动作。 组织队形： 　　A A A A A A 　　A A A A A A 　　A A A A A A 　　A A A A A A 教法： 组织学生认真完成动作。 要求： 认真完成动作。 动作到位。		4分钟
结束部分	一、结合音乐身体放松 二、教师总结本节课 三、布置课后练习任务，宣布下课 四、整理、收还器材	组织队形： 　　A A A A A A 　　A A A A A A 　　A A A A A A 　　A A A A A A 1.教师示范动作带领学生做放松活动。 2.对本节课进行总结，对全班同学进行鼓励表扬，布置课后练习任务，宣布下课。 3.值日生收还器材。 要求：学生集合听教师总结，及时归还器材。		5分钟
场地器材	篮球场 山羊4个　海绵垫子8块　踏跳板4个			

案例 14-11：水平一（二年级）《足球》第 1 次课

河南省洛阳市实验小学　司斌

一、指导思想

在课程标准精神以及"健康第一"的课程理念的指导下，以学生的身心发展为基础，根据学生的身心特点和现有运动能力，本课结合教学内容运用引导、启发、提示、自主等多种教学方法，围绕运动负荷、体能练习和运动技能三个关键要点展开学习。在尊重学生学习要求激发学生运动兴趣的基础上，在游戏比赛中提高学生运用技能的能力，以及培养学生体育健康意识与行为，塑造学生体育品德，促进学生运动能力、健康行为和体育品德方面的全面发展。

二、学情分析

本课授课对象为小学二年级学生，他们之前基本没有接触过足球，对于足球缺乏基本的认知和技能支撑，所以这节课的主要任务是让学生认识足球，与足球交朋友，逐渐了解和学习足球的基本技术。该学段的学生对于新事物总是充满了好奇心和兴趣，但是由于自控能力较弱，注意力也容易分散，如果练习方式选用不当，就会降低学生的学习热情，降低课堂效率。根据学生的心理特点，本节课主要采用情景和游戏教学法为主。

三、学习目标与教学内容分析

（一）学习目标分析

通过学习对足球形成初步的认知，初步掌握直线运球、脚内侧、脚外侧运球等足球技术，发展学生的灵敏性和身体协调性；提高学生对足球运动的兴趣，培养学生课后的锻炼习惯；增强团队协作能力和集体荣誉感，培养合作意识。

（二）教学内容分析

本节课以行进间的徒手操为主要热身手段，体能练习借助小足球、绳梯、小跨栏、圆环等器材设计力量、灵敏、速度、平衡相关的练习，充分发展对足球运动相关的协调、力量、灵敏、平衡等素质。本节课的技能学习内容是用脚的不同部位运球，主要以游戏的形式完成练习，最后的放松环节采用静态拉伸。

四、教学策略分析

教学过程中体现"精讲多练"的原则，减少队形组织调动，充分利用场地器材；采用多样化的练习方式，提高运动的密度和强度；使学生逐步、完整地学习所学内容，创设情境进行结构化的技能学习；练习手段采用游戏和比赛教学法，提高学生的学习兴趣，让学生能够积极主动地参与进来；注重营造师生和谐互动、情绪饱满高昂、场景活泼热烈、气氛积极向上的课堂教学氛围，依据学

生的身心特点准备学生喜欢的课堂内容和练习方式。

五、重难点分析

1.教学内容的重难点：重点在于运球时脚的不同部位触球位置；难点在于身体的协调用力和不同环境下，脚推送足球运行的力度和角度，以及在实际比赛中的运用。

2.学生学习方面重难点：明确学习内容和目标，学生在整堂课体能的合理分配；学生的学习基础不同，对动作的接受速度，以及身体协调性存在差异，学生内心的不自信，害怕失败，自身存在畏惧心理。

3.教学方法的重难点：创设一个轻松愉悦的课堂氛围，使学生能够身心愉悦地进行学习和练习技术；采用丰富多样的游戏练习法，让学生在玩中学，学中玩，激发学生的学习激情，结合分组合作练习，发展学生的团结协作精神。

4.教学组织的重难点：合理进行场地分类和器材布局，旨在提高课堂练习效率；合理进行分组，考虑每组学生的综合水平和运动能力，做到平均分布。合理有序地进行练习，防止意外伤害的发生。

体育课教案

姓名单位	司斌 洛阳市实验小学	水平年级	一 二年级	学生人数	男:20 女:20
学习目标	1.了解足球基本知识，初步掌握直线运球、脚内侧、脚外侧运球等技术；发展身体协调性、灵敏性和爆发力等身体素质。2.培养学生对足球的兴趣，培养学生课后的锻炼习惯，远离不良嗜好。3.养成勇敢拼搏、积极向上、团结合作的体育品德。					
主要教学内容	1.直线运球、脚内侧、脚外侧运球技术练习。2.运球小游戏。3.对抗比赛游戏。4.上肢和腰腹力量、协调性、灵敏性、爆发力方面的体能练习。					
重难点	直线运球、脚内侧、脚外侧运球时脚的触球部位；身体的协调用力；不同环境下，脚推送足球运行的力度和角度；在比赛的复杂环境中，如何合理的运用不同的运球方法。					
安全保障	1.检查课前布置的场地、器材；2.备课充分，提高预测能力；3.热身后充分活动颈、肩、腰和腕部关节；4.练习前检查衣袋内是否有小刀、钥匙，学生卡，头上坚硬的饰物等硬物；5.课中提醒动作幅度，避免组间同学撞击。			场地器材	足球场半块、4号足球30个、绳梯两套、小跨栏架10个、彩色塑料圈20个、四种不同颜色的标志盘各20个、三种不同颜色的分组背心各10件。	

续表

课的结构	教学内容	教师教学与学生学练	组织队形	运动负荷 时间	运动负荷 强度
开始部分	课堂常规： 1.教师整队清点人数； 2.师生问好，宣布内容； 3.安排见习生； 4.服装检查，课前安全教育。	教师： 1.师生问好； 2.教师导入课的内容； 3.安排见习生； 4.安全教育，检查服装。 学生： 1.遵守课堂纪律； 2.要求快、静、齐。	组织队形： x x x x x x x x x x x x x x x x x x x x x x x x x x x x x x x x o 学生：x 教师：o	1′	90～110次/分
准备部分	行进间徒手操	教师： 1.创设模仿动物的情境，带领学生进行热身； 2.示范讲解，引领学生正确完成。 学生： 1.跟随教师进行热身； 2.动作规范，充分预热。	组织队形： ←o x x x x x x x x ↓　　　　　　　　x ↓　　　　　　　　x ↓　　　　　　　　↑ □　→　→　→	5′	130～150次/分
基本部分	1.运球练习 (1)直线运球练习 (2)画"0"运球练习 (3)画"8"运球练习	教师： 1.讲解与示范，创设教学情境"小画家"； 2.引导学生自主探究； 3.观察指导。 学生： 1.认真听教师讲解； 2.模仿教师的技术动作； 3.思考探究，认真练习。	组织队形： x x x x x x x x ↓　　　　　　　↑ ↓　　　　　　　↑ x x x x x x x x o	10′	150～160次/分

续表

课的结构	教学内容	教师教学与学生学练	组织队形	运动负荷 时间	运动负荷 强度
基本部分	2.运球小游戏	教师： 1.讲解与示范，观察指导； 2.发挥裁判员职责，营造良好的氛围，使游戏能够有序顺利进行。 学生： 1.按照游戏规则进行练习； 2.听从指挥，积极参与，注意安全。	组织队形：	16′	150～160次/分
基本部分	3.运球对抗比赛游戏	教师： 1.讲解与示范； 2.发挥裁判员职责； 3.营造良好的氛围，使游戏能够有序顺利进行； 4.游戏过程中教师讲解注意事项，及时观察巡回指导。 学生： 1.按照游戏规则进行练习； 2.听从指挥，积极参与，注意安全。	组织队形：	6′	150～160次/分
基本部分	4.体能练习 (1)双人拨球力量练习 (2)绳梯协调与奔跑练习 (3)小跨栏跑跳练习 (4)跳环平衡练习	教师： 1.示范技术动作，播放音乐，讲解规则； 2.发出口令，带领学生完成练习。 学生： 1.跟随模仿教师，完成练习； 2.动作做正确，遵守规则，全力完成。	组织队形： 绳梯 圆环 小跨栏 方向	10′	140～170次/分

续表

课的结构	教学内容	教师教学与学生学练	组织队形	运动负荷	
				时间	强度
结束部分	1.放松； 2.小结； 3.收器材。	教师： 1.教师带领学生放松； 2.教师对本课小结； 3.组织学生送器材。 学生： 1.学生随教师放松（坐位拉伸、抱膝团身拉伸、仰卧侧交叉腿、侧肩转身拉伸）； 2.学生收器材。	组织队形： × ○ 学生：× 教师：○	2′	110～140次/分
预计负荷	平均心率	150次/分			
	运动密度	80%			
课后反思	1.教师能够合理分配时间和空间，练习密度和心率能够达到预计目标； 2.教师能够调动学生的学习积极性，发挥主导作用；学生基本完成学习目标，大部分学生能够掌握所学内容； 3.教师的教学语言组织存在不足，讲解练习方式花费了较多的时间； 4.技能教学部分的分组比赛环节，教师的组织方式欠妥，比赛效果一般。				

注：选自第五届全国学校体育联盟（体育教育）大会，基于核心素养的体育与健康课程改革理论与实践教学研讨名师教案。

二、说课的评价与反馈

说课评价是说课活动不可或缺的环节。对说课的评价目的在于提高教师的说课能力，从而提高教学质量和教学效果。一般是由同行、专家组成的评委或领导对说课者的整体说课效果和质量予以指导、讲评。因此，说课评价的标准制定合理与否对说课活动的开展有着重要的意义。

表 14-1　说课技能评价表

任课教师_____　　授课内容_____　　授课日期_____
请您在听课时对以下各项目评价,在恰当等级画√。

		优	良	中	差	权重
说教材	1.全面理解、把握体育课程标准					0.05
	2.能准确、恰当地说出教学重点、难点并说明突出重点、突破难点的有效措施					0.05
说教学目标	明确、合理、具体、可操作					0.05
说教学对象	基础起点、身心特点、条件习惯					
说教法	3.教学方法采用一法为主,多法结合,并说出选择的理论根据					0.05
	4.教法设想符合教材特点和学生实际,有利于突出重点,突破难点					0.05
说学法	5.学法指导明确、具体,紧扣教法,符合学情					0.05
	6.注意启发学生思维,课堂提问设计巧妙,能引起学生的学习兴趣					0.05
说教学程序	7.教学思路清晰,教学程序安排合理,各环节之间过渡自然、严谨巧妙					0.1
	8.知识容量适当、难易程度合适,时间分配合理					0.05
	9.能抓住关键,突出重点,突破难点					0.1
	10.教学媒体的选择有效实用					0.05
说课艺术	11.吐字清楚,措辞精当,叙述流畅					0.05
	12.语言生动、形象,表述准确无误					0.05
	13.表情自然不紧张,举止得体有风度,态度谦和端庄					0.05
	14.讲述节奏恰当,快慢适度					0.05
	15.应变能力强,善于调控,能根据说课现场需要,合理增删内容					0.05
您还有什么意见或建议						

表 14-2 福建师范大学师范生说课技能竞赛评分标准

学生所在学院			专业名称			年级	
姓名			学号			性别	

项目	内容	评价标准	等级 A	等级 B	等级 C	等级 D	得分
说教材 10%	1.确定目标 2.确定重、难点 3.教材处理	1.从学科体系、章节联系整体分析知识结构。	2	1.5	1	0.5	
		2.依据学科课程标准确定合理的三维目标。	3	2.5	2	1	
		3.准确梳理重、难点,合理整合课程资源。	3	2.5	2	1	
		4.教材处理体现创新点与可行性相结合。	2	1.5	1	0.5	
说教法学法 20%	1.教法设计 2.学法设计 3.手段选用	1.教法设计凸现学生主体地位、有创新点。	6	5	3	1	
		2.教法多样化,有利于教学重点、难点的突破,有利于教学目标的落实。	5	4	3	1	
		3.正确分析学生学情,依据学情,合理引导学习方式。	5	4	2	1	
		4.合理选择教具和教学手段,优化教学效果。	4	3	2	1	
教学程序 30%	1.环节设计 2.教学手段 3.时间安排 4.效果预估	1.课堂教学结构设计安排合理,教学思路清楚,突出重、难点的有效解决。	6	5	3	1	
		2.课堂教学活动突出学生主体性及多向互动。	6	5	3	1	
		3.能合理利用教学手段、课程资源。	5	4	2	1	
		4.时间分配得当,对可能出现的教学情景有灵活的时间分配方案。	5	4	2	1	
		5.合理设计教学反馈环节,预估教学效果。	8	6	4	1	

续表

项目	内容	评价标准	等级				得分
			A	B	C	D	
教师基本素质 10%	语言 板书 教态	1.仪表大方,端庄,稳重。	3	2.5	2	1	
		2.普通话标准,表述清楚,语言简练清晰,逻辑性强,富有感染力。	3.5	3	2	1	
		3.板书设计合理,有层次,突出重点,字迹工整、美观。	3.5	3	2	1	
单项得分(70%)							
教案 20%	教学目标 8分	1.有明确的课题,教学目标设计合理并明确具体。	4	3	2	1	
		2.重、难点准确突出,知识点和能力点的层次分明,有明确的实践技能培养要求。	4	3	2	1	
	教学过程 8分	3.创造性地处理和利用教材,教学过程清晰。	4	3	2	1	
		4.教学方法的选用合适,有助于教学目标实现。	4	3	2	1	
	教案设计 4分	5.教案的设计规范、合理,内容完整、详略得当,文字表述精练,突出学科(专业)特点。	4	3	2	1	
单项得分(20%)							
课件 10%	科学性 4分	1.课件的取材适宜,内容科学、正确、规范。	2	1.5	1	0.5	
		2.课件的演示符合现代教育理念。	2	1.5	1	0.5	
	教育性 2分	课件的设计新颖,在课堂教学中具有较大的启发性。能调动学生的学习热情。	2	1.5	1	0.5	
	技术性 4分	1.课件的制作和使用上是否恰当运用了多媒体效果。	2	1.5	1	0.5	
		2.操作简便、快捷。交流方便、适用于教学。	2	1.5	1	0.5	
单项得分(10%)							
总分(100%)							
评分人:							

注:本评价标准为福建师范大学师范生说课技能大赛的评分标准。

表14-3　福建省体育学科说课评分表(试行)

指标	内容	要　素	等级			
			优秀	良好	中	差
说课内容 70分	教材分析 10分	课程标准、处理搭配、重点难点、价值内涵				
	学情分析 10分	基础起点、身心特点、条件习惯				
	教学目标 10分	明确、合理、具体、可操作				
	教法学法 10分	教：切实有效、探索创新、体现主体学；充分活动、动体动脑、学会学习				
	教学过程 20分	设计合理、过程清晰、优化组合、目标达成、理论与实际结合				
	场地器材 5分	充分利用、变化新颖、一材多用、改革创新				
	安全措施 5分	具体、有效				
说课艺术 20分	讲述10分	普通话、条理清楚、激情、时间				
	艺术5分	教态、节奏、表现力、感染力				
	媒体5分	合理实效				
创新与特色 10分		理念、教法、教学设计				
总　评			总得分			

说明：优秀：90～100分；良好：80～89分；
　　　较好：60～79分；一般：60分以下。

思考与练习

1. 说课技能有哪几种类型？
2. 说课与备课、上课有哪些关系？
3. 说课有哪些基本要求？
4. 分组练习：每人选择一个课时，进行备课，然后根据说课的设计方法进行组内说课练习。说课后，进行组内交流和讨论，组长记录讨论结果。

参考文献

[1]顾明远.体育教学理论与教学实践研究[M].北京:人民教育出版社,1995.

[2]毛振明.体育教学论(第二版)[M].北京:高等教育出版社,2011.

[3]郭静.高中语文课堂导入教学研究[D].河南大学硕士学位论文,2011.

[4]冯先昌.初中数学课导入技能的探讨[J].现代教育科学,2011(6).

[5]徐万彬,王兴臣,王焕波.对体育教师课堂导入技巧的心理学探析[J].体育成人教育学刊,2005(4).

[6]陈素珍.体育课堂教学的导入技巧[J].中国学校体育,2002(5).

[7]杜军.体育课导入时如何设疑[J].体育教学,2003(6).

[8]杨留锁,刘庆山,毛卫国.小议体育课的导入[J].中国学校体育,2001(3).

[9]张雄安.中学体育微格教学教程[M].北京:科学出版社,1999.

[10]孟宪恺主编.微格教学基本教程[M].北京:北京师范大学出版社,1992.

[11]刘宗南主编.微格教学概论[M].天津:天津大学出版社,2011.

[12]王鲁克.体育教学技能[M].北京:人民体育出版社,2004.

[13]罗希尧主编.中学体育教材教法[M].北京:高等教育出版社,2001.

[14]张学敏主编.课堂教学技能[M].重庆:西南师范大学出版社,2000.

[15]荣静娴,钱舍主编.微格教学与微格教研[M].上海:华东师范大学出版社,2000.

[16]孟宪恺主编.微格教学与小学教学技能[M].北京:北京师范大学出版社,1998.

[17]李莉主编.体育教学技能与实践操作指导[M].长沙:中南大学出版社,2006.

[18]杨雪芹,刘定一主编.体育教学设计[M].桂林:广西师范大学出版社,2005.

[19]张学敏主编.体育教学法[M].北京:中国广播电视大学出版社,2000.
[20]刘兴富主编.现代教育理论选讲[M].沈阳:东北大学出版社,2009.
[21]罗明东主编.教学技能训练与评价[M].昆明:云南科技出版社,2002.
[22]田虎伟、周思旭主编.教学技能与教学方法[M].内蒙古:远东出版社,2002.
[23]王皋华主编.体育教学技能微格训练[M].北京:北京体育大学出版社,2005.
[24]毛振明、于素梅主编.体育教学安全防护技巧与案例[M].北京:北京师范大学出版社,2009.
[25]陈维嘉.讲解技能[J].佛山大学学报,1997,15(6).
[26]李建奎、杨立全.教学中讲解技能及应用[J].山西广播电视大学学报,2003,3(1).
[27]黄长虹.课堂教学技能如何适应新课程[J].中国科技信息,2005(9).
[28]徐文生.浅谈体育教学中讲解技能的运用[J].滁州师专学报,2004,6(1).
[29]王皋华.体育教学技能微格训练[M].北京:北京体育大学出版社,2005.
[30]张祺.体育教学中的口令[M].北京:北京教育出版社,1991.
[31]汪素霞.口令的特点及在体育课中的运用[J].上海体育学院学报,2001(5).
[32]董振义.体育口令的分类与运用[J].中国学校体育,2008(2).
[33]朱嘉泰.中学化学微格教学教程[M].北京:科学出版社,1999.
[34]邱伟.浅议高中体育教学中课堂提问的有效策略[J].体育教学,2011(4).
[35]高艳.论课堂提问[J].山东教育科研,1999(11).
[36]蒋勇.体育教学课堂提问的设置方法[J].中国学校体育,2007(9).
[37]王殿红.在体育课堂上如何进行提问[J].体育教学,2010(12).
[38]赵芬英."提问法"在体育教学中的运用探讨[J].中国学校体育,2008(8).
[39]林取用、黄汉升.布鲁姆-特内教学提问模式及其应用[J].中国学校体育,1999(2).
[40]徐献银、叶玉华.体育教学中有效提问的策略[J].中国学校体育,2010(11).

[41]贾宝剑.运用提问的技巧[J].中国学校体育,1999(1).

[42]杜军.如何在体育课堂教学中抓住提问点提问[J].体育教学,2003(1).

[43]郭玮玮.体育课堂有效提问的"二点与四性"[J].中国学校体育,2010(11).

[44]张健.体育课堂提问的有效性[J].中国学校体育,2010(11).

[45]张红军.体育教学中课堂提问的基本要求[J].中国学校体育,2009,(1).

[46]陈钧、张楚廷、胡淑珍.《教师职业技能训练丛书之四教学技能》[M].长沙:湖南师范大学出版社,1997.

[47]周鹏生.教师非言语行为研究简论[M].北京:民族出版社,2006.

[48]孙家镇.中学地理微格教学教程[M].北京:科学出版社,1999.

[49]黄培蓉.美术微格教学[M].厦门:厦门大学出版社,2007.

[50]庄锦英,李振村.教师体态语言艺术[M].济南:山东教育出版社,2000.

[51]刘文涛.中学体育教师非言语教学行为观察表的制定及应用[D].福建师范大学,2009.

[52]张逸明.体育教学肢体语言的运用策略[J].科学大众(科学教育),2010(11).

[53]郑辉.人体语言与体育教学[J].体育教学,1990(3).

[54]汪明旗,刘宁凌等.对师范院校体育专业学生人体语言技能培养的研究[J].哈尔滨体育学院学报,2007.

[55]杨丽娜.论教学体态语的特点及在教学中的运用技巧[J].学理论,2011(3).

[56]李世勋.停顿在体育教学中的妙用[J].体育师友,1994(4).

[57]李金华.人体语言与体育教学之研究[J].滨州师专学报,1995(4).

[58]郭红兵,刘军萍.人体语言与体育教学[J].教学与管理,2005(15).

[59]马贵俊.浅析人体语言在体育教学中的作用[J].固原师专学报(社会科学版),2005.

[60]百度文库http://wenku.baidu.com 师生目光交流技巧——眼神训练 方法——眼神接触.

[61]第四届全国中小学体育教学观摩展示活动视频.

[62]孙超.体育教学中教师体态语运用探究[J].成都:四川体育科学,

2010.

[63]刘莹,丁晓.护理工作与人体语言的构成要素[C].第五届中韩护理学术交流会议论文汇编,2002.

[64]刘光平.浅析体育教学中错误动作的预防和纠正[J].教育研究,2010(3).

[65]袁志欢,丁敏奎.体育教学中有效纠错五法[J].体育师友,2010(2).

[66]顾志跃等.如何评课[M].上海:华东师范大学出版社,2009.

[67]王旭东.提升教学质量的重要举措——谈"评课"[J].中国职业技术教育,2005(191).

[68]陈火弟,杨淑群.评课理论探析[J].辽宁教育研究,2003(11).

[69]胡志刚.化学微格教学[M].厦门:厦门大学出版社,2007.

[70]陈金海.谈谈体育课的评课[J].体育教学与研究,2010(24).

[71]黄超群,施小菊.中学体育教材教法[M].北京:中国科学文化出版社,2003.

[72]陈文卿,谢翔,甘式光.学校体育学[M].桂林:广西师范大学出版社,2000.

[73]刘幸东,王兴志,狄晓雨.师范生教学技能训练教程[M].东营:中国石油大学出版社,2008.

[74]顾志跃等.如何评课[M].上海:华东师范大学出版社,2009.

[75]全国中小学体育教学指导委员会.第四届全国中小学体育教师观摩展示活动[M].北京:人民教育出版社,2010.

[76]于素梅等.中学体育教材教法[M].北京:北京体育大学出版社,1999.